Shanxi Province Resource-based Economy Transformation

山西省资源型经济转型

安树伟 常瑞祥 等著

中国财经出版传媒集团
经济科学出版社
Economic Science Press

图书在版编目（CIP）数据

山西省资源型经济转型／安树伟等著．—北京：经济科学出版社，2018.12

ISBN 978-7-5141-9480-7

Ⅰ.①山… Ⅱ.①安… Ⅲ.①资源经济－转型经济－研究－山西 Ⅳ.①F127.25

中国版本图书馆 CIP 数据核字（2018）第 140868 号

责任编辑：崔新艳
责任校对：刘　昕
责任设计：齐　杰
责任印制：王世伟

山西省资源型经济转型

安树伟　常瑞祥　等著

经济科学出版社出版、发行　新华书店经销
社址：北京市海淀区阜成路甲 28 号　邮编：100142
经管中心电话：010-88191335　发行部电话：010-88191522
网址：www.esp.com.cn
电子邮件：espcxy@126.com
天猫网店：经济科学出版社旗舰店
网址：http://jjkxcbs.tmall.com
北京季蜂印刷有限公司印装
710×1000　16 开　17.5 印张　320000 字
2018 年 12 月第 1 版　2018 年 12 月第 1 次印刷
ISBN 978-7-5141-9480-7　定价：58.00 元
（图书出现印装问题，本社负责调换．电话：010-88191510）
（版权所有　侵权必究　打击盗版　举报热线：010-88191661
QQ：2242791300　营销中心电话：010-88191537
电子邮箱：dbts@esp.com.cn）

2018年北京市属高校高水平教师队伍建设支持计划"长城学者培养计划"资助项目"新型城镇化与产业集聚：格局、过程与机理"（批准号：CIT&TCD20180336）资助出版

目 录

总报告 …………………………………………………………… 1
 一、资源型经济转型取得一定成效 ………………………… 1
 二、资源型经济转型突破口的选择 ………………………… 5
 三、延长资源型经济产业链 ………………………………… 7
 四、促进接续替代产业发展 ………………………………… 10
 五、资源型经济转型的区域突破 …………………………… 11
 六、资源型经济转型的创新突破 …………………………… 13
 七、落实国家"一带一路"倡议的突破口 ………………… 16
 八、推动资源型经济的绿色转型 …………………………… 18
 九、资源型经济转型突破发展的支持政策 ………………… 20

第一章　山西省资源型经济转型效果评估 …………………… 25
 一、山西省资源型经济转型发展现状 ……………………… 26
 二、山西省资源型经济转型综合配套改革试验区实施效果检验 …
 ……………………………………………………………… 37
 三、结论与政策启示 ………………………………………… 45

第二章　山西省资源型经济转型突破口的选择 ……………… 50
 一、把握新时代经济发展新形势与新特征 ………………… 50
 二、立足山西省基础 ………………………………………… 56
 三、资源型经济转型突破口选择 …………………………… 63
 四、资源型经济转型突破发展的总体思路 ………………… 69

第三章 延长山西省资源型经济产业链 …………………………… 72
一、山西省资源型产业发展现状 …………………………………… 72
二、山西省资源型经济产业链延长的思路 ………………………… 82
三、山西省资源型经济产业链延长的路径 ………………………… 86
四、延长山西省资源型经济产业链的组合战略 …………………… 106
五、延长山西省资源型经济产业链的政策建议 …………………… 113

第四章 山西省接续替代产业发展 …………………………………… 117
一、山西省接续替代产业发展概况 ………………………………… 117
二、山西省接续替代产业存在的主要问题与障碍 ………………… 118
三、山西省接续替代产业的发展思路 ……………………………… 121
四、山西省接续替代产业的选择 …………………………………… 122
五、山西省接续替代产业发展的重点 ……………………………… 128
六、山西省接续替代产业发展的对策 ……………………………… 132

第五章 山西省资源型经济转型的区域突破 ………………………… 136
一、山西省经济活动的区域空间格局变化 ………………………… 136
二、山西省资源型经济转型战略性区域的识别 …………………… 142
三、设立太原汾河新区 ……………………………………………… 146
四、重点打造"一市两（园）区" ………………………………… 151
五、推动城镇组群发展，合力促进经济转型 ……………………… 154
六、加强与区外合作，向外拓展发展新空间 ……………………… 155

第六章 山西省资源型经济转型的创新突破 ………………………… 157
一、创新发展是山西省资源型经济转型的重要突破口 …………… 157
二、山西省创新发展现状及存在问题 ……………………………… 160
三、山西省创新发展的制约因素 …………………………………… 162
四、山西省创新发展的主要方向 …………………………………… 165
五、山西省创新发展的重点任务 …………………………………… 169

第七章 山西省落实国家"一带一路"倡议的突破口 …… 177
一、落实"一带一路"倡议对山西省资源型经济转型的意义 ……
……………………………………………………………… 179

二、山西省落实国家"一带一路"倡议的优势 …………………… 181
　　三、山西省落实国家"一带一路"倡议的制约因素 ……………… 184
　　四、山西省落实国家"一带一路"倡议的重点任务 ……………… 185
　　五、山西省落实国家"一带一路"倡议的保障措施 ……………… 189

第八章　山西省资源型经济的绿色转型 ……………………………… 192
　　一、山西省资源型经济绿色转型的重要性 ……………………… 192
　　二、山西省资源型经济绿色转型的进展与困境 ………………… 193
　　三、资源环境约束下的山西省产业转型与城市发展 …………… 207
　　四、山西省资源型经济绿色转型的突破口 ……………………… 210

第九章　山西省资源型经济转型突破发展的支持政策 …………… 218
　　一、山西省资源型经济转型的历程 ……………………………… 218
　　二、山西省现行资源型经济转型政策实施绩效评价 …………… 231
　　三、山西省现行资源型经济转型政策存在的问题 ……………… 234
　　四、山西省资源型经济转型政策调整方向 ……………………… 236

附录一　国内外资源型经济转型的经验及对山西省的启示 ……… 249
附录二　山西省资源型经济转型研究综述 ………………………… 258
后记 ……………………………………………………………………… 269

总报告

山西省煤炭资源丰富，1980年中央批准的《山西能源基地建设规划纲要》拉开了山西省能源基地建设的序幕。作为国家重要的能源供应基地，山西省为新中国的工业化做出了巨大贡献，同时自身逐步发展成为国内典型的资源型经济区域，形成了以煤炭产业为支柱的资源型经济体系。受产业结构单一、环境污染等经济社会问题影响，1992年山西省开始进行经济结构调整，2010年被确定为国家资源型经济转型综合配套改革试验区，但目前来看转型发展效果并不十分理想。在新时代和国家"一带一路"倡议的大背景下，随着供给侧改革的推进，山西省经济增长速度持续降低，在全国的地位不断下降，亟待通过探寻资源型经济转型的突破口实现顺利转型。

一、资源型经济转型取得一定成效

（一）山西省资源型经济转型支持政策的历史演变

改革开放以来山西省资源型经济转型的支持政策，可以划分为四个阶段。第一阶段（1992~1998年），地方政策主导下的能源重化工基地建设结构调整阶段，以山西省出台的政策为主导，聚焦能源重化工基地建设的结构调整，旨在调整优化全省经济结构。第二阶段（1999~2009年），地方政策主导下经济结构调整和资源型城市可持续发展阶段，以山西省出台的政策为主导，聚焦经济结构调整和资源型城市可持续发展问题，国家出台的支持政策数量少，且国家政策实施涵盖的范围小。第三阶段（2010~2016年），国家战略主导下资源型经济综合配套改革试验区建设阶段，以国家战略为主导聚焦山西省国家资源型经济转型综合配套改革试验区建设。第四阶段（2017年至今），改革创新引领下国家主导的资源型经济转型发展阶段，以全面深化改革为引领，国家支持山西省资源型经济转型发展政策已经进入全面、系统、深入实施的新阶段。

山西省资源型经济转型支持政策实施以来，表现出两个特点：一是施策主体由地方政策主导转向国家战略主导。2010年之前，资源型经济转型以省内政策为主导，政策着力点先后聚焦经济结构调整和资源型城市可持续发展。2010年国家批准山西省国家资源型经济转型综合配套改革试验区之后，以国家战略为主导，支持重点聚焦资源型经济转型。二是国家支持政策内容由"产业转型、生态修复、城乡统筹、民生保障"四大领域全覆盖，转向"产业转型升级与生态文明体制改革"两大核心领域，明确提出以"深化改革、创新驱动"为统领推动山西省资源型经济转型。

（二）山西省现行资源型经济转型政策存在的问题

2010年以来，山西省国家资源型经济转型综合配套改革试验区的推进和《国务院关于支持山西省进一步深化改革促进资源型经济转型发展的意见》，一定程度上促进了山西省资源型经济转型，但目前促进资源型经济转型政策仍存在以下问题。第一，内容泛化，重点不够突出。如《山西省国家资源型经济转型综合配套改革试验总体方案》围绕"产业转型、生态修复、城乡统筹、民生保障"四大领域提出资源型经济转型的主要任务，其中城乡统筹和民生保障两大领域与资源型经济转型的相关性偏低，具体措施多数带有一定省内"普惠制"性质，内容过于宽泛，重点不突出。第二，没有区分发展阶段，未能很好地体现"区别对待、分类指导"的原则。如《国务院关于支持山西省进一步深化改革促进资源型经济转型发展的意见》提出了2017~2020年和2021~2030年两个时间段的发展目标，但是现有山西省资源型经济转型的支持政策缺乏针对不同时期转型重点的科学识别，缺乏与不同发展阶段相适应的政策设计。第三，体制机制不灵活，在一定程度上制约了政策的实施效果。从山西省转型综改管理机构设置而言，"自上而下"转型综改对接管理机构尚未理顺，部分县（市）转型综改工作人员的配备未完成。第四，配套政策尚不完善。一部分政策省级层面无法协调；在省内土地占补平衡、政策资金、产业扶持、税收优惠等领域，试点配套政策的含金量并不高，一些政策落实性和可操作性较差。

（三）山西省资源型经济转型成效

1. 工业发展继续呈现出"反制造业化"倾向

从工业内部增加值构成来看，山西省资源型经济仍然在强化。1999~2015年资源型产业增加值占工业增加值的比重始终保持在70%以上，且2012年之前基本呈上升趋势，2012年山西省国家资源型经济转型综合配套改革试验区启动以来，资源型产业增加值占工业增加值比重出现了明显的下降趋势。从制造业与采矿业从业人员数量来看，2001~2015年山西省制造业就业人员从89.4万人持续下降到65.4万人，2001~2013年采矿业从业人员从51.7万人持续上升到103.0万人，随后有所下降；从制造业与采矿业增加值来看，2001~2007年山西省制造业增加值略高于采矿业，然而2008~2015年这一关系发生逆转，而且两者的绝对差距拉大，2012年这一差距达到1981亿元。

2. 工业发展的重型化倾向突出

山西省工业发展的"一煤独大"衍生出工业发展的重型化倾向突出，行业集中度呈现出"两高三低"①的特征。从工业行业增加值看，1999~2016年重工业增加值占工业增加值的比重由86.0%上升到92.0%；从制造业集中度指数来看，2001~2015年，制造业集中在黑色金属冶炼和压延加工业，石油加工、炼焦和核燃料加工业，化学原料和化学制品制造业。

3. 高新技术产业发展缓慢

山西省高新技术企业数量占全国比重急剧下降。2000~2015年，山西省高新技术企业数量在全国各省（自治区、直辖市）中由第21位下降到第24位；高新技术企业数量占全国的比重由1.29%下降到0.46%。2006~2011年，山西省高新技术企业净入驻数量由146家下降至118家，之后逐步回升，2015年达到139家。2003~2013年，山西省研究与试验发展经费支出占地区生产总值比重由0.55%上升到1.22%，2015年又持续回落至1.04%。②与《山西省国家资源型

---

① 即与煤炭行业紧密相关且代表重工业的金属行业和设备制造业的企业集中度较高，而代表轻工业的纺织服装行业、木材家具行业和文教仪器工艺品的行业集中度最低。

② 2016年为1.03%。

经济转型综合配套改革试验实施方案（2013~2015年）》（以下简称《实施方案（2013~2015年）》）的目标要求（2.2%）还有相当大的差距。2003~2015年，山西省高新技术产业从业人员占制造业从业人员的比重由4.02%上升到15.17%，一定程度上推进了传统制造业的新型化，但尚未实现《实施方案（2013~2015年）》提出的"传统产业新型化率达到75%"的预期目标。

4. 制造业结构多样化略有回升

2010年以来山西省制造业结构多样化呈现逐步上升趋势，但"以煤为基、多元发展"的现代产业体系尚未形成。山西省制造业多样化发展有三个发展阶段：急剧下滑期（2000~2005年），制造业结构多样化指数由1.80下降到1.31；第二阶段：平稳过渡期（2006~2009年），多样化指数由1.28演变为1.29；波动上升阶段（2010~2015年），多样化指数由1.39波动上升到1.46。

5. 服务业稳步发展

2005年以来，山西省服务业增加值呈现出不断上升的趋势，其中2003~2011年服务业增加值占地区生产总值的比重波动起伏较大，2011年以后这一比重快速提升。2003年以来山西省服务业从业人员占全社会就业人员比重保持在50%以上，生产性服务业就业占服务业就业比重也保持在50%左右。

6. 山西省资源型经济转型指数的测算

用非采掘业增加值占非农产业增加值比重测算山西省资源型经济转型指数（图1）。1999年之后山西省资源型经济转型效果经历了一个不断下降、以2011年为转折点又逐步提高的过程。

通过合成控制法研究山西省转型政策对反映转型成效的制造业结构多样化发展的影响，结果表明，2006年出台的《关于优化产业结构、培育优势产业的实施意见》对山西省制造业结构多样化具有一定影响，但政策的效果缺乏连续性。进一步运用合成控制法研究2009年以来"山西省国家资源型经济转型综合配套改革试验区"对山西省制造业结构多样化的影响，结果显示并没有持续的政策效应。山西省固定资产投资力度欠佳，外商投资也较少，对外开放程度低，政府对经济的干预较多，市场化程度低，这些都将影响到山西省产业结构尤其是制造业结构的多样化发展。未来需要加强政策的延续性、一致性与连贯性；加快开发区整合与发展；既要依靠煤炭资源，又需要逐步摆脱对煤炭资源的依赖，重点推进制造业发展；改善营商环境；强化资源型经济转型发展的政策支持。

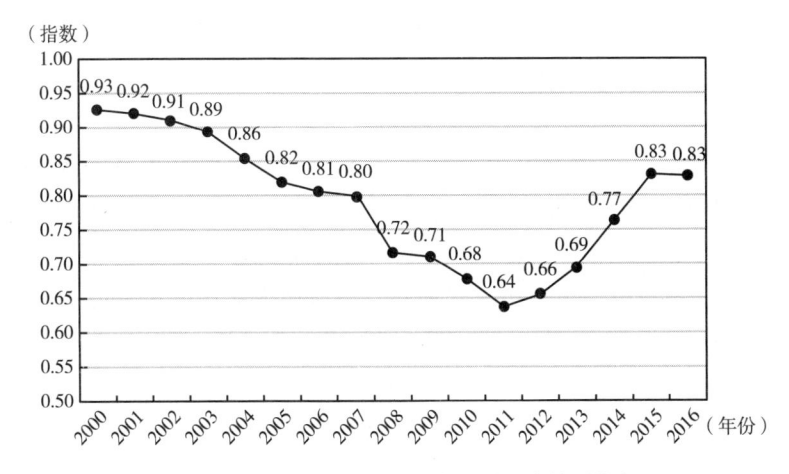

图1 2000~2016年山西省资源型经济转型指数

资料来源：根据相关年份《山西统计年鉴》测算。

二、资源型经济转型突破口的选择

山西省资源型经济转型必须把握我国经济发展形势，立足于自身基础，研判发展阶段，明确发展方向，拓展发展新空间，建设现代经济体系，以早日实现资源型经济转型。

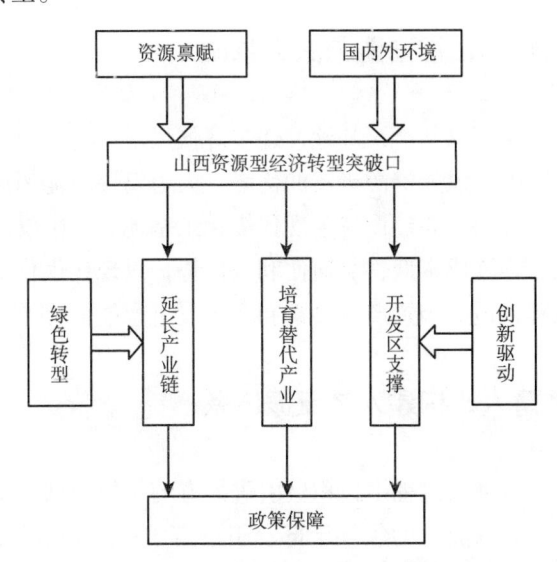

图2 山西省资源型经济转型突破口的选择

（一）明确方向，增强转型新动能

在行业发展方向和发展重点的选择上，要搞清楚"是否有机会参与""是否有能力发展""是否值得发展"三个问题，要从"我想、我愿、我要"转到"我能、非我莫属"。基于对现有行业发展基础、未来行业发展潜力的判断，顺应市场规律，抓住机遇采取符合自身资源、能力的行动以推动重点领域发展。资源型经济转型必须遵循"有潜力、有能力、有吸引力"的原则，即既要满足"立足现实基础、着眼未来发展"的发展机会要求，也要满足"市场容量较大、技术相对成熟"的发展潜力要求，还要体现绿色发展理念的要求。

（二）立足基础，延长产业链与发展接续替代产业并举

从全国、周边省（自治区、直辖市）和山西省自身综合考虑来看，山西省的工业化进程仍未完成，第二产业仍是山西省未来经济发展的主要动力。在某些领域率先实现突破之后，逐步引领山西省资源型经济全面转型。大力发展新材料产业，形成产业纵向产业链分工；融入高端装备制造产业链，加强产业内横向分工；加快转变文化旅游产业发展方式，形成新的接续替代产业。

（三）创新驱动，推动能源供给革命

一方面，要建设国家新能源基地，逐步降低煤炭产能，充分发挥山西省煤层气、地热、太阳能、风能资源丰富的优势，大力发展新能源产业，推动能源供给多样化；另一方面，要建设特色现代煤化工基地，不断发挥山西省煤化工综合投资成本低、物流成本低、交通便利等优势，以现代煤化工基地建设盘活劣质煤、盐碱地和荒地等闲置产业要素和富余发电产能。

（四）引才育人，构建人才支撑体系

在资源型经济转型的过程中，积极引进外省的领导干部，特别是沿海地区对市场经济有充分驾驭能力的领导干部；引进富于创新和敢闯敢为的企业家，通过企业家带动产业的发展；把发展教育事业放在优先位置，从基础教育、高

等教育到职业教育，全面提高教育质量；培养和造就一大批具有国际水平的战略科技人才、科技领军人才、青年科技人才和高水平创新团队，用人才推动经济转型发展。

（五）拓展空间，打造资源转型新载体

以山西转型综合改革示范区为核心，规划建设太原汾河新区，打造资源型经济转型的重要载体和山西省经济发展的新引擎。重点发挥太原的核心作用，强化太原汾河新区与平（遥）孝（义）汾（阳）介（休）灵（石）城镇组群的联动发展。沿太原—临汾、太原—长治等主要交通干线建设产业发展带和城镇聚集轴，形成区域发展主体框架。进一步提高太原和平（遥）孝（义）汾（阳）介（休）灵（石）城镇组群的综合承载能力，有序推动产业和人口聚集，走出一条绿色、低碳、智能的新型城镇化道路。

三、延长资源型经济产业链

（一）延长山西省资源型产业链的思路

一是提高煤炭产品的综合利用程度。加大对废水、废渣、废气等煤化工过程中产生的各种不同产品和副产品的综合利用，加强对伴生、共生资源的开发利用。适当控制资源开采强度、延长资源服务年限，在追求规模效益与可持续发展之间寻求一个平衡点，以保持一定时期内资源生产的相对稳定。二是大力发展化工新材料等产业链高端环节，加大对煤炭产业链下游高附加值环节的支持力度，提高产品技术含量，增加产品附加值。三是鼓励企业积极参与和煤炭工业具有高度相关性的产业，在企业现有技术基础上延伸产业链，发展新产业。企业可根据与上下游产业的关联，按照产业链发展模式，发展前向和后向联系的项目，或通过与具有纵向联系的企业建立战略联盟、相互入股参股等方式，实现纵向一体化发展。以技术提升、信息化发展为基础，通过组织优化、地域整合、管理创新，实现产业链再造。

1. 信息化发展

加大资源型企业信息化建设力度，提高信息技术在企业管理中的应用程

度，促进企业管理运行方式的变革；加大生产过程中信息化应用，包括设计过程自动化、制造和控制过程的自动化等；利用现代信息技术，建立信息网络系统，集成和综合企业的信息流、资金流、物流，实现资源的优化配置，不断提高企业管理的效率和水平。

2. 技术提升

加大技术改造力度，将技术改造与落后产能淘汰、节能环保、安全生产相结合，全方位提高产业的集约发展能力；促进技术创新，改进现有研发机制，切实使企业成为研发活动主体，加强产学研合作，提高技术的转化效率，使科技创新真正发挥对经济发展和社会进步的引领和支撑作用。

3. 结构优化

加快兼并重组，兼并重组有利于推动企业对资源进行优化配置，提高自身竞争力，同时也有利于促进产业升级，淘汰落后产能，提高产业整体效率水平，使其在更高层次上获得新的发展。治理产能过剩，加大淘汰落后产能的力度，在淘汰落后产能、新增先进产能的不断循环中，实现产业结构升级和产业国际竞争力提升。

4. 地域整合

打破行政界限和市场分割，建立统一的商品市场、产权交易市场、人力资源市场，搭建资产交易信息对接平台，发挥信息集聚和资源整合能力；优化区域内产业分工，在省内建立起产业分工机制，不同地区根据要素禀赋特点参与分工，并形成相应的竞争优势；加强政府在收入再分配中的作用，尽快建立生态补偿机制，在收入分配中更多向经济欠发达地区倾斜，形成不同地区合作共赢的局面。

5. 管理创新

提升资源型企业的市场竞争意识，充分发挥其转型升级的内生动力。促进企业管理模式创新，向精细化管理转变。"精"就是切中要点，抓住运营管理中的关键环节；"细"即管理标准的具体量化、考核、督促和执行。

（二）延长山西省资源型产业链的重点

1. 煤炭（电力）产业

发起设立全球煤炭交易所，谋求煤炭定价国际话语权。充分利用山西产煤大省的资源优势，结合煤炭交易价格指数发布，联合国内其他产煤大省和大型煤炭集团，发起设立全球煤炭交易所，借助期货市场价格的套期保值功能，建立能主导国际市场煤炭价格的煤炭定价机制，规避由国际价格变动带来的风险。加快推进混合所有制改革，拓宽产业和要素联系网络。抓紧出台山西省国有煤炭企业专项改革实施方案，加大国有煤炭行业布局结构调整力度，提高产业集中度。积极推进大型煤炭企业向国际化和产业多元化方向发展，鼓励煤、电、路、港、化工相关产业联营或一体化发展。不断革新煤炭开采技术，建设环境友好型和安全生产型矿井。

2. 现代煤化工产业

开展产业技术升级示范，深入开展行业对标管理，重点抓好具有发展潜力的优势企业填平补齐、挖潜改造，推动煤化工企业提升资源综合利用水平，重点开展煤制烯烃、煤制油升级示范，提升资源利用和环境保护水平。加快推进关联产业融合发展，按照循环经济理念，采取煤化电热一体化、多联产方式，大力推动现代煤化工与煤炭开采、电力、化纤、冶金建材、石油化工等产业融合发展，延伸产业链，提高资源转化效率和产业竞争力。稳步推进现代煤化工产业国际合作，加快落实国家"一带一路"倡议，努力打造具有控制力的煤化工产业链和价值链，缓解国内资源环境压力。

3. 钢铁工业

第一，实施行业整合重组，提高产业集中度。按照"先整合国有企业、再引进民间资本"的原则，加快推进省内钢铁企业与省内独立焦化企业、铁矿企业、加工企业等上下游企业以多种方式联合重组，健全、补强产业链，提高生产效益。第二，提高工艺装备水平，降低生产运营成本。以工艺技术装备的大型化、集约化、高效化和现代化为方向，推动省内钢铁企业实施升级改造。第三，转移过剩产能，实现企业和地区转型。加快落实国家"一带一路"倡议，通过建立境外生产加工基地、营销网络和研发中心，鼓励过剩行业骨干企业主动"走出去",扩大拳头产品、技术标准及服务的出口。第四,优化产品品种结构,积极拓展应用市场。支持特钢企业走"专、精、特、新"发展道路,以市场需求为导向,大力推进技术进步和产品升级换代,提高造币钢、耐热不锈钢、管线钢、轮轴钢等战略品种比例,满足高速铁路、航空航天、核电、汽车、工程机械等高端产品需求。第五,推进行业节能减排,实现绿色安全发展。以降低物耗能耗,促进清洁生产为方向,全面开展对标挖潜,大力实施节能减排技术改造。

4. 有色工业

充分发挥资源能源优势,以产业园区为载体,以企业项目为牵引,制定有效调控政策,重点实施优化产业布局、打造高端产品、实施技术改造、完善产业链条、推进两化融合五大任务,构建资源和能源合理高效利用、绿色低碳、竞争力强、具有完整产业链条的有色金属工业体系。

四、促进接续替代产业发展

培育接续替代产业是促进山西省"非煤"产业快速发展、实现资源型经济转型的重要途径。综合考虑资源禀赋、产业基础、带动效应和市场潜力等因素,装备制造业、文化旅游产业、新能源和新材料等优势战略性新兴产业是山西省资源型经济转型的接续替代产业。

(一)装备制造业

打造贯穿全省的轨道交通产业带,开辟行业发展国际新空间。全力发展与高速列车配套的电机、车轴、车轮、轮对和传动系统等产品,重点攻关动车组轮对总成、齿轮箱等关键零部件。以太原、大同、运城三大轨道交通装备制造基地为支点,构建贯穿全省的轨道交通装备产业带,打造产业发展主轴线。大力发展涉煤装备制造,支撑煤炭行业产业链延伸与升级。以晋中、晋东、晋北三大基地建设为抓手,着力打造煤机装备、煤化工装备和煤层气装备为一体的涉煤装备制造体系,引领煤炭开采、煤炭深加工、能源发掘等领域的快速发展。提升传统优势产业的自主创新能力,稳步提高行业竞争力。大幅提升重型机械、汽车制造和纺织机械等传统优势产业的自主创新能力,发展多样化的产业集群。

（二）文化旅游产业

加大和优化旅游业建设投入，提升行业品质与核心竞争力。加强旅游资源整合，打造黄河、长城、太行山三大旅游板块，建设有核心竞争力和重大影响力的龙头企业和旅游品牌。促进文化旅游融合发展，扩大文化产业的规模和种类。通过文化与旅游产业有效融合，缓解山西省文化产业规模小、布局分散、企业实力不强、产品结构单一等问题。顺应国家发展潮流，加强与周边省（自治区、直辖市）在文化旅游领域的交流，有效吸引外部文化旅游投资。

（三）优势战略性新兴产业

对于新能源产业，通过创新打造行业核心竞争力。有效发挥太原重工股份有限公司、山西汾西重工有限责任公司等老牌工业的优势，汇聚高端研发人才，推动风电装备研发设计，攻克大功率风电机组成套技术瓶颈。优化空间布局，提升行业竞争优势。依托太原、长治的技术优势和产业基础，打造新能源研发、装备制造和光伏材料生产基地。积极开拓外部市场空间，着眼于京津冀、中原城市群、关中平原城市群清洁能源的巨大市场需求，打造辐射华北、华中和西北的新能源基地。

新材料产业是山西省战略性新兴产业的重要组成部分，也是重点培育发展的新兴接替产业之一。促进新材料产业产学研融合发展，有效提升自主创新能力，加快重点领域和关键技术率先突破。构建完整产业链条，着眼于铝镁合金、铝合金材料和钕铁硼永磁等优势和潜力突出的新材料行业，打造一批极具竞争力的新型材料产业集聚区。

五、资源型经济转型的区域突破

（一）拓展资源型经济转型的战略性区域

资源型经济转型本质上是要在实现转型过程中经济持续增长，从空间角度就是要不断拓展发展新空间。因此，一方面要通过划定新的经济发展空间，依靠新的要素投入推动经济增长；另一方面，要通过整合已有的经济发展空间，依靠要素的空间配置优化来提高经济效率，进而促进经济增长。根据构建的战略性区域识别指标，最终识别出 14 个战略性区域和潜在战略性区域。将山西省 11 个地级市市辖区及识别出的 14 个县（市）作为战略性区域和潜在战略性区域，这些地区将是山西省资源型经济转型中拓展发展新空间的重点区域。太原都市圈是战略性区域的重中之重，基本形成了以太原市辖区、晋中市辖区为核心，以平（遥）孝（义）汾（阳）介（休）灵（石）、阳（泉）盂（县）平（定）城镇组群为两翼的"一核两翼"空间格局。

（二）设立太原汾河新区

为进一步深化转型综改、探索资源型经济转型发展新道路，2017 年山西省整合了多个国家级和省级开发区，成立了山西转型综合改革示范区。山西转型综合改革示范区无疑是山西省经济发展最具潜力的区域，但仅仅将现有开发区整合在一起，还不能充分释放其发展潜力。应在山西转型综合改革示范区基础上，充分打破太原市和晋中市的行政区划界线，申请设立国家级新区——太原汾河新区。初步考虑，可将汾河新区的范围确定为：北起（北）京昆（明）高速、南至潇河、西起汾河东岸、东至榆（次）祁（县）高速，总面积约 500 平方千米。经初步估算，2017 年该区域范围内各开发区完成地区生产总值约 600 亿元，工业总产值约 1300 亿元，地方财政收入约 80 亿元，基本符合国家级新区设立的条件。

太原汾河新区的设立符合山西省资源型经济转型发展战略要求，与山西转型综合改革示范区相比，新区既纳入了新的发展空间，又可以充分整合扩展原有开发区，可从内涵和外延两方面同时拓展发展新空间，也有利于未来行政区划的调整。围绕供给侧结构性改革，立足现有产业基础，重点打造重型汽车、新能源汽车、轨道交通、生物医药、电子信息、大数据、现代物流、节能环保、高端装备制造等产业集群。

（三）重点打造"一市两（园）区"

开发区是产业集聚的载体，但山西省开发区发展相对滞后，下一步各地区要集中优势资源，抓住开发区改革创新发展的机遇，集中区域内优势资源，在每个地级市重点打造一个国家级开发区和一个省级开发区，省级开发区原则上布局在战略性区域。将开发区作为山西省资源型经济转型的主要载体，形成以国家级经济技术开发区和国家级高新技术产业开发区为龙头、以省级经济技术开发区为支撑的分工明确、梯次推进的经济转型格局。

（四）推动城镇组群发展，合力促进经济转型

在资源型经济转型过程中，应推进城镇组群内产业分工与合作进程，实现跨县域整合与优化配置资源，尽可能获得最大经济效益，以内涵方式拓展区域发展新空间。把推进孝（义）汾（阳）介（休）核心区一体化发展作为带动区域整体发展的重要突破口，积极培育区域性中心城市，增强辐射力和集聚力。加快规划衔接和基础设施一体化建设，消除行政壁垒，促进生产要素和人口跨区域充分流动。阳（泉）盂（县）平（定）、忻（府）定（襄）原（平）、离（石）柳（林）中（阳）等城镇组群虽然发展基础和发展条件不如平（遥）孝（义）汾（阳）介（休）灵（石），但也可参照此发展模式拓展发展新空间，合力推动资源型经济转型。

（五）加强与区外合作，向外拓展发展新空间

在供给侧改革大背景下，着力从对外开放的经济体系中寻找自我发展的动力与资源，是山西省资源型经济转型区域突破的重要方面。处于山西省北部和南部门户的大同、长治、晋城、运城、临汾等地区，应以构建开放型经济格局和经济体系为抓手，在加强与区外合作中拓展发展新空间，促进资源型经济转型升级。大同靠近京津冀地区，应加快推进"乌（兰察布）大（同）张（家口）"长城金三角区域合作，抱团融入京津冀；长治、晋城、临汾、运城等地区则要加快构建跨区域快速交通通道，优化省际相邻城市产业分工协作，融入中原城市群、关中平原城市群以及晋陕豫黄河金三角合作区。

六、资源型经济转型的创新突破

创新是山西省发展摆脱资源依赖的必然选择。山西省经济发展整体上来说已经进入工业化中期阶段，但仍处于生产要素驱动与投资驱动并重的阶段，资源依赖特征明显。要摆脱资源依赖、破除要素瓶颈的制约，必须选择创新。创

新是构建现代产业新体系的现实需要。目前山西省产业结构还处于低水平状态，传统产业占有极大比重，新兴产业比重较少，核心技术受制于人，总体上处在产业链、价值链的中低端。创新可以有效促进产业结构的高度化、合理化和可持续发展，对构建现代产业体系具有重要的推动作用。创新有利于促进经济发展质量和效益的提升，山西省许多产品处于价值链的低端，由此产生高产值、低收益问题。要改变这种状况只能依靠转变发展方式，依靠创新驱动，依靠原创性自主创新技术增加产品和服务的附加值，提高产品的品牌价值。创新是山西省实现可持续发展的必由之路。

（一）创新发展的主要方向

1. 提升优势领域原始创新能力

经过多年积累，特别是近年来创新驱动发展战略的实施，山西省在装备制造、电子信息、节能环保、新材料和新能源、生物医药、煤层气、特色农产品等行业的部分领域技术创新能力处于全国领先水平，并且形成了一定的产业基础。要依托这些领域现有技术与产业基础，深化科技体制改革，加强优势领域科学研究与开发，提升原始创新能力，提升创新发展质量。

2. 加大科技成果转化力度

立足山西省资源优势和产业基础，积极对接国家京津冀协同发展、长江经济带等区域发展战略，推动环渤海地区科技创新协同发展，加强与国内外发达地区的创新合作与交流，构建互利合作、开放共赢的创新局面。主动加强与军工科研单位、军工企业集团的对接和合作，在符合国家安全保密规定的前提下，积极引进军工领域的新技术、新产品、新工艺，推动军工科技成果向民用转化。

3. 推进大众创业与万众创新

推动科技创新与大众创业、万众创新有机结合，充分发扬晋商"敢为人先、追求创新、百折不挠"的创业精神，实施三晋创业行动计划，培育创新创业文化沃土，完善创新创业服务体系，健全创新创业投融资体系，加强科技创新普及教育，营造全社会创新创业的浓厚氛围。持续推进"众创""众筹""众扶"等新型创业模式，加快工业化和信息化深度融合，搭建大众创业、万众创新的技术平台，为众创空间提供低成本、全方位和专业化服务。

（二）创新发展的重点任务

1. 加强区域创新体系建设

搭建科技创新平台，在政策、规划、资金、人才、场所等方面支持各市县建立重点实验室、工程（技术）研究中心、企业技术中心、科技基础条件平台、众创空间、科技企业孵化器等公共科技创新平台。同时建立和完善科技资源共享平台，向社会提供科技资源共享服务。完善科技管理体制机制，着力改革和创新科研经费使用和管理方式，创建灵活宽松的科研管理体制，建立科技创新资源合理流动的体制机制、政府作用与市场机制有机结合的体制机制、科技创新的协同机制、创新评价机制等。

2. 提高市场化水平

深化行政管理体制改革，转变政府职能，促进政府职能市场化改革，将政府从市场的管理者转变为市场的治理者。突出政府参与市场经济管理过程中的政府服务效用，降低政府在市场自主决策中的行政作用，发挥政府在市场经济中平衡各种相关利益主体的协调作用。加大非国有经济扶持力度，合理放宽非国有经济主体在一些市场领域的准入要求，进一步加强对非国有经济的金融信贷支持。完善要素市场体系，大力支持企业股改，扩大股权债券融资规模，对企业在多层次资本市场上市给予专项财政奖励。健全市场相关的法律法规体系建设。

3. 进一步优化营商环境

降低企业的税收负担水平，对企业开办、纳税、施工许可、水电气报装、不动产登记等事项大幅精简审批程序，压缩办理时间，进一步清理取消经营服务性收费和行业协会商会收费，降低通关环节费用。改善融资环境，深化金融业供给侧体制改革，创新银企合作模式，增加金融供给主体，发展互联网金融等普惠性金融组织，加快构建多层次资本市场体系。大力发展天使投资、[①] 创业投资、产业投资及各类私募股权投资和公募基金，为不同成长阶段的企业提

---

① 指具有一定净财富的人士，对具有巨大发展潜力的高风险的初创企业进行早期的直接投资。

供全生命周期的股权融资服务。培育科技创新人才,注重创新人才的培养,完善创新人才激励机制,加强知识产权保护。营造企业创新氛围,营造宽松、包容、开放的创新文化氛围与宽松的研发环境,健全约束和惩戒失信行为机制,加强诚信社会建设。

七、落实国家"一带一路"倡议的突破口

进一步解放思想,从配角做起,坚持有所为有所不为,扬长避短,突出重点,发挥区位和产业优势,以人文交流为基础,以经贸合作为先导,以产能合作为突破口,加强基础设施和体制机制建设,最大限度激发企业活力,加大与国内具有"一带一路"合作平台地区的联系,主动融入中蒙俄经济走廊、新亚欧大陆桥经济走廊、中国—中亚—西亚经济走廊和海上战略支点等建设,借力发展、统筹协调、循序渐进、以点带面,扎实推进参与"一带一路"建设。

(一)着力完善交通网络

积极打通对外连接通道,加快省内国家高速公路、铁路扩能改造,加快国家高速公路、高速公路出省通道及地方高速公路建设。畅通省际出口和区域大通道,构建山西省与周边省(自治区、直辖市)以及至京津冀等的快速通道。在行政区经济的作用下,山西省内交通线形成了以太原为中心的纵贯南北的交通通道,而东西向的交通联系通道相对偏弱,未来要加快全省东西贯通的通道建设,基本形成快速、便捷、高效、安全、绿色的现代综合交通运输体系。

(二)积极推进大通关体系建设

全面深化和推进通关一体化,逐步推行区域检验检疫一体化,促进国际互联互通;重点加强信息互换、监管互认、执法互助方面的协作交流,打通山西省企业贯穿丝绸之路经济带的通关高速路,大力推进国际贸易便利化,提高通关便利化水平。依托中东贸易平台,加强中东贸易平台山西运营中心建设,积极对接中东贸易,加快在印度、巴基斯坦建立海外山西商城步伐,推动山西省企业"走出去",拓展海外市场。积极发挥香港特区金融、物流、基建投融资和贸易枢纽的角色,利用香港特区作为"走出去"和寻觅投资机会的平台,

拓展国外市场。

（三）大力推动产能合作创新

全力发展与高速列车配套的电机、车轴、车轮、轮对等关键元部件，借助装备制造业发展良好的态势，加快产业转型升级，快速走出国门。鼓励煤电企业和新能源企业利用技术优势"走出去"，同时着眼于山西省煤炭业发展短板加快技术引进。选择竞争程度适中的国家、联合国际经验丰富的国内相关企业或携手当地相关企业对化工和纺织服装产业进行投资合作，逐步"走出去"。以开发区形式开展产能合作，根据山西省企业的发展水平和投资能力，实行有计划、有目的的产业转移。充分利用山西省优势与其他国家建立"一园两地"的合作模式。

（四）积极促进文化旅游交流与贸易

深化国际旅游合作，积极与"丝绸之路经济带"沿线国家签订旅游合作框架协议、合作备忘录，共同举办国际旅游展会，拓展境外旅游宣传渠道，吸引更多外国游客来晋旅游。推进旅游体制改革，完善对住宿、交通、购物等旅游相关方面的规范管理，营造良好的旅游环境，加快建设一批世界知名、全国一流的旅游目的地。完善省级旅游运行监测指挥中心软硬件建设，实现旅游日常监管调度及应急指挥数字化、网络化。加强旅游服务信息互联互通，利用社交媒体平台宣传山西，构建山西旅游海外宣传推介网络。

依托"丝绸之路经济带"沿线国家和地区的中国文化交流中心，建立文化交流合作机制，互办文化节、文化周，密切双边文化交流和贸易。加大对重点文化产品、生产企业和贸易基地的扶持力度，鼓励创作开发展示山西底蕴的文化产品，支持更多优质文化产品和服务以商业运作方式进入境外市场。积极承办国际性、全国性重大会议、文艺演出、展览和赛事，不断提高服务水平。促进优质文化资源整合，建立山西省文化出口重点企业、项目名录和产品数据库，引导山西文化形成品牌，向规模化、综合化、特色化发展。

（五）加强环保和生态领域合作

借助中国努力打造的"绿色丝绸之路"合作平台，积极在生态文明建设、环境保护、污染防治、生态修复、循环经济等领域加强国际合作。培育具有自主知识产权、拥有自主品牌、掌握核心技术、市场竞争力强的环保龙头企业，加强与阿拉伯国家的环保生态合作。鼓励有条件的地区、企业与国外合作共建生态产业园。

近年来，山西省借助"一带一路"倡议大力开展对外直接投资，在"一带一路"沿线国家新设立企业20多家。但是，山西"走出去"经验不足，可以先学习选择现有的适宜山西企业的产业投资合作模式，随着经验的积累，在总结经验教训的基础上可以针对不同产业创新适宜的对外投资合作新模式。

（六）推进中国（山西）自由贸易试验区申报与建设

精心组织，推进中国（山西）自由贸易试验区申报工作。相关部门要各司其职，密切配合，积极争取国家支持，力争早日申报成功。以中国（山西）自由贸易试验区建设为突破口，加快复制推广全国自由贸易试验区改革试点经验，营造良好的营商环境，打造内陆地区对外开放新高地。

八、推动资源型经济的绿色转型

山西省作为全国重要的能源和原材料供应基地，经过改革开放后40年的高强度资源开发，经济社会发展面临越来越突出的环境制约。探索资源型经济转型之路，必须面对当前突出的生态环境问题，走出一条适合省情的绿色转型发展与生态文明建设道路。

（一）逐步跨越高污染、高能耗的发展阶段

山西省寻求资源型经济转型，就是要寻求突破"先污染、后治理"的发展路径，积极开发清洁能源，促进产业升级转型。加大R&D经费的投入，增大对科技创新的支持力度，通过科技创新培育新动能；强化传统能源技术优势，加大清洁能源比重，继续深入开发煤炭能源的高端化、精细化利用技术，有序发展煤化工产业，形成山西能源的优势特色；优化能源结构，加大新能源、再生能源在生产生活中的应用，加快淘汰落后产能，大力发展服务业和战

略性新兴产业。

（二）扩容绿色负荷

节水开源，减少污染排放，增加水资源的可利用量。继续完善引黄入晋工程，实施全民节水行动计划；完善污染防治设施建设，重点实施产业园区污水处理设施建设工程，完善城镇生活污水处理（含管网配套）、污泥处置设施及配套管网、城镇生活垃圾填埋场及收运系统建设工程，继续推进大气污染防治设施的升级改造；加强生态修复与改善。

（三）释放绿色发展空间

未来山西省的生产、生活、生态空间应以优化和保护为主，重在提高利用效益，加强保护和整治。山西省各地级市经济发展各异，生态环境、资源禀赋不同，所受的绿色约束也不同，可根据其资源与生态环境特点，确定不同的发展方向。

忻州市、晋城市、运城市环境质量较好，生态空间潜力大，在产业选择和空间拓展上，尤其要注重以生态环境的保护为前提推进产业升级，低污染产业成为这些地区的首选。临汾市、晋中市环境质量差，污染治理与生态环境保护应成为未来的工作重点。太原市、阳泉市等地区生产生活空间有限，产业用地资源不足，应坚守土地保护红线，着力于土地资源的集约利用，优化"三生"①空间。通过推动特色产业园区的建设，吸引容纳优质高端产业，淘汰转移高污染、高能耗产业。太原市、大同市、朔州市、运城市、临汾市水资源相对短缺，应实行最严格的水资源管理制度，科学计算引黄工程引水量，做好引黄水量的分配机制与管网联通工作。

提高稀缺资源的利用效率，进一步优化绿色发展空间。运城市、晋城市、朔州市、忻州市、临汾市应加快推广农业节水技术，做好农业节水工作；运城市、长治市、吕梁市应加快技术改造和循环利用，做好工业节水工作；忻州市、临汾市、运城市、吕梁市需加快产业升级，优化产业结构以降低工业能耗。通过节水节能，提升资源环境的承载力，降低地区发展的绿色约束，真正实现经济发展的绿色增长。

---

① 指生产空间、生活空间、生态空间。

（四）建设生态文明

以健全严格的政策制度约束与引导企业、政府、公众等利益相关者的行为，为山西省实现绿色转型、绿色发展保驾护航。实施绿色经济政策，将绿色经济理念贯穿经济发展政策的始终。明确各类自然资源产权主体权利，加快自然资源资产交易平台建设，构建权责明确的自然资源产权体系。强化能源消耗强度控制，健全环境污染治理、生态恢复和环境责任制度，积极探索环境保护与治理资金制度，不断完善生态补偿机制。

九、资源型经济转型突破发展的支持政策

（一）拟从国家争取的政策

1. 适度向国家相关部门争取电解铝产能扩容指标

2017年《国务院关于支持山西省进一步深化改革促进资源型经济转型发展的意见》提出，山西省要"开展'煤－电－铝－材'一体化改革试点，推动铝工业转型升级"。结合山西省实际情况，电解铝产能指标短缺是制约"煤－电－铝－材"一体化的重要瓶颈。因此，为延长山西省铝加工产业链条，建议山西省在国家政策允许的范围内，适时向国家发展和改革委员会、工业和信息化部等国家相关部门争取电解铝产能扩容指标，支持传统铝工业转型升级。

2. 利用编制省级空间规划的机遇，调整预留转型发展空间

目前全国共有9个省（自治区、直辖市）入选省级空间规划试点，随后将在其余省（自治区、直辖市）全面铺开。山西省要充分利用编制省级空间规划的机遇，县级及以上行政部门要高度重视，主动学习省级空间规划的目的和内容，在明确划定城镇、农业、生态空间及生态保护红线、永久基本农田、城镇开发边界的过程中，调整预留转型发展所需的空间。

3. 积极争取中央财政资金支持山西省资源型经济转型

对山西省主导产业衰退严重的城市以及矛盾突出、财政困难的重点采煤沉陷区，积极争取享受资源枯竭型城市财政转移支付政策。争取中央预算内投资在山西省农村旅游公路建设、生态建设、扶贫开发和社会事业等方面，比照西部地区补助标准执行；争取中央财政对厂办大集体改革的资金支持，用于接续职工社会保险关系、解除劳动关系经济补偿等改革支出；积极向国家发展和改革委员会争取独立工矿区各类资金及政策支持，推动霍州市资源枯竭型城市转型发展；积极争取国家中央预算内专项资金，支持长治国家老工业城市和资源型城市产业转型升级示范区建设。

4. 实施区域性税收优惠政策

一是提高增值税的地方分享比例。在实行统一增值税政策的基础上，对资源型地区实行增值税区域性优惠，向国家相关部门争取适当提高山西省资源型地区增值税的地方分享比例，由分享增值税的50%提高到60%，市（县）分享增值税的比例由70%提高到80%，国家、省级、地级市、县级增值税分享比例由50.0∶15.0∶7.5∶27.5争取调整到40∶12∶16∶32，以缓解地方财力紧张状况。二是针对接续替代产业实施企业所得税优惠。参照西部大开发税收优惠政策，对山西省资源型经济转型期间新上的非煤企业项目，到2030年底前减按15%的税率计征企业所得税。推进企业所得税由同一税务机关监管和同一区域合并纳税。三是合理扩大税收抵扣政策。对煤炭等资源性企业所得税税前抵扣政策明确放宽，将资源型企业产业扶贫支出、支持地方基础设施建设支出、新兴产业投入等实行所得税税前抵扣，鼓励资源型企业参与地方经济建设和脱贫攻坚工作，把有限的税收收入留在地方，用以支持地方经济社会发展。

（二）省内配套政策

1. 编制出台年度《山西打造全国能源革命排头兵行动计划》

尽快研究制定《山西打造全国能源革命排头兵行动方案》，编制出台年度《山西打造全国能源革命排头兵行动计划》，明确每年需要突破的重点领域，以及山西省在能源供给、消费、技术、体制和合作等领域走在全国前列的主要任务和奋斗目标，并确保落实。

2. 理顺"自上而下"转型综改对接管理机构

2017年以来，山西省将资源型经济转型综合配套改革的业务由省发展和改革委员会转至省委政策研究室（省委改革办），建议全省11个地级市尽快将资源型经济转型综改业务移至市委政策研究室（市委改革办），按需配备工作人员并落实行政编制问题。已设县（市）委政策研究室的县（市），尽快由县（市）委政策研究室接管资源型经济转型综改业务，按需配备工作人员并落实行政编制问题。未设县（市）委政策研究室的县（市）仍暂由县（市）发展和改革局代管，但转型综改业务向上对接所属市委政策研究室（市委改革办）和省委政策研究室（省委改革办）。

3. 提高熟知新兴产业发展的领导干部比例

推进山西省资源型经济转型，产业转型是核心，其中培育扶持新兴产业尤为重要。建议山西省在各级党政领导干部配备过程中，提高熟知新兴产业发展的领导干部比例，同等条件下优先录用或提拔新兴产业领域领导干部，广聚新一代信息技术、轨道交通、新能源汽车、新材料、航空航天、生物医药、文化旅游等新兴产业领域的专业技术人才和管理人才。

4. 加强转型发展的分类指导

山西省在不同发展阶段，其转型突破口的选择也是不同的，相应的政策需求存在差别。就省内各个区域而言，由于各地级市经济发展水平与发展阶段的不同，其面临的矛盾与问题存在差异，为此应将"转型"与"发展"区别对待，将11个地级市分成两种类型：一类是"发展"主导型，以忻州、吕梁、运城等为代表；另一类是"转型"主导型，以太原、大同、长治、阳泉等城市为代表。不同类型的城市实行不同的政策。

5. 着力打造转型园区

集中力量在11个地级市重点打造20个转型园区，[①] 为山西省转型综合改革提供保障空间；其中，山西转型综合改革示范区要争当资源型经济转型空间保障的第一梯队。针对山西转型综合改革示范区存在的"区地多头领导"现

---

① 其中，太原市为建议设立的太原汾河新区，晋中经济技术开发区也纳入太原汾河新区。

象，需要深入理顺管理体制，将规划范围内涉及的9个园区的管理权统一收归山西转型综合改革示范区管委会，为申报太原汾河新区打下基础。同时，要举全省之力，在用地指标、占补平衡等方面加大对山西转型综合改革示范区的支持力度，推动示范区在各领域先行先试，总结典型经验逐步在全省复制推广。

6. 实施柔性的积极的人才引进政策，推进"晋才晋用"

借鉴云南、海南等省经验，组织编制《山西省柔性引进人才暂行办法》，以智力服务为目的，在不改变省外人才原有人事、档案、户籍、社保等关系的前提下，突破地域、城乡、部门、行业、身份、所有制、工作方式等限制，按照"不求所有、但求所用"的原则，采取"政府引导、市场调节、契约管理、绩效激励"的运作方式，吸引省外人才通过顾问指导、短期兼职、项目合作、服务外包、二次开发、技术入股、对口支援、挂职锻炼、人才租赁、互派培养及其他适宜方式，为山西省资源型经济转型提供智力支持。

7. 加快转型导向的土地政策创新

坚守耕地"红线"，探索建立耕地数量与质量并重的动态占补平衡机制，切实落实"以补定占、先补后占、占一补一、占优补优"政策；加强土地管理顶层设计，实施全省土地利用总体规划调整方案，全面完成市（县）土地利用规划调整，实行集中连片特殊困难地区、国家和省级贫困县的城乡建设用地增减挂钩节余指标在全省范围内流转交易，有效保障以山西转型综合改革示范区为主的20个转型园区建设用地需求；探索农村土地使用权物权化改革路径，积极创造条件在全省推广国家综合配套改革试验区土地管理制度改革经验，同步实施农村承包地、农村集体建设用地和宅基地确权登记。

8. 增强转型的创新驱动力

加强"政产学研用"协同创新，构建区域科技创新体系；加强科研成果转化，重点强化科技创新成果应用和示范推广能力，建设科技成果孵化转化中心、重点产业技术研发基地、科技支撑产业结构调整和转型升级试验区；探索创新国防科技成果就地转移转化管理办法及利益分配政策。

9. 调整优化行政区划

一是按程序调整长治市和阳泉市城区、郊区的设置，解决设区的市"一市一区"等规模结构不合理问题。二是优化地级市设置。(1) 适时撤销地级晋中市,平遥县、灵石县、介休市划归吕梁市管辖,重点打造平(遥)孝(义)汾(阳)介(休)灵(石)城镇组群,其余1区7县划归太原市,提高太原市在全省的首位度。(2) 尽快设立地级侯马市。侯马区位条件优越,但市域面积只有220平方千米,发展空间极为有限,而临汾与运城中心城市规模偏小,带动能力明显不足。建议尽快把侯马市由县级市升格为地级市,把侯马周围若干县(市)划归侯马,以根本解决晋南地区中心城市带动能力与腹地不匹配的问题。

10. 强化生态文明建设

牢固树立环保优先理念,正确处理经济发展同生态环境保护关系。探索在部分生态示范区试行绿色 GDP 核算制度,将生态保护与建设成效、资源损耗和环境污染损失等纳入经济社会发展评价体系。建立节能减排长效机制,实现经济社会绿色发展。建立健全生态保护与补偿机制,加大生态环境治理与改善力度。借鉴国际经验,将产业转型、环境修复与国土整治相结合,在矿区原址建设居民小区、娱乐中心、工业旅游景点等,改善矿区生态环境,积极建设一批生态工业园区。

第一章
山西省资源型经济转型效果评估

　　山西省煤炭资源丰富，长期肩负着支撑国家能源安全的历史使命，经过多年能源重化工基地建设，形成了主导产业初级化、产业结构单一化和工业过度重型化的经济结构，出现了经济增长波动、生态环境恶化、安全事故多发、收入分配差距扩大、创新能力滞后、区域可持续发展能力下降等诸多难题。20世纪90年代初期，山西省开始重视经济结构调整问题。1999年10月，在运城召开了山西省经济结构调整工作会议。随后几年的工作都紧紧围绕"经济结构调整"这一主线：2001年9月出台了《关于进一步推进经济结构调整　实施"1311"规划的意见》；2003年下半年先后制定了《关于实施行业结构调整的意见》《山西行业结构调整方案》和《山西行业结构调整实施办法》；2004年8月再次召开经济结构调整会议，作出了把山西省建设成为"新型能源和工业基地"的战略决策；2006年出台了《关于优化产业结构、培育优势产业的实施意见》；2008年在全国率先作出了实施煤炭资源整合重组的重大战略决策，由"小煤窑"时代跨入"大矿"时代。2009年以来，中共中央财经领导小组办公室、国家发展和改革委员会在山西省开展实地调研，向中央提出了"将山西作为国家资源型经济转型发展综合试验区"的建议和相关方案。2010年12月，经国务院同意，国家发展和改革委员会批复同意设立"山西省国家资源型经济转型综合配套改革试验区"（以下简称"转型综改试验区"）。这是我国设立的第九个综合配套改革试验区，也是第一个全省域、全方位、系统性的国家级综合配套改革试验区。山西省转型综改试验区建设以经济结构调整为基础，是经济结构调整的延续和进一步深化。

　　建设转型综改试验区有两个基本要求：一是资源型经济转型，二是综合配套改革（张秀冰，张翠莉，2012）。资源型经济转型既包括资源型经济向非资源型经济的转型，也包括资源型经济自身的转型。综合配套改革是以资源型经济转型为中心的体制、机制、政策及相关领域的改革。转型综改试验区建设，基本按照"《总体方案》-《实施方案》-《年度行动计划》"的方式推进。2011年7月,《山西省国家资源型经济转型综合配套改革试验总体方案》(以下简称《总体方案》)正式上报国家发展和改革委员会;2013年4月,《山西省国家资源型经济转型综合配套改革试验实施方案(2013~2015年)》(以下简称《实施方案(2013~2015年)》)出台。围绕《总体方案》和《实施方案》,山西省分别编制了2013年、2014年、2015年《山西省国家资源型经济转型综合配套改革试验行动计划》(简称《年度行动计划》),详细列出了每年需要突破的重点领域,为转型综改制订了具体的时间表、路线图和任务书。本书通过层次分析法,综合评价近年来山西省转型发展水平,采取合成控制方法(SCM),评估检验上述政策调整对山西省转型发展带来的成效,以期为后续的更为深入的转型发展提供政策启示。

一、山西省资源型经济转型发展现状

《实施方案(2013~2015年)》明确提出如下目标:产业结构调整取得明显成效,经济对以煤炭为主的资源依赖明显降低,以循环经济为基本路径,以全产业链为基本模式,推动传统产业改造提升,传统产业新型化率达到75%以上,接续替代产业和服务业比重显著提高,服务业增加值比重达到40%以上,研究与试验发展经费支出占地区生产总值比重达到2.2%,高新技术产业增加值占地区生产总值比重达到11%,"以煤为基、多元发展"的现代产业体系基本形成。本书围绕上述目标,考察山西省资源型经济转型发展现状。

(一)工业发展继续呈现出"反制造业化"倾向

从工业内部增加值构成看,1999年开始山西省作出了一系列加快经济结构调整的重大战略部署,2006年以来国家对促进山西省资源型经济转型制定了相应的政策。然而,在资源型经济转型的政策框架下,资源型经济仍然在强化,资源型产业的主体地位并没有根本改变。1999~2015年,山西省资源型产业增加值占工业增加值的比重始终保持在70%以上,且2012年之前基本呈上升趋势。但从国家资源型经济转型综合配套改革试验区建设以来,2012年开始资源型产业增加值占工业增加值的比重出现了明显的下降趋势,尤其是采矿业所占比重的下降趋势更为明显(图1-1)。

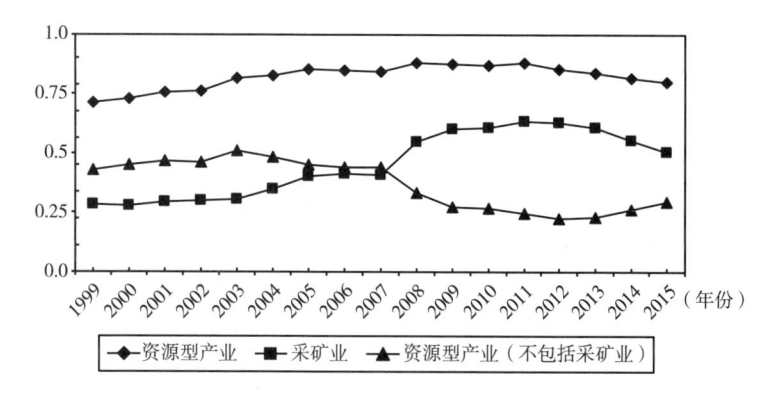

图 1-1　1999~2015 年山西省资源型产业增加值占工业增加值比重

注：资源型产业包括采矿业，石油加工、炼焦及核燃料加工业，非金属矿物制品业，黑色金属冶炼及压延加工业，有色金属冶炼及压延加工业，电力、热力的生产和供应业。

资料来源：根据相关年份《山西统计年鉴》整理。

从制造业与采矿业就业数量来看，2001~2015 年，山西省制造业从业人员从 89.40 万人持续下降到 65.42 万人；2001~2013 年，采矿业从业人员从 51.70 万人持续上升到 103.01 万人，随后有所下降。从制造业与采矿业增加值来看，2001~2007 年山西省制造业增加值略高于采矿业增加值，然而 2008~2015 年这一关系发生逆转，而且两者的绝对差距拉大，2011 年这一差距达到 1919.87 亿元（表 1-1）。

表 1-1　　2001~2015 年山西省制造业与采矿业的就业与增加值

项目	制造业与采矿业的就业与增加值							
	2001	2003	2005	2007	2009	2011	2013	2015
制造业就业人数（万人）	89.40	76.10	72.17	75.79	69.79	70.19	73.14	65.42
采矿业就业人数（万人）	51.70	56.93	66.29	70.01	75.03	85.70	103.01	95.33
制造业增加值（亿元）	269.60	505.58	868.70	1403.12	1112.22	1915.83	1886.11	1402.19
采矿业增加值（亿元）	146.27	277.27	708.37	1146.00	1991.91	3835.70	3648.00	2006.86

资料来源：根据历年《中国城市统计年鉴》整理。

下文以制造业与采矿业的就业比值与增加值比值的相对关系来考察山西省

工业发展路径。从就业比值关系来看，2001~2015年，山西省制造业与采矿业的从业人员之比从0.58不断上升到1.46，制造业与采矿业增加值之比从0.542上升为1.431。其中就业之比呈现持续平稳上升，但增加值比值呈现波动式上升。2001~2007年，山西省制造业与采矿业增加值之比呈现平稳增长，与就业之比呈现一致变化；2007~2012年，山西省制造业与采矿业增加值之比处于急剧上升阶段，从0.817提高到2.023。2012~2015年，山西省制造业与采矿业增加值之比处于下降阶段，说明2012年以来山西省工业发展呈现出"反制造业化"倾向（图1-2）。

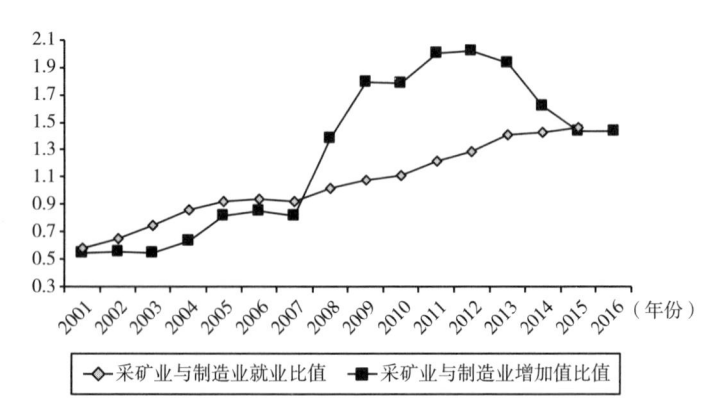

图1-2　2001~2016年山西省采矿业与制造业就业比值和增加值比值

资料来源：根据历年《中国城市统计年鉴》整理。

整体来看，2004年以来不同阶段山西省的工业企业格局发生了较大的变化，规模以上工业企业①呈现大幅度的下降。2011~2015年，规模以上工业企业个数呈现先上升后下降的态势；相反，2011~2013年制造业发生企业净外迁现象，虽然2014年净外迁现象得以扭转，但此后又继续净外迁。这反映了山西省煤炭产业对制造业有一定程度的"挤出效应"（图1-3）。

（二）工业发展的重型化倾向突出

山西省工业发展的"一煤独大"造成工业发展的重型化倾向突出。煤炭行业企业在山西省也呈现"一业独大"，规模以上制造业企业集中呈现出"两高三低"的格局，即与煤炭行业紧密相关且代表重工业的金属行业和设备制

---

① 2007年和2011年我国分别对规模以上工业企业标准进行了两次调整。

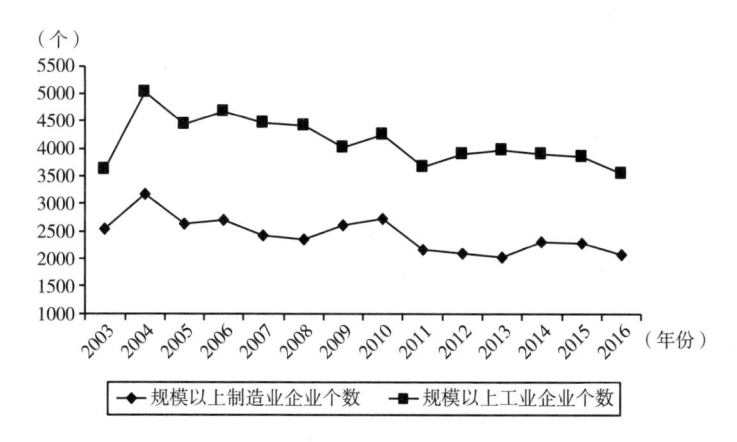

图 1-3　2003~2016 年山西省规模以上企业数量

资料来源：根据历年《山西统计年鉴》和《中国工业企业数据库》整理。

造业的企业数量较多，而代表轻工业的纺织服装行业、木材家具行业和文教仪器工艺品的企业数量较少（表 1-2）。

表 1-2　2005~2016 年山西省主要工业行业规模以上企业的数量

行　业	工业行业的企业数（个）					
	2005 年	2008 年	2011 年	2013 年	2016 年
采矿业合计	1583	1788	1384	1497	1228
煤炭开采和洗选业	1395	1577	1153	1256	1034
石油和天然气开采业	—	2	8	12	16
黑色金属矿采选业	157	185	203	208	154
有色金属矿采选业	12	11	9	9	18
非金属矿采选业	19	13	10	12	6
开采辅助活动	—	0	1	—	—
制造业合计	2631	2497	2176	2327	2064
农副食品加工	150	139	125	134	162
食品制造	88	92	77	79	79
酒、饮料和精制茶制造	48	58	59	59	60
烟草制品业	1	1	1	1	1
纺织业	56	36	31	38	28
纺织服装、服饰	11	14	11	9	14
皮革、毛皮、羽毛及其制品和制鞋	4	1	1	1	1
木材加工和木、竹、藤、棕、草制品	7	5	10	12	6
家具制造	6	6	5	5	6
造纸和纸制品	29	28	23	24	17

续表

行 业	工业行业的企业数（个）				
	2005 年	2008 年	2011 年	2013 年	2016 年
印刷和记录媒介复制	46	23	19	23	25
文教、工美、体育和娱乐用品制造	11	12	9	12	12
石油加工、炼焦和核燃料加工	324	242	193	160	128
化学原料和化学制品制造	287	272	205	230	198
医药制造	95	102	75	82	82
化学纤维制造	3	3	1	1	—
橡胶和塑料制品	59	70	47	51	55
非金属矿物制品	378	419	400	441	382
黑色金属冶炼和压延加工	323	184	266	262	168
有色金属冶炼和压延加工	115	119	91	95	96
金属制品	93	97	130	130	125
通用设备制造	208	269	107	120	88
专用设备制造	111	110	110	141	137
交通运输设备制造	67	84	72	77	67
电气机械和器材制造	52	57	52	70	67
计算机、通信和其他电子设备制造	25	31	29	30	27
仪器仪表制造	22	18	13	18	15
其他制造	12	5	6	6	4
废弃资源综合利用	—	—	3	4	3
金属制品、机械和设备修理	—	—	5	12	11
电力、热力、燃气及水生产和供应业合计	227	130	113	155	256
电力、热力生产和供应	111	96	89	123	203
燃气生产和供应	8	7	11	18	39
水的生产和供应	108	27	13	14	14

资料来源：根据历年《山西统计年鉴》整理。

从工业行业增加值来看，1999~2009年山西省重工业增加值占工业增加值的比重由86%持续上升到96%，2009~2016年从96%下降到92%。尽管重工业在山西省工业中占据主导地位，但2004年以后重工业企业个数整体呈现减少的趋势。[①] 此外，入驻山西省的轻工业企业数量整体呈现下降趋势，1999

[①] 其中，2013~2016年山西省重工业企业数量由3393个下降到2953个。

~2016年从978个下降到595个。① 1999~2008年，山西省轻重工业增加值之比从0.17持续下降到0.05，之后这一状况得到改善，到2015年这一比值为0.09，2016年又略有下降（图1-4）。

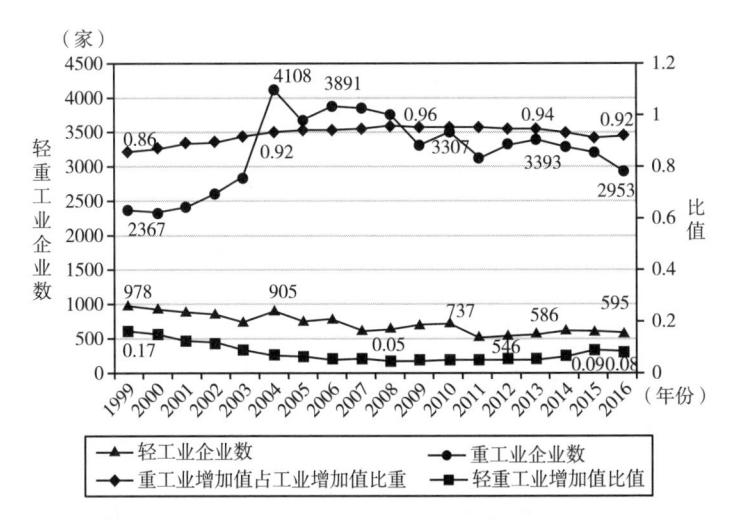

图1-4　1999~2016年山西省工业发展的"重型化倾向"

资料来源：根据历年《山西统计年鉴》整理。

从制造业就业集中度指数来看，2001~2015年，山西省制造业集中在黑色金属冶炼和压延加工业，石油加工、炼焦和核燃料加工业以及化学原料和化学制品制造业；通信设备、计算机和其他电子设备制造业也逐步发展起来，进入了前五位行业（表1-3）。除了通信设备、计算机和其他电子设备制造业，其他均为重工业。

表1-3　　　　2001~2015年山西省制造业前五位行业就业集中度　　　　单位:%

年　　份	制造业居前五位的行业及集中度		
2001	有色金属冶炼和压延加工业	10.5	33.5
	化学原料和化学制品制造业	7.6	
	黑色金属冶炼和压延加工业	6.4	
	石油加工、炼焦和核燃料加工业	4.9	
	金属制品业	4.1	

---

① 其中，2011~2015年山西省轻工业数量由546个上升到625个。

续表

年 份	制造业居前五位的行业及集中度		
2005	黑色金属冶炼和压延加工业	18.4	64.7
	石油加工、炼焦和核燃料加工业	16.0	
	化学原料和化学制品制造业	11.4	
	非金属矿物制品业	11.1	
	有色金属冶炼和压延加工业	7.8	
2010	黑色金属冶炼和压延加工业	16.0	60.3
	石油加工、炼焦和核燃料加工业	15.7	
	化学原料和化学制品制造业	10.5	
	非金属矿制品	10.5	
	计算机、通信和其他电子设备制造业	7.6	
2015	黑色金属冶炼和压延加工业	18.0	60.3
	石油加工、炼焦和核燃料加工业	12.0	
	计算机、通信和其他电子设备制造业	11.1	
	化学原料和化学制品制造业	9.9	
	非金属矿物制品业	9.3	

资料来源：根据历年《山西统计年鉴》整理。

（三）高新技术产业发展缓慢

高新技术产业是地区发展的重要力量，也是衡量一个地区转型发展质量的重要指标。山西省高新技术企业净入驻数变化可分为三个阶段：持续上升阶段（2000~2006年），高新技术企业净入驻数量由127个上升到146个；整体下滑阶段（2007~2011年），到2011年只有118家；回升阶段（2012~2015年），2012年之后开始逐步回升，到2015年达到139个。与此同时，山西省高新技术企业数量占全国比重急剧下降。2000~2015年，山西省高新技术企业个数在全国各省（自治区、直辖市）排名由第21位下降到第24位；高新技术企业个数占全国的比重由1.29%下降到0.46%（图1-5）。

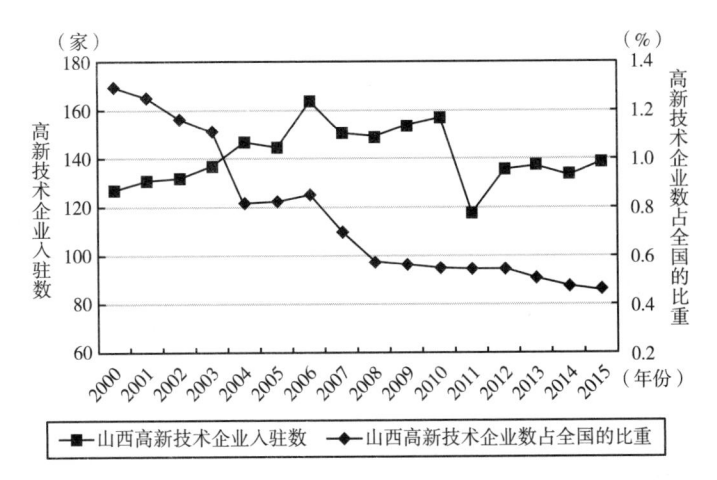

图1-5　2000~2015年山西省高新技术企业入驻数及占全国的比例

资料来源：根据历年《中国高新技术企业统计年鉴》整理。

从高新技术产业行业分布来看，2015年山西省医药制造业企业数量占全省高新技术企业的64.0%、电子通信设备制造业占20.9%、医疗设备及仪器仪表制造业占10.8%。从绝对数量来看，2000~2010年医药制造业个数不断增加，由82个增加到108个。2011年开始医药制造业发生净流出，当年仅有医药制造业企业75个，2015年为89个。2000~2015年医药制造业、航天航空设备制造业、电子通信设备制造业、计算机及办公设备制造业和医疗设备及仪器仪表制造业五大类高新技术产业的企业个数占全国的比例均呈现下降的趋势（图1-6、图1-7）。

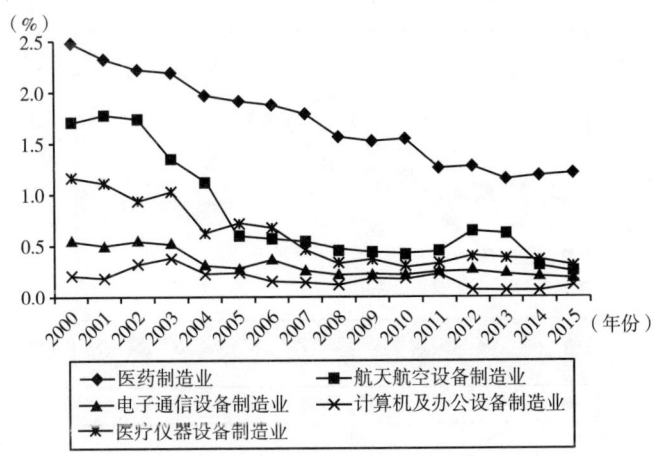

图1-6　2000~2015年山西省五大高新技术企业数量占全国的比重

资料来源：根据历年《中国高新技术企业统计年鉴》整理。

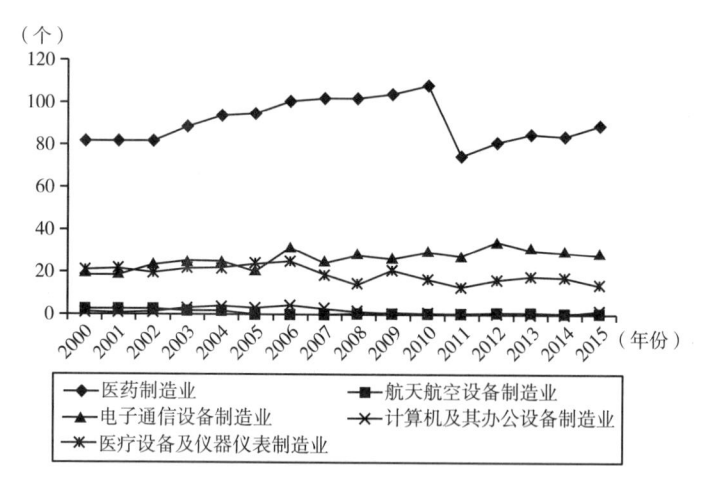

图 1-7　2000~2015 年山西省五大高新技术企业数量

资料来源：根据历年《中国高新技术企业统计年鉴》整理。

研发投入影响着高新技术产业发展及产业的转型升级，对资源型经济转型至关重要。2003~2013 年，山西省研究与试验发展经费支出占地区生产总值比重由 0.55% 上升到 1.22%，2015 年回落至 1.04%，相比《实施方案（2013~2015 年）》的目标要求（2.2%）还有相当差距。2003~2015 年，高新技术产业从业人员占制造业从业人员的比重由 4.0% 上升到 15.2%，这在一定程度上推进了山西省传统制造业的新型化程度，但并未实现"传统产业新型化率达到 75%"的预期目标（图 1-8）。

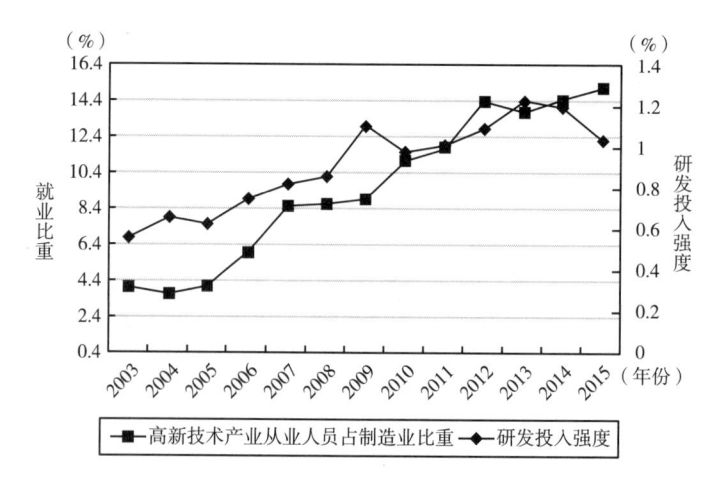

图 1-8　2003~2015 年山西省研发投入强度与高新技术产业占制造业的就业比重

资料来源：根据历年《中国高新技术企业统计年鉴》整理。

（四）山西省制造业结构多样化发展

2010~2016年，山西省石油加工、炼焦及核燃料加工业，化学原料及化学制品制造业，黑色金属冶炼及压延加工业，通信设备、计算机及其他电子设备制造业，非金属矿物制品业和有色金属冶炼及压延加工业的增加值较大，但2016年这些行业的增加值与2015年相比有所下降。

表1-4　　　2010~2016年山西省制造业各行业的增加值

行　业	制造业增加值（万元）				
	2012年	2013年	2014年	2015年	2016年
农副食品加工	725448	798229	952392	750914	572382
食品制造	247721	277537	287344	292052	262161
饮料制造	573745	704866	708167	556627	507067
烟草制品	241028	289151	331918	359858	379714
纺织	82860	67290	78808	88105	64563
纺织服装、鞋、帽制造	67448	43936	48963	46495	57163
皮革、毛皮、羽毛（绒）及其制品	2162	3040	5264	6252	5227
木材加工及木竹藤棕草制品	26325	32309	22785	25974	28437
家具制造	6277	9273	20282	19679	—
造纸及纸制品	31935	40807	46356	35211	30728
印刷和记录媒介的复制	43284	54784	57662	52300	45319
文教体育用品制造	19532	32995	28824	13663	18037
石油加工、炼焦及核燃料加工	3900850	2956794	2445483	2189053	1560922
化学原料及化学制品制造	1545534	1632154	1707731	1794249	1259014
医药制造	368195	407251	454656	583962	629034
化学纤维制造	488	311	159	—	—
橡胶制品	176926	161489	132160	132896	104047
非金属矿物制品	1098787	1156373	1157933	1049863	844756
黑色金属冶炼及压延加工	5930746	5288458	4718620	3978750	2606673
有色金属冶炼及压延加工	1114909	1007225	966649	924984	988937
金属制品	410107	456011	531245	316558	321870
通用设备制造	363381	474553	533176	447461	324804
专用设备制造	698318	748792	686813	653872	436591

续表

行　业	制造业增加值（万元）				
	2012年	2013年	2014年	2015年	2016年
交通运输设备制造	349663	324550	456930	450813	436322
电气机械及器材制造	279772	314614	312269	334333	318991
通信设备、计算机及其他电子设备制造	711456	1885131	1992722	2053756	2129839
仪器仪表及文化、办公用机械制造	95122	182565	155373	86346	59453
工艺品及其他制造	38982	12034	18591	18496	18423
废弃资源和废旧材料回收加工	7319	7590	1850	8806	11496

资料来源：根据历年《山西统计年鉴》整理，且为当年价格。

制造业是地区工业发展的关键，制造业发展水平从根本上反映了山西省转型发展的状态。2000年以来，山西省制造业多样化发展可划分为三个阶段（图1-9）。

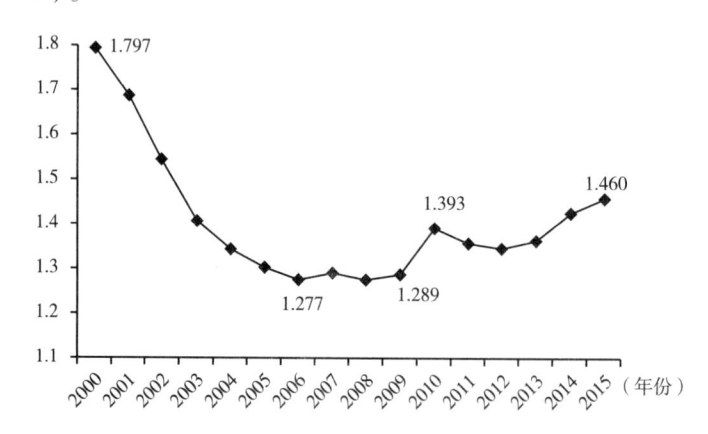

图1-9　2000~2015年山西省制造业结构多样化指数

资料来源：根据历年《中国工业经济年鉴》整理所得。

第一个阶段（2000~2005年），急剧下滑期，制造业结构多样化指数由1.797下降到1.305；第二阶段（2006~2009年），平稳过渡期，制造业多样化结构波动较小，制造业结构多样化指数由1.277演变为1.289；第三阶段（2010~2015年），波动上升阶段，制造业多样化结构呈现波动式上升，制造业结构多样化指数由1.393波动上升到1.460。

可见，2010年以来山西省制造业结构多样化呈现逐步上升的趋势，但"以煤为基、多元发展"的现代产业体系尚未形成。

（五）服务业稳步发展

服务业是山西省资源型经济转型的重要领域，2011 年以来山西省服务业增加值占地区生产总值的比重快速提升。2003 年以来，服务业就业人数占全省就业的比重超过 50%，生产性服务业就业人数占服务业的比重也保持在 50% 以上（图 1-10）。

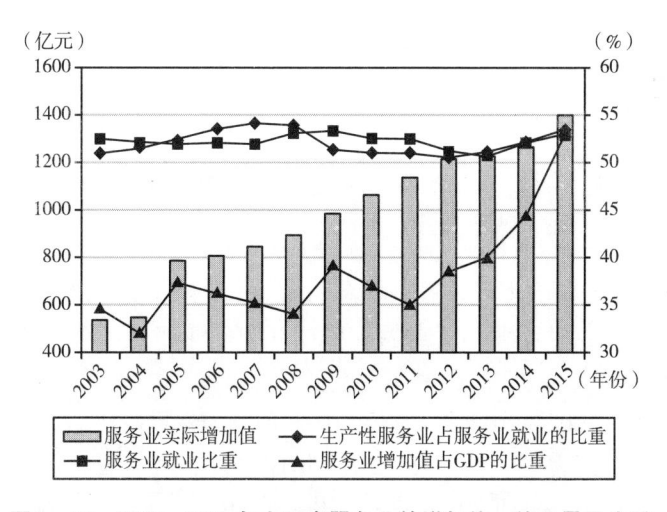

图 1-10　2003~2015 年山西省服务业的增加值、就业量及比重

注：生产性服务业包括：交通运输、仓储和邮政业，金融业，科学研究和技术服务业，水利、环境和公共设施管理业，信息传输、软件和信息技术服务业，租赁和商务服务业。服务业实际增加值指以 2000 年为基期，通过平减指数获得的消除价格因素的增加值。

资料来源：根据《山西统计年鉴（2016）》整理所得。

二、山西省资源型经济转型综合配套改革试验区实施效果检验

（一）山西省煤炭产业发展过程

通过煤炭行业在工业与非农产业中的地位，可以看出山西省资源型经济转型效果。2001 年以来煤炭在山西省国民经济尤其是工业领域占据着绝对的主导地位。2001~2016 年，山西省煤炭产业发展可分为三个阶段（图 1-11）。

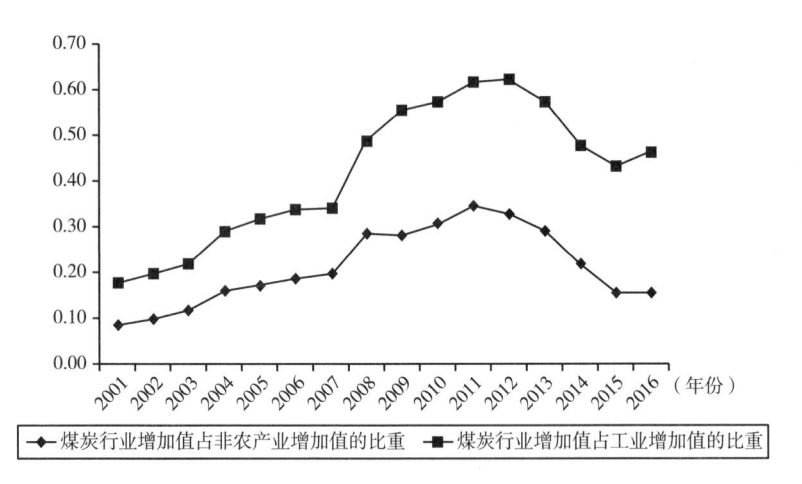

图 1-11 山西省煤炭行业在工业与非煤产业中的地位

资料来源：根据历年《山西统计年鉴》整理。

第一阶段（2001~2007 年），煤炭产业平稳较快发展阶段。2001 年煤炭行业增加值分别占非农产业和工业增加值的 8.7% 和 18.0%，2007 年分别达到 19.9% 和 34.6%。

第二阶段（2008~2011 年），煤炭产业爆发式发展阶段。该阶段煤炭行业基本上主导了山西省工业的发展，2011 年煤炭行业增加值分别占非农产业和工业增加值的比重分别快速增长到 61.87% 和 34.8%。其中，2008 年山西省实施煤炭资源整合重组的重大战略决策，加速了煤炭行业的"垄断性"；加之煤炭资源价格上涨引起市场需求大幅度增加，使得煤炭产业增加值在国民经济中的比重得到提高。

第三阶段（2012~2016 年），煤炭产业发展的收缩阶段。由于受到煤炭价格下降及供给侧结构性改革"三去一降一补"①的影响，2012 年以后煤炭工业增加值占山西省工业增加值的比重不断下降，2015 年为 43.2%，2016 年回升到 46.72%。与此同时，2015 年煤炭工业增加值占非农产业增加值的份额下降到 15.73%，2016 年为 15.66%。2016 年煤炭产业增加值在工业与非农产业增加值中的比例，没有呈现明显下滑的趋势，这与煤炭价格的回升有着紧密的联系。在山西省资源型经济转型的大背景下，2012 年以来尽管煤炭在国民经济中的比重呈现下降趋势，但难以说明山西省资源型经济转型取得明显进展。

资源型经济转型本质是工业领域的资源型产业与非资源型产业之间的结构

---

① 即"去产能、去库存、去杠杆、降成本、补短板"。

优化调整问题。工业领域的"一煤独大"是山西省发展实际，这与山西省煤炭资源禀赋有很大关系，由此导致工业发展过度依赖煤炭产业，而制造业对山西省工业经济的贡献率较小。与此同时，与钢铁产业紧密相关的煤炭资源性价格的波动起伏直接决定了山西省国民经济呈现出较大的波动性和不确定性。因此，山西省资源型经济转型的根本目标之一就是逐步降低工业经济对煤炭资源的依赖程度，提升制造业在工业经济中的比重。然而，在煤炭资源价格波动与制造业价格波动不一致的情况下，很难通过制造业在工业中的比例关系看到制造业的真实变化情况。① 综合以上两方面，说明产业结构单一是区域发展衰败风险增大的根本原因。因此，制造业结构的多样化程度是最直接也最能真实地反映山西省资源型经济转型成效好坏的重要指标之一。

此外，从资源产业与非资源产业的就业关系角度来讲，如果制造业的就业逐步占据了主导地位，则表明产业转型发展取得了实质性成效。而且选择本指标的一个重要原因在于煤炭国有企业的属性使得就业波动小于增加值波动。② 此外，如果制造业内部高新技术产业发展比较好，说明山西省资源型经济转型实现了质的提高。与此同时，山西省资源型经济转型离不开服务业（尤其是生产性服务业）的发展，因为生产性服务业主要服务于制造业发展。如果生产性服务业增加值或者就业在整个服务业中的比例较高，则表明生产性服务业发展较好。

上述分析为山西省资源型经济转型效果评估奠定了一定的理论基础，然而转型是否有明显的成效，需要进一步借助模型工具加以论证，下面将通过层次分析法综合评价山西省转型发展水平，同时通过政策评估方法评估有关产业结构调整政策对山西省转型发展的实质性影响。

（二）山西省资源型经济转型指数的测算

1. 用层次分析法测算资源型经济转型指数

在对山西省"资源型经济转型"这一概念正确理解和把握的基础上，下文基于数据的可得性，选择制造业多样化指数、制造业与采矿业的就业比值、高新技术产业占制造业的从业人员比例、生产性服务业占服务业的就业比重四个指标来综合考察资源型经济转型效果。根据层次分析法的要求对四大指标的

---

① 美国汽车城底特律的破产揭示了一个地区的制造业过度单一化同样会带来发展风险。
② 比如在煤炭价格下滑阶段，增加值会降低，但就业不会大幅度减少。

重要性进行排序（表1-5），并得到四大指标的权重（表1-6），最后通过加权求和得出2000~2015年资源型经济转型发展指数。转型指数的计算公式为：

$$S_t = \sum_{i=1}^{4} W_i \times X_{it} \tag{1-1}$$

式中，S_t表示山西省每一年的转型指数得分，X_{it}表示第t年第i个指标的值，W_i表示表1-6中第i个指标对应的权重。

表1-5　　　　　　　　　四大指标相互的重要性排序

指　　标	制造业结构多样化	制造业与采矿业的就业比值	高新技术产业占制造业就业比值	生产性服务业占服务业比重
制造业结构多样化	1	2	5	6
制造业与矿业的就业比值	1/2	1	4	5
高新技术产业占制造业就业比值	1/5	1/4	1	3
生产性服务业占服务业比重	1/6	1/5	1/3	1

表1-6　　　　　　　　　　　四大指标的权重

指　　标	制造业结构多样化	制造业与采矿业的就业比值	高新技术产业占制造业就业比值	生产性服务业占服务业比重
权重	0.4998	0.3195	0.1192	0.0615

基于层次分析法的结果，整体来看，山西省资源型经济转型指数是处于下降趋势（图1-12），大体可划分为3个阶段：

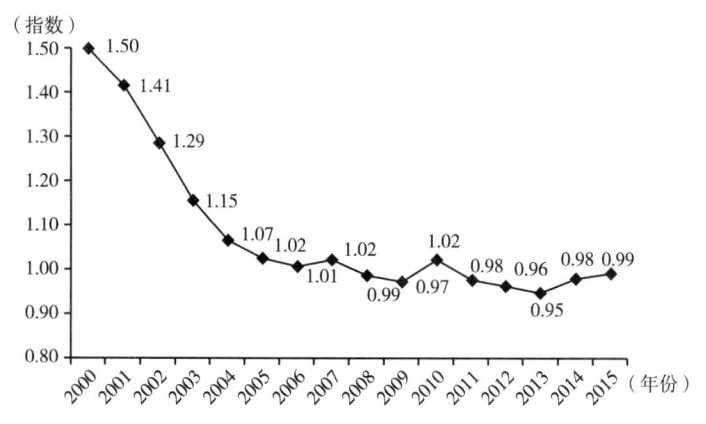

图1-12　2000~2015年山西省资源型经济转型发展指数

第一阶段（2000~2005年），转型基本没有取得成效。可以看出，1999年以来山西省出台的诸多产业结构调整政策并没有较好地推动其转型发展，这可能与全国煤炭资源价格上涨有很大关系，也与2004年"把山西省建设成为新型能源和工业基地"的战略决策有关。

第二阶段（2006~2013年），转型指数波动式下降。2006年扭转了以前山西省资源型经济转型失控的局面，这可能与山西省2006年出台的《关于优化产业结构、培育优势产业的实施意见》有关。

第三阶段（2014~2015年），转型略有成效。2014年扭转了上一阶段转型失效局面，2015年转型指数上升到0.99。

2. 用非采掘业增加值占非农产业增加值比重测算山西省资源型经济转型指数

山西省资源型经济的转型，既是第二产业和第三产业逐步摆脱对资源型产业尤其是对煤炭资源开采依赖的过程，也是采掘业比重逐步降低的过程。因此，我们用式（1-2）来测算资源型经济转型指数，计算结果如图1-13所示。

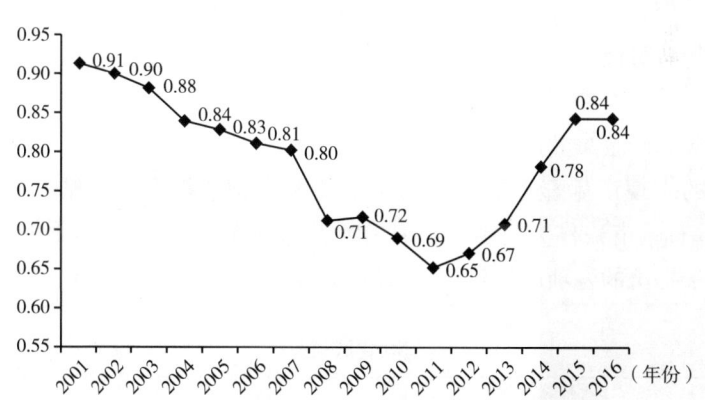

$$转型指数 = 1 - 采矿业增加值/（第二产业增加值 + 第三产业增加值） \quad (1-2)$$

图1-13 2001~2016年山西省资源型经济转型指数

资料来源：根据相关年份《山西统计年鉴》测算。

由图1-13可见，2001年以来山西省资源型经济转型效果，经历了一个以2011年为转折点先不断下降后逐步提高的过程，大的趋势与用层次分析法测算的结果一致。这说明山西省资源型经济转型效果既与国家宏观经济形势有关，也与政策力度有关。

（三）山西省资源型经济转型效果检验

资源型经济转型指数测算结果表明，在一定时间段内山西省转型效果是不理想的，但并不一定表明是政策没有效果。如果没有这些转型政策，山西省资源型经济转型结果可能将更不理想。下文通过计量经济学手段来考察几个重要节点的政策对山西省转型发展的实质性影响。

合成控制法是当前检验区域政策实施效果的主要评估方法。自 1992 年山西省资源型经济转型开始推进，可以将转型发展看作是对山西省实施的一项自然实验，把提出政策年之后的山西省作为处理组，把其他地区作为潜在控制组，并从中选取控制组。合成控制法的重点是构造"反事实"事件，虽然在现实中很难能找到一个符合处理组基本特征的经济体作为控制对象，但是几个经济体的组合却能够提高这种概率，组成一个能够基本符合处理组基本特征的对照组（即控制组）。阿巴迪（Abadie）等人提出使用数据驱动方法来合成控制组，以克服处理组和控制组之间的差异问题。

合成控制法模型的前提是"过去的趋势可以延续"，即山西省没有推进某一政策时，用其他地区的经济发展数据近似地模拟山西省经济社会发展趋势，而且这一趋势可以延续。在山西省政策颁布实施年份，这要求控制组在政策颁布实施年以后没有明显的政策干扰，以免给构建的"反事实"带来偏误，从而对最终测算的政策效应的准确性产生影响。合成控制法要求政策的实施不会对控制组的表现产生显著影响。基于上述考虑，选择全国大陆其他 30 个省（自治区、直辖市）作为控制组，采用阿巴迪等人开发的 Synth 程序来估计山西省近年来提出的各项政策对转型发展的影响，预测变量如表 1 - 7 所示。

表 1 - 7　　　　　　　　预测变量列表

变量名称	控制变量含义	计算方法
FDI	外商直接投资水平	地区实际利用外资×当年汇率/地区生产总值
EDU	教育水平	$\sum$ 各层次教育人数×基本就读年限/6 岁以上总人口
RD	研发投入强度	研究与科学实验经费支出/地区生产总值
CUS	居民消费水平	地区居民消费能力
GCUS	政府消费支出	政府消费支出/地区生产总值
FIV	全社会固定资产投资	全社会固定资产投资/地区生产总值
NOI	外贸进出口	外贸进出口总额/地区生产总值
SOE	经济国有化程度	国有工业企业从业人员人数/工业企业从业人员数

运用合成控制方法，首先评估了山西省 2006 年的政策《关于优化产业结构、培育优势产业的实施意见》，得出了由其他省份合成的山西省。表 1-8 是合成权重值，其中西藏的权重值最大，为 0.561。

表 1-8　　　　　　　　　　合成山西的省份权重

省份	北京	天津	河北	内蒙古	辽宁	吉林	黑龙江	上海
合成权重	0.01	0.01	0.016	0.018	0.012	0.016	0.014	0.009
省份	浙江	安徽	福建	江西	山东	河南	湖北	湖南
合成权重	0.013	0.005	0.008	0.009	0.01	0.013	0.046	0.017
省份	广西	海南	重庆	四川	贵州	云南	西藏	陕西
合成权重	0.033	0.011	0.019	0.017	0.019	0.017	0.561	0.007
省份	江苏	青海	广东	甘肃	新疆	宁夏		
合成权重	0.007	0.014	0.014	0.018	0.017	0.023		

图 1-14 是 2006 年山西省的产业结构调整对山西省制造业多样化的政策效应。可以看出，2006 年以前控制组与实验组基本上处于重合状态，2006 年之后控制组和实验组发生分离，2007~2011 年处理组明显高于控制组。这在一定程度上表明，2006 年产业结构优化调整政策对山西省制造业结构产生了利好影响。然而 2012 年以后，控制组高于处理组，表明随着时间的推移，前期产业结构优化调整政策对制造业结构的影响消失了，政策不具有持续性。此外，考虑到 2009 年以后的"转型综改示范区"可能产生影响，还需要进一步分析 2009 年"转型综改示范区"的产业结构调整效应。

图 1-14　2006 年山西省产业结构调整政策的成效

表1-9基于合成控制法报告了各预测变量的合成值与实际值及其差额。可以看出，山西省的经济国有化程度实际值比合成值高出0.0405，外商直接投资实际值低于合成值0.0088，固定资产投资实际值低于控制组0.1962，居民消费能力低于控制组0.0234，表征对外开放程度的进出口低于控制组0.0601，而反映政府对经济的干预程度的政府消费支出低于控制组0.1923。

表1-9　　　　　　　　各预测变量合成值与实际值的差额

变量	处理组	合成组	差额
R_RD	0.6098	0.4968	0.1130
EDU	8.3996	5.7229	2.6767
CUS	7.9611	7.9845	-0.0234
FIV	0.4072	0.6034	-0.1962
FDI	0.0046	0.0134	-0.0088
NOI	0.1073	0.1673	-0.0601
GCUS	0.1319	0.3242	-0.1923
EDU	8.3996	5.7229	2.6767
SOE	0.5586	0.5181	0.0405

基于合成控制方法，进一步考察"转型综改试验区"对山西省制造业结构多样化的影响，得出了由其他省份合成的山西省。表1-10是合成权重值，其中西藏的权重值最大，为0.263。

表1-10　　　　　　　　合成山西的省份权重

省份	福建	广西	海南	西藏	甘肃	宁夏
合成权重	0.031	0.262	0.151	0.263	0.07	0.222

图1-15是2009年来"转型综改试验区"对山西省制造业多样化的政策效应。可以看出，2009年以前控制组与实验组基本上处于重合状态，2009年之后控制组和实验组发生分离，2010~2011年控制组高于合成组。

表1-11基于合成控制法报告了各预测变量的合成值与实际值及其差额。其中，山西省的经济国有化程度实际值比合成值高出0.1035，外商直接投资实际值低于合成值0.0071，固定资产投资实际值低于控制组0.1342，居民消费能力实际值高于控制组0.1006，表征对外开放程度的进出口实际值低于控制组0.0433，而反映政府对经济干预程度的政府消费支出实际值比控制组低

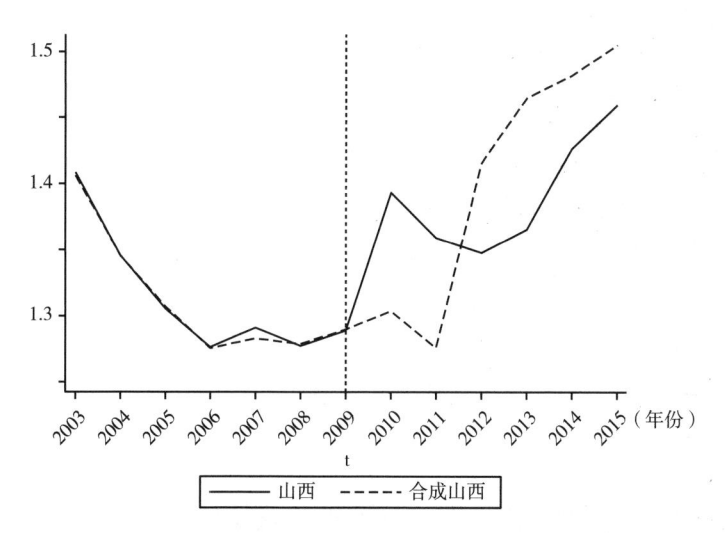

图 1－15　2009 年产业政策调整的制造业结构效应

0.1082，说明与 2006 年相比居民的消费力进一步下降，经济国有化的程度更为凸显，市场化水平有待提升。事实上，山西省的市场化程度一直大大低于全国平均水平（安树伟，闫程莉，2017）。

表 1－11　各预测变量合成值与实际值的差额

变　　量	处理组	合成组	差额
R_RD	0.7078	0.4164	0.2915
EDU	8.5807	6.8691	1.7116
CUS	8.0737	7.9731	0.1006
FIV	0.4403	0.5744	－0.1342
FDI	0.0080	0.0151	－0.0071
NOI	0.1188	0.1622	－0.0433
GCUS	0.1275	0.2357	－0.1082
EDU	8.5807	6.8691	1.7116
SOE	0.5586	0.4551	0.1035

三、结论与政策启示

本章通过对资源型经济转型发展内涵的把握，构建了整体上能表征山西省转型发展的指标，运用层次分析法对转型发展进行评价，发现21世纪以来，山西省转型发展大体可分为三个阶段。通过合成控制法重点考察了山西省转型发展政策对反映转型成效的制造业结构多样化发展的影响，结果表明2006年出台的《关于优化产业结构、培育优势产业的实施意见》对制造业结构多样化具有一定的影响，但政策效果缺乏连续性。进一步运用合成控制法分析2009年以来"转型综改试验区"对制造业结构多样化的影响，结果显示并没有持续的政策效应。通过合成控制方法，实证研究发现山西省固定资产投资力度欠佳、外商投资较少、对外开放程度低、市场化程度低，这些都将影响山西省产业结构尤其是制造业结构的多样化发展。针对上述问题，提出如下政策启示及建议。

（一）加强政策的延续性、一致性与连贯性

政策是很容易出台的，但政策的实施效果未必如愿。近年来，在相对频繁的时间点，山西省围绕"经济结构调整"出台了诸多政策，如1999年10月、2001年9月、2003年下半年、2004年8月、2006年、2008年的煤炭资源整合重组的重大战略决策，以及2009年以来的"综合试验区"政策。这些政策有些可能是相互不一致的，如2004年提出把山西省建设成为"新型能源和工业基地"战略决策与2006年出台的《关于优化产业结构、培育优势产业的实施意见》，这势必影响转型发展成效。

（二）开发区建设是山西省转型发展的重要突破口，加快开发区发展步伐是关键

资源型经济转型发展的本质在于优化工业内部制造业与采矿业之间的比例关系。山西省以煤炭为主的采矿业在工业中"一业独大"反映出制造业发展的落后，因此转型发展的主导力量与关键在于强化制造业对工业经济的支撑作用。开发区是制造业发展的重要平台，从全国来看开发区是地方经济发展的重要引擎，是带动地方发展的重要增长极；而山西省开发区发展滞后于全国多年，是转型发展过程中的短板。因此，山西省转型发展没有取得实质性成效与开发区发展滞后是紧密相关的，开发区应是山西省转型发展的重要突破口。当前应进一步理顺开发区财税体制，剥离社会事务，下放开发区的管理权限，理顺开发区与属地的关系，减轻开发区的包袱，加强开发区的简政放权，深化开

发区人事和薪酬制度改革，激活开发区发展活力。

（三）山西省资源型经济转型近期离不开煤炭资源，但需要逐步摆脱对煤炭资源的依赖，重点推进部分制造业发展

山西省资源型经济转型发展，一方面要进一步延长煤炭产业链条，加快煤层气、煤化工、煤焦产业发展；另一方面资源型产业与非资源型产业并非此消彼长、相互替代的关系，要借助煤炭产业所形成的资本积累加速非资源型产业的培育和发展，增强非煤资源产业发展体量，形成多元化的产业支撑格局。区域生命周期背后是产业的生命周期，而产业的生命周期取决于产业所对应的产品的市场需求状况。市场需求既取决于产品本身的品质，也决定于实际的需要。在产业发展领域，应大力发展计算机、通信和其他电子设备制造业；进一步做大包括石油化工、化学纤维、医药制造业、橡胶、塑料、黑色金属冶炼和压延加工业、化学原料和化学制品制造业、非金属矿物制品业等资源加工工业；进一步强化诸如机械、机床、专用设备、交通运输工具、机械设备、电子通信设备、仪器等有一定产业基础的装备制造业在全国的地位。

（四）把营商环境纳入地方领导考核机制，促进山西省转型发展

优化营商环境是山西省转型发展的基本要求。坚持政府引导与市场化运作相结合，构建好山西省转型发展平台，将营商环境的改善纳入地方政府考核，以增强地方政府改善营商环境的积极性。首先，理顺政府与市场的关系。按照党的十九大报告中关于"着力构建宏观调控有度、市场机制有效与微观主体有活力的经济体制"的要求，进一步转变政府职能，明确政府的行为边界，推进服务型政府建设，减少审批程序，提高行政审批效率，充分调动企业在市场经济中的积极性和参与度，形成新型政企契约关系。着力保护微观主体的产权，营造良好的法治生态环境，强化环境规制，制定实施独特、切实有效的区域转型发展政策。其次，形成投资的风险保障机制。投资是驱动经济增长的重要动力，资源型区域转型实质上是调整资源型产业与非资源型产业之间的结构比例不合理的关系。加快山西省非煤产业的投资是促进山西省转型发展的重要举措，应强化制度创新，减少政府对经济的过度干预，坚持"不欺商、不讹商"，着力形成降低投资者投资风险的保障机制。最后，加强对外开放程度。通过对外发展战略促进资源型地区转型发展，着力加快资源型区域内连外通的

交通基础设施体系建设,促进山西省内快速交通网络的发展,同时强化与京津冀地区和东部其他区域的互联互通,促进与这些地区的产业对接,促进本地区制造业多样化格局的形成。

(五) 山西省资源型经济转型发展需要走非平衡发展道路

山西省资源型经济转型更多是关于发展不充分的问题,是因为过去发展不充分带来现在需要经济"转型"。因此,"山西省资源型经济转型"不能回避发展本身的问题。在空间层面要着力推动大城市发展,强化集聚效应。发展要素向大城市集聚是经济发展的基本规律,尽管太原在全省层面上存在"一市独大"的倾向,但从全国看,不论是人口经济规模还是空间规模太原市依然较小。因此,太原市的集聚效应还有待提高,需要进一步推动太原-晋中的同城化建设步伐,规划建设太原汾河新区,形成对周边城市的辐射带动效应,进而实现城市体系的多中心格局。同时,要集中力量抓具有转型潜力和基础的煤炭城市转型发展,为其他煤炭资源型城市转型发展提供经验;促进运城等非资源型城市发展,进而提高山西省非煤产业发展比重,加强经济发展的整体平稳性。

(六) 强化资源型经济转型发展的政策支持

在财税政策方面,创新财税政策,加大煤炭产业的税收返还比例,以此作为转型发展的储备金,加强财政对产业发展的支撑力度。在人才政策方面,培育本地化的企业家,注重知识产权保护,鼓励创新;加强激励机制的构建,促进开发区人才流动机制,通过人才流动机制推动开发区发展。在技术创新方面,强化科技创新政策,推进关键领域的科技创新与技术进步,加强产品的区域品牌建设,强化产学研合作,注重相关技术行业领域的人才培育和科技成果转化。

参考文献

[1] 张秀冰,张翠莉. 山西建设转型综改试验区难点问题分析 [J]. 中共太原市委党校学报,2012 (5):22-25.

[2] 安树伟,郭文炯,安祥生等. 山西经济地理 [M]. 北京:经济管理出版社,2018.

[3] 聂飞. 中国-东盟自贸区战略的贸易创造效应研究——基于合成控制法的实证分析 [J]. 财贸研究, 2017, 28 (7): 36-47.

[4] 张生玲, 李跃, 酒二科等. 路径依赖、市场进入与资源型城市转型 [J]. 经济理论与经济管理, 2016 (2): 14-27.

[5] 杨继瑞, 黄潇, 张松. 资源型城市转型: 重生、困境与路径 [J]. 经济理论与经济管理, 2011 (12): 77-83.

[6] 安树伟, 闫程莉. 山西经济发展的功能定位与战略思路 [J]. 经济问题, 2017 (10): 1-7.

第二章
山西省资源型经济转型突破口的选择

党的十九大报告从我国经济发展新形势以及决胜全面建设小康社会、开启全面建设社会主义现代化国家新征程的新要求出发，明确提出必须坚持质量第一、效益优先原则，以供给侧结构性改革为主线，推动经济发展质量变革、效率变革、动力变革。这是对两个"一百年"奋斗目标历史交汇时期我国经济发展的新部署，也是今后一个时期推进经济发展的行动指南。改革开放40年来，山西省"一煤独大"，经济增长率与全国经济增长率高度相关，全国经济的发展直接决定着山西省的经济发展，因此研究我国未来经济发展的方向、速度、结构对于山西省资源型经济转型发展具有重要意义。从山西省地理位置来看，东邻京津冀、南接河南、西靠陕西、北连内蒙古，是典型的内陆地区。实施差异化发展、突出自身优势、实现资源型经济转型，是新时代山西省资源型经济转型的重大课题。山西省资源种类丰富多样，且赋存相对集中，非资源型产业具有较好基础，城镇化不断推进，为资源型经济转型奠定了良好的基础。对接中央新时代中国特色社会主义发展的战略部署，山西省在资源型经济转型中必须把握我国经济发展形势，立足自身基础，研判发展阶段，明确发展方向，拓展发展新空间，建设现代经济体系，早日实现现代化。

一、把握新时代经济发展新形势与新特征

（一）紧扣新时代社会主要矛盾

党的十九大报告指出："我国社会主要矛盾已经转化为人民日益增长的美好生活需要和不平衡不充分的发展之间的矛盾。"这深刻反映了我国社会生产和社会需求发生的新变化。发展不平衡，主要是指区域各方面发展不够平衡，

制约了全国发展水平提升；发展不充分，主要指一些地方、一些领域、一些方面还有发展不足的问题，发展的任务仍然很重。

2017年我国人均国内生产总值为59660元，山西省人均地区生产总值为40557元，在全国31个省（自治区、直辖市）中居第27位。从山西省内各地级市看，除太原市①外均低于全国平均水平，因此无论是从全国角度还是从山西省自身角度来看，发展的不平衡特征明显。从不充分的角度看，一直以来山西省是我国的煤炭大省，1949年以来累计生产原煤超过160亿吨。由于投资煤炭在过去的黄金十年（2000~2010年）中利润高、盈利快，导致省内大部分生产要素集中在煤炭行业，对其他产业形成了严重的"挤压效应"。除太原市外，其他主要地级市工业体系较为薄弱，特别是制造业和第三产业发展缓慢。山西省经济呈现出与煤价共振的经济走势，经济波动较大，持续增长动力不足。因此，山西省资源型经济转型首要是发展制造业，通过产业聚集促进人口聚集，带动区域的发展和人民生活水平的提高，从根本上解决人民日益增长的美好生活需要和不平衡不充分的发展之间的矛盾。

（二）适应经济发展新常态

中国经济新常态突出表现为经济结构的全方位优化升级。具体来讲，经济新常态呈现出增长速度转换、发展方式转变、产业结构调整、经济增长动力变化、资源配置方式转换、经济福祉包容共享等一系列新特征与新趋势，中国经济将朝着结构更优、质量更好、效率更高的方向发展（国家行政学院经济学教研部，2015）。在经济新常态下，经济增长速度由高速向中高速转换，发展方式从规模速度型粗放增长向质量效率型集约增长转换，产业结构由中低端水平向中高端水平转换，增长动力由要素驱动、投资驱动向创新驱动转换，资源配置由市场起基础性作用向市场起决定性作用转换，经济福祉由非均衡型向包容共享型转换。

党的十九大报告指出："我国经济已由高速增长阶段转向高质量发展阶段。"这是根据国际国内环境变化，特别是我国发展条件和发展阶段变化做出的重大判断。从长期来看，经济增速从过去9.0%左右的高速增长逐步下降到目前6.5%左右的增长。考虑到我国贸易占全球贸易的比重已达到15.0%左右的较高水平，且原有的低成本竞争优势正在快速消失，加之人口要素、生态环

---

① 2017年太原市人均地区生产总值为77536元。

境等约束条件强化,创新形成的新动能、新优势难以在短期内取得较大突破,今后我国经济将难以再现过去的高速增长。从短期来看,我国将深入推进以"三去一降一补"为主要内容的供给侧结构性改革,继续推动化解钢铁、煤炭行业的过剩产能,要将去库存与促进人口城镇化密切联系起来,在控制总杠杆率的前提下降低企业杠杆率,加大减税、降费、降低要素成本的工作力度,补齐民生的短板。

山西省是我国重要的能源基地,国家经济的发展对山西省能源行业有着重要的拉动作用。长期来看,我国经济由高速变为中高速,能源供需进一步宽松化、绿色化,既要求山西省减少煤炭的供应,也要求山西省打造能源革命排头兵,推动能源发展向高效化、清洁化、低碳化和智能化转变,这是国家赋予山西省长期的战略任务。从短期看,受2008年金融危机的影响,中央政府投资四万亿元,地方政府进一步加大了投资规模,地方政府和国企的杠杆率不断提高,系统性金融风险较大,急需提振实体经济来防范债务危机。因此,中央加大了去落后产能的力度,大型国有企业特别是原材料和煤炭行业将会迎来一个短期的盈利高峰,相应地山西省地方政府的税收也会得到改善,现阶段山西省资源型经济正处在大有可为的战略机遇期。

(三) 我国以煤炭为主的能源生产结构短期内不会发生根本性变化

我国能源资源具有"富煤、贫油、少气"的禀赋特征,煤炭资源储量占化石能源资源总储量的96%以上(孙敬之,1994),能源生产以煤为主,煤炭在一次能源生产和消费总量中的比重超过70%(图2-1)。长期以来,煤炭开发利用方式简单粗放,利用效率低,随着21世纪以来煤炭利用规模的急剧扩大,由此引发的资源短缺、能源安全恶化、生态环境质量下降、应对气候变化压力剧增等问题日益突出,成为影响我国经济社会可持续发展的重要制约因素。但是从能源生产实际情况来看,煤炭依旧是我国能源的主要组成部分,在今后一个时期仍然会扮演能源供给的主角。因此,加快构建以清洁能源供应为主的新型能源体系,实现煤炭产业清洁高效发展,是保障我国能源安全、可持续发展的必然要求。

(四) 积极拓展区域发展新空间

对一个区域而言,经济增长分为缓慢增长阶段(Ⅰ)、快速增长阶段

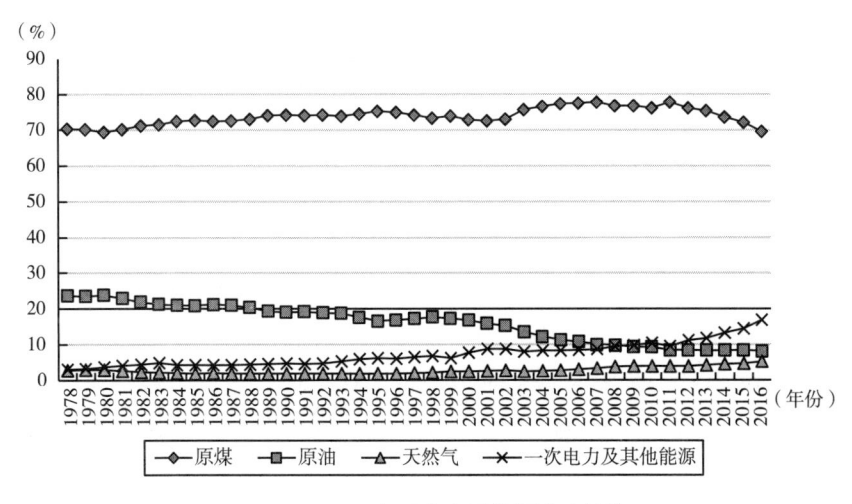

[图 2-1 1978年以来全国能源生产结构]

资料来源:《中国统计年鉴(2017)》。

(Ⅱ)、增速减缓或者结构调整阶段(Ⅲ)(图 2-2)。世界发达国家和新兴工业化国家的经济发展历史表明,在一定时期内一个国家的经济发展主要是由部分处于快速发展阶段的区域带动和支撑的。如果一个区域处于阶段Ⅱ,就有可能带动和支撑全国的发展。改革开放以来,中国经济持续快速增长是与多元化的区域经济发展紧密相关的。

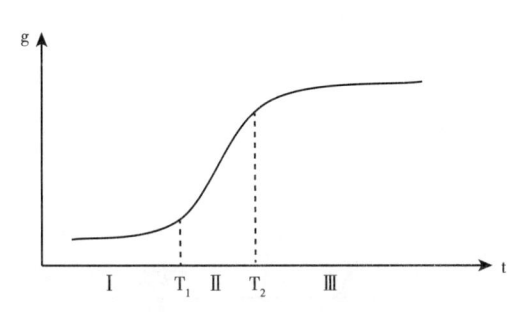

[图 2-2 区域经济增长的三阶段]

资料来源:安树伟,肖金成. 区域发展新空间的逻辑演进[J]. 改革,2016(8):45-53.

中国是一个大国经济体,由于发展条件和机遇等方面的不同,各区域之间存在着明显的经济增长阶段的异质性。当长三角、珠三角和京津冀等区域处于快速增长阶段(Ⅱ)的时候,其他区域还处在缓慢增长阶段(Ⅰ);当长三角、珠三角和京津冀等区域进入第三阶段(Ⅲ)的时候,另外一些区域即区域发展新空间刚好处在第二个阶段(Ⅱ),接替发挥对全国经济增长的支撑作用,于是就形成了一个区域接力增长的持续态势。如果能够合理组织不同类型区域的快速增长阶段，那么大经济体就能实现比单类区域更长时间的持续快速增长。

区域发展新空间是对全国经济发展具有重要的战略意义，资源环境保障能力强、经济规模较大、经济增长速度高于全国平均水平、能够集聚更多的人口和产业，经过一定时间的培育和发展，可以有效地推进国家的新型工业化和新型城镇化的关键区域。区域发展新空间的概念有狭义和广义之分。从狭义看，区域发展新空间主要指国家新型工业化和新型城镇化的重点承载区域，也是我国新一轮经济调整和经济总量扩张的主要区域。从广义上看，不仅包括高度发达的长三角、珠三角以及京津冀部分地区，这些地区通过结构优化与功能提升，仍然有一定的发展空间；而且包括未来15~35年支持中国经济持续增长的潜在新空间，也包括我国的海洋绿色空间。

"十一五"以来，东部地区受国际金融危机的影响比较严重，经济增长的速度开始慢于国内其他地区，在全国的地位继续下降，产业向中西部地区转移的趋势开始加速。2008年以来中部和西部地区经济增速不断加快，经济总量占全国比重开始上升（表2-1）。2010~2017年，东部与西部地区人均地区生产总值比值由2.06∶1下降到1.86∶1。

表2-1   2005~2017年我国四大区域生产总值总量及占全国比重

年份	东部 地区生产总值（亿元）	比重（%）	中部 地区生产总值（亿元）	比重（%）	西部 地区生产总值（亿元）	比重（%）	东北 地区生产总值（亿元）	比重（%）
2005	109925	55.6	37230	18.8	33493	16.9	17141	8.7
2010	232031	53.1	86109	19.7	81409	18.6	37494	8.6
2015	372778	51.5	147140	20.4	145521	20.1	58101	8.0
2017	449681.0	53.0	179412.4	21.0	170955.3	20.0	55430.8	6.0

资料来源：根据《中国统计年鉴》（相关年份）整理。

出现这种变化的原因主要有：东部外贸依存度比较高，受国际影响比较大，尤其是2008年全球性的金融危机以来更为明显；东部地区各项要素成本，尤其是土地成本和劳动力成本全面上涨；国家西部大开发政策、东北振兴和促进中部崛起战略的相继实施，使东北和中西部地区的投资明显加快；东部地区环境承载力不断下降，环境保护的压力又在不断地提高；东部地区总体上已经处于工业化的后期阶段，大部分的省（自治区、直辖市）城镇化水平也比较高，如2017年北京、天津和上海的城镇化率分别达到86.5%、82.9%和87.7%，工业化和城镇化带动东部地区增长的动力都在减弱。

通过梯次推进，形成"第一代空间—发展新空间—潜在发展新空间"的接力机制，把"发展新空间"和"潜在发展新空间"置于不同阶段"区域领跑者"的更替之中，一方面要着力促进新空间的尽快成长，另一方面要及早培育潜在新空间，同时要赋予第一代空间新的功能，从而形成"第一代空间—发展新空间—潜在发展新空间"梯次推进的格局，把支撑全国经济持续增长的"接力棒"有序地传递下去，以共同支撑未来中国经济的中高速增长（安树伟，肖金成，2016）。

随着大规模基础设施建设特别是高速铁路网和通信网的建设，我国区域互联互通达到了前所未有的水平，为从整体上形成东西南北纵横联动区域发展新格局创造了条件。中部地区具有连接东西、贯通南北的区位条件和产业体系较为完整的优势。推动中部地区崛起，必须充分发挥优势，加强综合立体交通枢纽和物流设施建设，发展多式联运，构建现代综合交通体系和物流体系。加快建设现代产业体系，依托功能平台承接产业转移，发展现代农业、先进制造业和战略性新兴产业，培育一批有国际竞争力的产业集群。加快发展内陆开放型经济，全面融入"一带一路"建设，积极开展国际产能和装备制造合作。

山西省是连接陆上丝绸之路与京津冀城市群的桥梁、中部崛起的重要支点，也是中原城市群和关中平原城市群的重要组成部分。自然禀赋优越、交通条件较好、产业基础优良、合作前景广阔，发展潜力大。山西省的发展应当积极融入周边地区的发展，深化与京津冀、中原城市群、关中平原城市群的资源整合、基础设施互联互通与产业分工协作，在推进区域一体化发展、实现优势互补、合作共赢中带动山西省经济发展。

（五）充分借助产业转移

我国东部地区经过改革开放四十年的发展，发展模式以高资本、高投入的资本密集型和劳动密集型为主，随着人口、土地、环境的约束进一步加强，旧的发展模式不可持续，服务业将取代工业成为经济发展的新增长点，形成以服务业为主的经济。大力发展服务业是东部地区经济转型和产业结构升级的重要内容，必须从要素驱动转向创新驱动。"腾笼换鸟"的需求迫切，大批的制造企业特别是劳动密集型企业逐步向中部和西部转移，中原经济区、武汉都市圈、皖江经济带、环鄱阳湖经济区、长株潭城市群、成渝城市群等已经成为先期承接产业转移的区域。从近年的发展趋势上来看,中部地区制造业占全国比重明显提升(图2-3)。因此山西省应当进一步适应这种产业转移的趋势,借助产业转移来实现资源型经济结构转型。

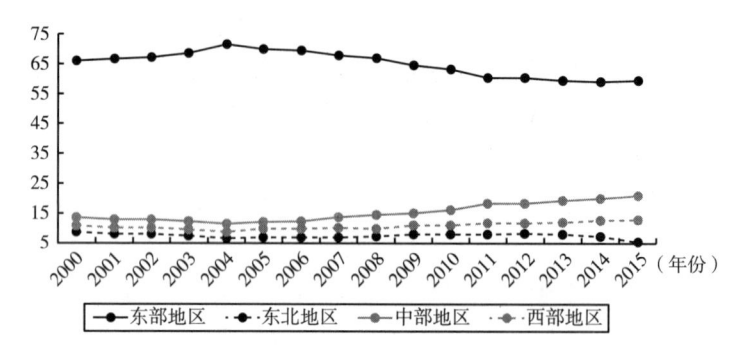

图2-3 2000~2015年四大地区制造业销售产值占全国比重变化

资料来源:安树伟,张晋晋.2000年以来我国制造业空间格局演变研究[J].经济问题,2016(9):1-6.

从近年来山西省转型的实践看,山西省并没有抓住产业转移的机遇,主要有以下原因。第一,煤炭业汇聚了大量的劳动力、资金、技术,这对其他产业形成了严重的"挤出效应",缺乏承接产业转移(尤其是制造业转移)的基础条件。在国家提出深入推进"三去一降一补"的供给侧结构性改革之后,生产要素流向煤炭领域的现象有可能会得到遏制。第二,与河北相比,山西省的区位优势和交通条件相对较差。在京津冀协同发展战略背景下,虽然京津两地(尤其是北京)有一定的被疏解产业,这些被疏解的产业往往就近转移到了河北。第三,山西省工业园区规划建设落后,且园区普遍面积较小。从集聚经济的规律来看,产业应当在地理上实现邻近,从而有助于上下游之间的分工和辅助产业的形成,山西省的开发区在扩容之前显然不具备这些条件。因此,在今后的资源转型发展过程中,山西省应当紧紧抓住产业转移的良好机遇,将承接产业转移作为一个重要方向。

二、立足山西省基础

(一)山西省资源禀赋总体优良,煤炭优势在逐步弱化

第一,山西省的煤炭优势逐步弱化。20世纪90年代前,山西省发展煤炭

产业具有较大的比较优势,一方面距离东部煤炭消费市场近,运输成本低;另一方面煤炭产量大,1990年山西省原煤产量达到2.87亿吨,占全国原煤总产量的1/4以上,而其他省份产量较小,且相对零散,缺乏市场议价能力,但这种状况很快被打破。20世纪90年代开始,随着经济发展对煤炭的需求量越来越大,陕西和内蒙古等邻近地区也开始逐步加大探矿和开采的力度,产量快速增长,加之受亚洲金融危机的影响,90年代末煤炭价格呈现低迷走势。进入21世纪以来,我国步入重化工业时期和基础设施的密集建设期,对煤炭的需求加大,山西、内蒙古和陕西的煤炭产能实现了较快增长。2010年内蒙古自治区原煤产量超过山西省,居全国各省(自治区、直辖市)首位,产量占到全国近25%,陕西原煤产量也上升到全国的14%。但是当终端需求达到峰值之后,煤炭需求逐渐下降,加之内蒙古、陕西等地的煤田形成于侏罗纪时期,煤炭多为高发热量、低灰分和低硫含量的优质动力煤,在环保要求越来越高的形势下,煤炭总体销售情况较好。反观山西省,由于煤炭开采历史较长,不少煤矿的优质煤层多数已被开采,剩下的未开采部分杂质过多、发热量低、含硫量高、灰分高,煤质相对劣于陕西和内蒙古。而且浅层煤已基本枯竭,很多煤矿开始开采更深层的煤炭,导致开采难度加大,成本明显增加。因此,山西省今后重点研究的内容应当是,在保证煤炭质量的前提下如何降低吨煤的生产成本,并且要保证一定的生产规模和有一定的议价能力。

第二,山西省的其他矿藏丰富,发展潜力大(表2-2)。山西省其他矿产资源资源储量大、品种丰富,特别是铝土矿、煤层气、耐火黏土、冶金用白云岩、镁矿等居全国各省(自治区、直辖市)首位,这些资源很多是战略性新兴产业的重要原材料。例如,铝合金可以作为城市轨道交通、高铁、通用航空、汽车的外壳,煤层气是未来能源的重要组成部分,耐火黏土、冶金用白云岩是冶金工业重要的原材料,镁是重要的高强度合金元素,钛常用于航空航天、精密仪器的部件,锂是新能源汽车的重要原材料,这些为山西省资源型经济转型提供了良好的资源基础。但是,目前山西省绝大多数资源型产业均是采矿型产业,缺乏深加工能力。以铝加工业为例,山西省一直以来是生产氧化铝的大省,但受国家各种政策的限制,电解铝和铝材深加工能力非常落后,只能获取产业链最上游的低附加值原材料产品。因此,在转型过程中,山西省必须把冶金业和制造业的转型升级摆在重要位置,这样才有可能在产业链的高端获取更大的价值。

表2-2　　山西省居全国前十位的矿产一览（截至2015年底）

矿种	排名	山西省保有查明资源储量	全国保有查明资源储量	山西省/全国（%）
铝土矿	1	15.27 亿吨	47.06 亿吨	32.5
煤层气	1	2801.24 亿立方米	3062.46 亿立方米	91.5
耐火黏土	1	6.94 亿吨	25.6 亿吨	27.1
冶金用白云岩	1	17.24 亿吨	125.01 亿吨	13.8
镁矿（炼镁白云岩）	1	84518.97 万吨	279732.98 万吨	30.2
钛矿	2	426.38（金红石 TiO_2 万吨）	1609.09 万吨[1]	26.5
蛭石	2	571.80 万吨	3462.67 万吨	16.5
珍珠岩	2	5852 万吨	39124.29 万吨	15.0
铁矾土	3	3898.77 万吨	25530.17 万吨	15.3
煤炭	3	2709.01 亿吨	15663.11 亿吨	17.3
石墨（晶质）	4	1956.22 万吨	26452.89 万吨	7.4
含钾砂页岩	4	47447 万吨	478121.84 万吨	9.9
镓	4	39694 镓吨	337290 镓吨	11.8
镁盐（液体 $MgSO_4$）	4	617.23 万吨（$MgSO_4$）	255757.06 万吨（$MgSO_4$）	0.24
沸石	4	16336 万吨	242501.84 万吨	6.7
长石	5	7807.32 万吨	264433.1 万吨	3.0
云母（片云母）	6	3373（工业原料云母矿物吨）	461721.36 吨[1]	0.7
熔剂用灰岩	7	7.09 亿吨	132.15 亿吨	5.4
铁	7	39.37 亿吨	850.77 亿吨	4.6
建筑用玄武岩	8	97.86 万立方米	10171.76 万立方米	0.9
冶金用脉石英	8	238.5 万吨	6700.54 万吨	3.6
砖瓦用黏土	8	694 万立方米	19615.05 万立方米	3.5
铬铁矿	8	42.82 万吨	1245.77 万吨	3.4
石榴子石	9	138.9 万吨（矿石）	38766.52 万吨（矿石）	0.4
水泥配料用黏土	9	9558.52 万吨	235450.68 万吨	4.1
磷矿	10	3.49 亿吨	231.07 亿吨	1.5
玻璃用砂岩	10	2864 万吨	95811.27 万吨	3.0
锂	10	0.05 万吨（Li_2O）	312.56 万吨（Li_2O）	0.01
电石用灰岩	10	11943.9 万吨	703410.11 万吨	1.7

注：[1] 原文如此。

资料来源：《山西省地质矿产储量概况》，山西省国土资源厅网站。

（二）山西省经济的结构性问题依然突出

山西省一直以来较为倚重第二产业，其构成主要是能源化工和冶金产业，处于产业链的前端。第二产业发展的第一个拐点出现在2008年金融危机时期，由于2009年外部需求严重下降，导致煤炭及相关产业需求下降。这是由于之前固定资产的建设周期一般在3~5年左右，随着固定资产投资周期的结束，外部需求急剧降低。随着国家四万亿元刺激政策的出台和固定资产投资的逐步到位，2010~2011年山西省第二产业实现了迅猛的增长，2011~2013年第二产业增加值一直保持在6000亿~7000亿元之间。第二个拐点出现在2014年，基础设施的终端需求达到了顶峰，国内需求急剧降低，因而导致山西省第二产业增加值占地区生产总值比重急剧下降（图2-4）。同时，山西省的第三产业呈现出稳步上升的趋势，这主要和本省居民与外省居民的消费有关，加之山西省进一步重视和发展文化旅游产业、本省居民消费升级的驱动，服务业得到稳步增长。第一产业也实现了稳步增长，但是由于第一产业的特性，不可能成为经济增长的引擎。因此，山西省近几年的产业发展面临严峻挑战，虽然第三产业超过了第二产业，但这并不是产业结构调整的结果，而是第二产业被严重压缩所致。今后山西省的经济发展一定要实现二、三产业双轮驱动，实现产业协调发展。

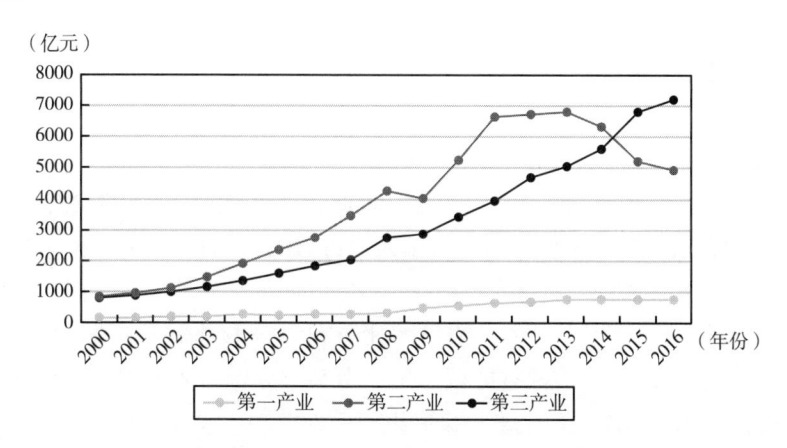

图2-4 2000年以来山西省三次产业结构变化趋势

资料来源：《山西统计年鉴（2017）》。

山西省的工业体系以能源原材料为主，煤炭、焦炭、冶金、电力为四大支柱产业,目前全省规划将装备制造、化学、医药、食品工业作为四大转型接替支柱产业。装备制造业既包括传统优势产品,也包括新兴潜力产品。近年来,装备制造业实现的工业增加值大幅增长,发展势头强劲,在工业经济中的比重明显提高,成为山西省的第三大产业,且发展潜力较好。化学工业年转化煤炭约2000万吨,基本形成了以煤化工、炼焦化产品加工、盐化工、精细化工为主体的产业体系。但是由于山西省煤炭的成本价格较高,传导到下游导致煤化工产品成本提高,发展潜力受到限制。山西省的医药产业规模较小、科研投入偏低、缺乏高附加值品种、管理机制滞后、发展环境欠佳,医药产业增加值仅占地区生产总值的1.0%,需要调整发展方向。食品工业主要是酿酒、食醋和乳品等,近年来又发展了小杂粮加工、肉类加工等产业,呈现出良好的发展势头,但是由于酿酒和小杂粮产量的有限性,其增长潜力也有限。

从服务业内部的行业结构看,山西省服务业内部行业间发展也不平衡,传统型、消费型服务业一直处于主导地位,而房地产、金融保险、信息、科技研究与服务、中介组织等现代服务业发展缓慢,批发零售贸易、餐饮业、交通运输、仓储业等传统产业大而不强,新兴化改造远没有结束。与国内外其他地区相比,代表服务业未来发展趋势的现代服务业和新兴服务业起步晚、发展慢,没有形成集聚发展的态势。近年来山西省旅游业发展势头强劲,发展速度持续加快,所占比重日趋提高,1985~2016年旅游综合收入占地区生产总值比重由0.22%增加到32.85%。

(三)处于城镇化中期阶段,城镇化水平参差不齐

从城镇化发展阶段看,初始阶段城镇人口占总人口的比重在30%以下,这一阶段农村人口占绝对优势,生产力水平较低,工业提供的就业机会有限,农村剩余劳动力释放缓慢;中期阶段,城镇人口占总人口的比重为30%~70%,城镇化进入快速发展时期,城镇人口可在较短的时间内突破50%进而上升到70%左右;后期阶段,城市人口占总人口的比重在70%以上,这一阶段也成为城镇化稳定阶段。2017年山西省的城镇化率为57.3%,进入城镇化的中期阶段,太原的城镇化率为84.7%,进入城镇化的后期阶段。从太原的人口规模和建设用地规模来看,太原城镇化的比率虽然高,但是市域范围较小,制约了太原对山西中部城市群的核心带动作用,导致山西中部城市群的经济规模较小,城市分工不足,带动能力弱。根据《太原城市总体规划(2010~2050年)》,到2035年,太原市人口规模将达到680万人、建设用地达到920平方千米,人口

将会进一步增加,城市规模进一步扩大。因此,山西省城镇化的发展,首要是扩大太原城市规模,加强太原对于中部城市群的辐射带动作用,进而以山西中部城市群带动整个山西省的资源型经济转型发展。

山西省的城镇化结构性问题突出,空间差异明显(表2-3)。太原城镇化率最高,城镇人口最多、密度最大,发展良好,人口实现了集聚,有助于产业发展和公共服务的配套,下一步主要是优化经济结构,实现经济效率的提升。晋城和长治的市辖区人口密度大,人口基本实现了集聚,有助于产业发展和公共服务的配套,但市域范围内城镇化率不足,应当加快推进城镇化。大同、晋中、临汾和运城城镇化率和人口密度均处于全省中游水平,应当在稳步推进城镇化的基础上促进产业集聚,从而促进人口在城市的集聚,以有利于公共服务的配套。朔州、忻州和吕梁市辖区人口密度较低,市域城镇化率水平较低,需要从农村转移的人口多、成本大,公共服务配套的难度也较大,严重阻碍了经济的发展。在推进城镇化的过程中,首要是促进人口聚集,从而降低公共服务配套的成本,这是山西省未来城镇化必须妥善解决的问题。

表2-3　　　　2016年山西省地级市城镇化率和人口分布情况

城市	总人口(万人)	城镇人口(万人)	城镇化率(%)	市辖区人口密度(人/平方千米)
太原	434.44	367.32	84.55	1900.00
阳泉	140.36	93.58	66.68	1073.62
大同	342.19	212.18	62.01	754.81
晋城	232.21	135.40	58.34	2657.34
朔州	176.81	95.84	54.21	163.14
晋中	334.87	177.24	52.93	462.82
长治	343.54	177.03	51.53	2185.63
临汾	445.80	223.05	50.03	615.50
忻州	315.53	151.14	47.90	271.77
吕梁	385.49	184.06	47.75	209.11
运城	530.52	252.78	47.65	564.32
全省	3681.64	2069.63	56.21	615.11

注:市辖区人口密度为2015年数据。
资料来源:《山西统计年鉴(2017)》《中国城市统计年鉴(2016)》。

（四）处于工业化中期阶段，开发区建设已经起步

从工业化阶段看，山西省处于工业化中期的后半段。以世界范围内看，工业化中期的后半段，制造业内部由轻型工业的迅速增长转向重型工业的迅速增长，非农业劳动力在劳动力就业中开始占主体地位，第三产业开始迅速发展，即进入重化工业阶段。重化工业的大规模发展是支持区域经济高速增长的关键因素，因为该产业大部分属于资本密集型。但是从山西省经济发展实践看，工业发展的中期阶段特征并不明显。改革开放初期，国家将山西省确定为能源基地和原材料基地之后，山西省的劳动力、资金、技术大部分均投到了煤炭产业，当时我国正处于重化工业阶段和城镇化加速推进阶段，能源需求旺盛，2010年之前山西省的产业结构还是以煤炭为主。随着国际金融危机爆发、我国经济发展进入新常态，加之山西省的煤炭质量有所下降，煤炭优势逐步弱化，山西省开始寻找替代产业。由于国家手中集中了大量资本，中央资金帮助山西省投资了很多重化工业项目，山西省越过了轻工业发展阶段，直接进入了重化工阶段。随着中共十八届三中全会明确市场在资源配置中起决定性作用、加快转变政府职能之后，国家投资的重化工业项目将接受市场经济的考验，企业分化不可避免。适应市场经济的企业将脱颖而出，同时，一些企业可能资不抵债甚至破产。未来，山西省应加大资源整合力度，加快僵尸企业处置力度，使得沉淀在僵尸企业的生产要素脱离出来，投入下一轮的经济发展中。

近年来，山西省的开发区建设得到深入推进，产业发展空间逐步得到拓展。目前正在深入贯彻落实中共山西省委第十一次会议决策部署，将开发区改革创新发展作为突破口，着眼于开发区提质增效、转型升级。未来5~10年，山西全省将会实现"一市一国家级开发区、一县一省级开发区"的格局，将依法强化用地保障，坚持集约节约用地，盘活存量土地，保障开发用地。今后将精心布局战略性新兴产业，重点布局数字经济、高端装备制造业、新材料、新能源、新能源汽车、节能环保、生物产业、现代医药、现代物流、文化旅游、会展创意等新兴产业。未来山西省的经济转型主要是依托开发区的发展，实现开发区由小、散、弱逐步向规模化、集约化、高效益转变，这对于山西省"非煤"产业、特别是战略性新兴产业的发展具有重要的支撑作用。

三、资源型经济转型突破口选择

（一）明确方向，增强经济转型新动能

山西省作为后发区域，应根据市场经济、相关行业发展规律和区域资源要素禀赋，通过在行业发展方向和发展重点方面的积极作为，在延长产业链和发展替代产业的基础上寻找可以突破的方向。在行业发展方向和发展重点的选择上，必须要搞清楚"是否有机会参与""是否有能力发展""是否值得发展"三个问题，要从"我想、我愿、我要"转到"我能、非我莫属"；要基于对现有行业发展基础、未来行业发展潜力的清晰认知，顺应市场规律，抓住机遇采取符合自身资源、能力的必要行动以推动重点领域的发展。

为此，山西省资源型经济转型必须遵从"三力原则"，即"有潜力、有能力、有吸引力"。一是从行业领域的视角看，行业发展是否现实可行？主要是探究潜在市场的可靠性与主导产品生产的可行性，是否能以合适的成本满足市场需求？二是从区域发展的实际看，是否具备发展重点领域所需的必要能力？主要是探究是否具备（或可获得）相应的技术、人才以及是否能建立起产业发展的竞争优势并使之持续。三是从产业发展主体看，对行业领域中的潜在招商企业是否具有吸引力？具体而言，山西省选择发展的行业领域重点应注意以下方面。

第一，从发展机会看，要满足"立足现实基础、着眼未来发展"的要求。结合区域现有产业基础和技术支撑、重大产业基地、重点企业、重大项目、重点产品等资源，立足区域发展实际，从区域内优势产业出发，选择与其他地区相比具有比较优势或较强动态比较优势的重点行业领域作为发展方向，逐步使相关重点行业领域发展成为山西省经济社会发展的主导力量。面对"调结构、转动力"的新要求，在立足当前的基础上着眼长远，把握科技和行业发展新方向，积极培育新兴特色行业，提升产业发展层次。

第二，从发展潜力看，要满足"市场容量较大、技术相对成熟"的要求。从市场需求角度看，重点行业领域的形成与发展是社会分工不断深化、细化的结果，受市场需求容量的约束与限制，因此市场需求容量及其发展前景决定了重点行业领域形成和成长的空间和速度，即市场需求的容量必须大且发展速度快。从技术供给角度看，作为重点行业领域形成与发展所必需的关键核心要

素，技术发展成熟度①决定了是否能形成合乎要求的产品，是否能形成具有成本优势的产业，以及产业发展规模和产业发展的持续性，即技术成熟度等级应该相对较高。

第三，从发展理念看，要体现"绿色发展"的要求。必须改变不切实际的扩张发展的想法，要从过去的发展惯性思维转到新常态轨道上，坚持绿色发展理念。以对历史负责、对人民群众和子孙后代负责的态度，遵循资源开发可持续、生态环境可持续的要求，推动形成绿色发展方式。要实现更高质量、更有效率、更加公平、更可持续的发展，破解发展难题，巩固发展优势。

要围绕"打造能源革命排头兵"的要求，借鉴发达国家和国内先发地区的产业发展经验和培育方式，结合区域的自身传统和文化，从中找寻适合山西省的发展方向和重点。根据这些标准与原则，从短期需求和长期潜力两个角度出发，以新材料产业、高端装备制造业、文化旅游产业、煤炭生产服务业、新能源产业、现代煤化工产业为突破口，推动资源型经济全面转型。

同时，山西省产业发展必须摒弃依靠廉价的劳动力、便宜的土地供给、宽松的税收政策及较低的环境成本等因素而获得低成本竞争优势的发展模式，要聚焦特色优势产业，延伸产业链、提升价值链、创新供应链，实现规模经济和范围经济而获得差异化竞争优势。要着力推动互联网和实体经济深度融合发展，以信息流带动技术流、资金流、人才流和物资流，促进资源配置优化，促进全要素生产率提升，为推动创新发展、转变经济发展方式、调整经济结构发挥积极作用。山西省资源型经济转型的思路也要从"用产品"到"用服务"再到"用体验"。为此，必须要用数据感知用户需求，并基于用户需求通过数据分析模型提升用户体验感，用建立商业生态圈的思维培育产业；并基于全球链和成本分担，通过重资产模式打造强壁垒。政府和企业要顺应"服务化""平台化""数据化""共享化"趋势，面向产业主体提供集数据服务、交易结算、物流仓储、加工配送、金融服务等功能为一体的服务，形成线上线下融合一体的、产业链上下游协同合作的、大中小企业协同共进的产业服务生态圈，真正实现物流、商流、信息流、资金流的"四流合一"。

（二）立足基础，延长产业链与发展接续替代产业并举

从产业发展的规律上来看，第一产业的增长通常较为缓慢，对经济的支撑

---

① 包括关键技术成熟度、配套技术成熟度、技术寿命长短等因素。

能力有限。第三产业分为生活性服务业和生产性服务业，生活性服务业主要包括本地居民的消费和外地居民的消费，扩大外地居民消费对本地经济具有拉动作用，而本地居民消费潜力提升的可能较低。现代生产性服务业的发展通常依赖于优秀人力资源的大量集聚，山西省的生产性服务业比重最高的是物流业，目前主要是煤炭的运输。从全国、周边省（自治区、直辖市）和山西省自身综合考虑来看，第二产业依旧是山西省未来经济发展的主要动力。

1. 大力发展新材料产业，形成产业纵向产业链分工

从发展潜力看，高端装备制造是山西省周边省（自治区、直辖市）产业发展的重点，山西省也将装备制造列入主导产业加以培育，从而对上游原材料的需求增大。从发展能力看，山西省资源禀赋好，铝、镁、钛储量丰富，这为资源型经济转型奠定了良好的条件。长期以来，山西省的材料行业都在生产低端产品，如铝型材、不锈钢用具等，资源优势并没有得到充分发挥，但是通过引进先进的新材料研发和生产团队可以克服这一困难，从而实现产业的升级换代。从吸引力上来看，山西省正在进行的开发区扩区工作，也处在大力发展替代产业的上升期，政策优惠力度大、要素价格低。但是也应当看到，山西省一直以来以煤炭发展作为主攻方向，缺乏其他领域的专业人才，特别是管理人才和技术人才，今后应当将人才引进和培养作为新材料产业的重要支撑。

2. 融入高端装备制造产业链，加强产业内横向分工

高端装备制造以高新技术为引领，处于价值链高端和产业链核心环节，通常在全国范围内甚至是全球范围内进行产业分工。近期山西省不可能打造高端装备制造的全产业链，其出路在于选择核心环节，生产高附加值产品。随着我国"一带一路"倡议的落实，机场、高铁等基础设施进一步完善，全球对大飞机、高速机车、新能源汽车等高端装备将有很大的需求，山西省应当牢牢把握这一发展机遇。山西省的铁路装备形成了太原、大同、永济等三大制造基地；液压元器件形成了以山西省榆液集团公司为核心的中国最大、最强的液压产业集群，具有一定的竞争力；还具有太原理工大学、中北大学等院校，科研能力强。下一步应当研发附加值高、自身技术优势突出的零部件，从而实现产业升级。

3. 加快转变文化旅游发展方式，形成新的接续替代产业

国际经验表明，当城乡人均收入超过1000美元时，收入每提高10%会有

1%用于旅游；当城乡人均收入超过3000美元时，收入每提高10%将会有2%~5%用于旅游；一个国家或地区人均生产总值超过5000美元时，旅游进入大众化日常性普遍消费阶段。按当年平均汇率计算，2017年我国人均地区生产总值已经达到8836美元，旅游进入大众化日常性普遍消费阶段。伴随着我国经济社会发展、居民收入增加、消费升级加快、"带薪休假"的逐步落实以及汽车时代全面来临，用于旅游的花费越来越高，旅游消费将成为一种刚性需求，旅游形式将由观光旅游向休闲旅游和度假旅游转变，由门票经济转变为消费经济，由过境游转变为过夜游，由团队游转变为自助游。山西省的旅游资源丰富，且近些年拥有良好的发展势头，有云冈石窟、五台山、平遥古城、黄河壶口等著名旅游景点。同时，山西省在文化旅游方面具有天然的优势，是华夏文明的发祥地、中国古代建筑艺术博物馆、八路军的故乡。目前，山西省旅游业的带动效果还没有完全发挥，特别是5A级旅游景点的商业开发不充分，缺乏中高端消费供给，这成为今后旅游业招商引资的重要切入点。

（三）创新驱动，推动能源供给革命

1. 建设煤炭开采生产服务基地

山西省一直是我国的能源大省，特别是煤炭上下游及其相关产业非常发达，已经达到了全球领先水平，积累了很多相关的技术和经验。在未来的发展中，可以充分利用现有技术和经验，依托国家"一带一路"倡议，将山西省的技术和经验向非洲、拉美等发展中国家和地区推广，建立和完善煤炭及相关产品定价体系，这样既有效利用了资源，又增强了我国在全球煤炭行业的定价权和影响力。

2. 建设国家新能源基地

从国内外未来经济增长速度和结构来看，我国经济增长速度由高速增长向中高速转变、能源结构由化石能源向清洁能源转变的趋势不可避免。因此，山西省应紧紧抓住京津冀及周边省份煤改气、新能源汽车不断推广、天然气和电力需求较快增长的机遇，逐步降低煤炭产能，充分发挥煤层气、地热、太阳能、风能资源丰富的优势，大力发展新能源产业，推动能源供给多样化。

3. 建设国家特色现代煤化工基地

山西省应充分发挥煤化工综合投资成本低、物流成本低、交通便利等优势，以现代煤化工基地建设盘活劣质煤、盐碱地和荒地等闲置产业要素和富余发电产能；以劣质煤为主要原料，以煤基多联产为基本路径，以煤制天然气和煤制油为主导产品，不断延伸深加工产业链，成为服务京津冀的重要能源供应中心。

（四）引才育人，构建人才支撑体系

1. 积极引进外来人才

长期以来山西省经济发展以煤炭开采为主要驱动力，形成了"一煤独大"的经济发展局面，并由此导致党政领导多出自煤炭领域，人才、技术均集中于煤炭领域。在资源型经济转型的过程中，首要应当引进外省的党政领导干部，特别是沿海地区对市场经济有充分驾驭能力的领导干部，进而加强商事制度改革，全面落实市场准入负面清单制度，深化国有企业改革，支持民营企业发展，打造现代化经济体系。其次，要引进富于创新和敢闯敢为的企业家，通过企业家带动产业的发展，从而拉动本地区的经济发展。

2. 大力培养本地人才

外地人才引进成本高、引进人数有限，不能从根本上解决山西省人才短缺的问题，应当把发展教育事业放在优先位置，全面提高教育质量，重点发展职业教育；培养和造就一大批具有国际水平的战略科技人才、科技领军人才、青年科技人才和高水平创新团队，更大程度地调动企业家、专业技术人员和其他人才的主动性、积极性和创造性，用人才来推动经济转型发展。

（五）拓展空间，打造资源转型新载体

以山西转型综合改革示范区为核心，打造资源经济转型的重要载体和山西省经济发展的重要引擎。发挥太原的核心作用，强化综改区与平（遥）孝（义）汾（阳）介（休）灵（石）城市组群之间的联动发展。沿太原—临汾、太原—长治等主要交通廊道建设产业发展带和城镇聚集轴，形成资源

型经济转型的主体框架。进一步提高太原和平(遥)孝(义)汾(阳)介(休)灵(石)城镇组群的综合承载能力,有序推动产业和人口聚集,形成定位清晰、分工合理、功能完善、生态宜居的城镇体系,走出一条绿色低碳智能的新型城镇化道路。

  首要是发展好山西中部城市群。山西中部城市群的规划范围主要包括太原、长治、临汾、吕梁、忻州、阳泉等地,从我国其他城市群界定的范围来看,中原城市群已经将长治市、晋城市、运城市纳入,关中平原城市群将临汾市、运城市纳入,三大城市群在规划范围上有部分重叠,这就要求山西省实现更大范围内的产业分工。特别需要强调的是,山西省发展的重点还是中部城市群,只有发展好中部城市群,山西省的经济才能实现转型发展。中部城市群的发展一定要依托山西转型综合改革示范区的发展。一方面该示范区拥有太原高新技术开发区、太原经济技术开发区、太原武宿综合保税区、太原工业园区、晋中经济开发区、山西榆次工业园区、山西科技创新城、山西大学城等一系列产学研教功能平台;另一方面太原的基础设施较好,相对省内其他城市对人才有较强的吸引力。山西省应当集全省之力来发展山西转型综合改革示范区,按照太原汾河新区规划建设的思路将其打造为集聚先进生产要素的重要平台、转型综改的主战场、转型升级的新引擎。

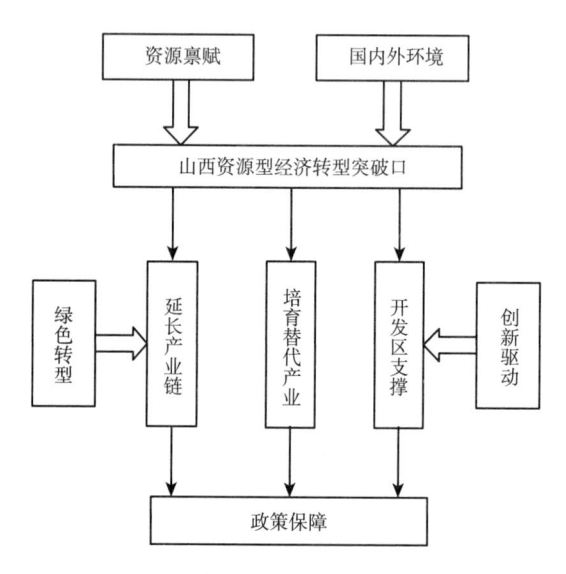

图 2-5 山西省资源型经济转型突破口的选择

四、资源型经济转型突破发展的总体思路

（一）发挥优势，扬长避短

根据国内外经济环境，把握经济发展趋势，结合山西省自身优势，探索出资源型经济转型的道路。资源型经济转型是长达几十年甚至上百年的任务，而非一日之功，要遏制短期经济行为，着重长期经济转型增长。山西省整体创新能力较为薄弱，在科技创新推动资源型经济转型的过程中，应加强对科技创新发展方向的研判，重点发展煤化工、煤层气、高端装备制造、通用航空等对山西省资源转型具有引领和带动作用的产业。

（二）规划引领，项目带动

在确定山西省资源型经济转型道路之后，要通过制定产业规划将工作进一步落实、深化，以产业规划为指引做实项目前期工作，引进国内外先进技术和领军人才，结合山西省本地的资源、资本和劳动力，新建一批转型项目。在山西转型综合改革示范区布局装备制造、信息技术、新能源和新材料等项目；在长治—晋城重点推动通用航空、煤化工、煤层气、特种装备制造和职业院校扩张等项目；在吕梁—临汾—运城重点推动煤电铝材、新能源汽车项目布局；在大同建设康养旅游项目，探索建设旅游地产和康养地产。在项目招商的过程中，以项目承诺制为契机，加强对于产业带动能力强、附加值高的项目的招商。改变项目考核依据，从唯地区生产总值和政府税收，逐渐转变为投资有回报、产品有市场、企业有利润、员工有收入、政府有税收、环境有改善的多主体普遍有获得感的经济发展。打破以资金作为股份的单一结构，进一步推动品牌、技术等生产资料入股，企业家持股和员工持股等多种持股方式，丰富股权形式。鼓励企业之间的兼并重组和破产，将僵尸企业的生产要素全面释放出来，投入到其他项目中，促进项目落地生根。

（三）完善体系，迈向高端

以高端制造、康养旅游、能源多样为主攻方向，建设现代化产业体系。将

高端制造业摆在资源型经济转型、建设现代化产业体系的最重要位置，以打造一批小巨人企业和关键零部件供应链为主要目标，发展智能制造、精致制造、绿色制造，加强质量品牌建设，做大做强制造业，通过制造业的发展带动生产性服务业的发展。将康养旅游作为短期内资源型经济转型、建设现代化产业体系的重要抓手，以打造5A级旅游景点、康养基地为核心，做高做优生活性服务业，通过5A级景点周边设施设和北方康养胜地的建设，促进外来消费的增长，带动生活性服务业的增长，促进旅游产业与现代农业、文化产业、体育产业、健康产业、教育产业等融合发展，培育康养游、乡村游、运动游、文创游等旅游新业态。将打造能源革命排头兵作为为主要任务，重点发展煤炭深加工、煤层气转化、移动能源产业，将多元化能源供给革命作为能源革命的突破口。

（四）要素集聚，集群发展

通过要素在空间的集中优化布局，推动产业集群的形成，从而带动资源型经济转型。将"晋才晋用"作为高端人才引进的主攻方向，特别是具有战略眼光、创新能力和社会责任感的企业家；以培育、扩招本地大中专院校学生为基础，重点引进和培养制造业人才和医疗护理人才，抢占未来产业发展制高点。优化整合科研基地和平台布局，围绕发展战略和创新链进行布局，推动科技资源开放共享，鼓励科研人员新办企业。按照企业为主体、市场为导向、产学研深度融合的要求推动技术创新，以高新技术开发区为载体，建设一批引领企业创新和产业发展的技术创新中心，建立科技成果转化基金，以股权投资形式支持量大面广的中小企业提升创新能力，培育一批核心技术能力突出、集成创新能力强的创新型领军企业。探索建立科技成果转化机制，鼓励企业多参与应用型研究，使企业科研投入享受税收优惠，应用型研究由国家拨款制改为购买制，即把提前拨付科研人员经费改为根据成果情况给予相应的经费，科研项目启动时给予科研人员银行贷款支持，如研发不成功科研人员要按照比例承担经济损失。

参考文献

[1] 国家行政学院经济学教研部. 中国经济新常态[M]. 北京：人民出版社，2015.

[2] 习近平. 决胜全面建成小康社会 夺取新时代中国特色社会主义伟

大胜利 [Z]. 2017.

[3]《党的十九大报告辅导读本》编写组. 党的十九大报告辅导读本 [M]. 北京：人民出版社，2017.

[4] 孙敬之. 中国经济地理概论（修订版）[M]. 北京：商务印书馆，1994.

[5] 安树伟，肖金成. 区域发展新空间的逻辑演进 [J]. 改革，2016（8）：45-53.

[6] 安树伟，张晋晋. 2000年以来我国制造业空间格局演变研究 [J]. 经济问题，2016（9）：1-6.

[7] 王一鸣. 中国经济新一轮动力转换与路径选择 [J]. 管理世界，2017（2）：1-14.

[8] 国务院. 关于支持山西省进一步深化改革促进资源型经济转型发展的意见 [Z]. 2017.

第三章
延长山西省资源型经济产业链

山西是典型的资源型经济省份,全省119个县(市、区)中有85个县产煤,超过全省县(市、区)数量的70%。伴随能源重化工基地建设,山西省逐步形成了煤炭领航、能源原材料工业主导的发展模式,以煤为主的工业体系得以确立和巩固。由于过多强调单向度的能源开发,山西省经济也因此患上了"能源依赖症",导致综合资源浪费和不必要的闲置、社会整体结构性效益差、经济发展缺乏后劲,因此,推进资源型产业转型升级成为山西省实现跨越发展的迫切需要。

一、山西省资源型产业发展现状

以煤炭为主的能源工业及其深加工是山西省国民经济的基础产业,自改革开放以来得到了快速发展,煤炭产销量屡创新高。煤炭工业的快速发展,不仅有力地支撑了国民经济发展对煤炭的需求,而且带动了相关产业的发展,是山西省经济最重要的支柱产业。在取得重大成就的同时,山西省工业发展存在结构单一、布局分散,生产方式粗放、资源利用效率低,国有经济比重高和接续产业发展不足等突出问题,阻碍了新型工业化的进程。

(一)山西省资源型经济发展现状

1. 煤炭

1978~2017年,山原煤产量从9825万吨增加到87221万吨,年均增长5.76%。在"六五"和"七五"时期,山西省煤炭生产受"有水快流""国家、集体、个人一起上""大中小型煤矿相结合、以中小煤矿为主"的影响，乡（镇）村小煤矿一哄而起。这些小煤矿生产力水平很低，受电力、交通、通信条件及资金投入限制，多数煤矿仍采用人力采掘、人（畜）力运输提升，机械化和现代化程度非常低。到"七五"末期，地方国营煤矿中型矿井基本实现普通机械采煤或高档普通机械采煤，各矿务局大矿已推广应用综合机械化采煤，采、掘、机、运、通各环节平衡配套。

自1993年国家逐步放开煤炭价格后，山西省经济发展就围绕着煤炭价格起起落落（图3-1）。在"八五""九五"时期，山西省逐步加大对地方煤矿特别是乡（镇）村煤矿的治理整顿力度，关闭淘汰不具备基本安全生产条件的小煤矿，通过技术改造和采煤方法改革，提高煤炭生产技术装备水平，大部分煤矿基本实现了半机械化和机械化生产，部分地方煤矿已实现综合机械化采煤，并配套洗选加工商品煤。各矿务局实施集团化、公司制改革，积极引进国内外先进技术装备和生产工艺，并自主研发先进技术工艺，提高劳动生产率，加快了生产现代化、信息化步伐。

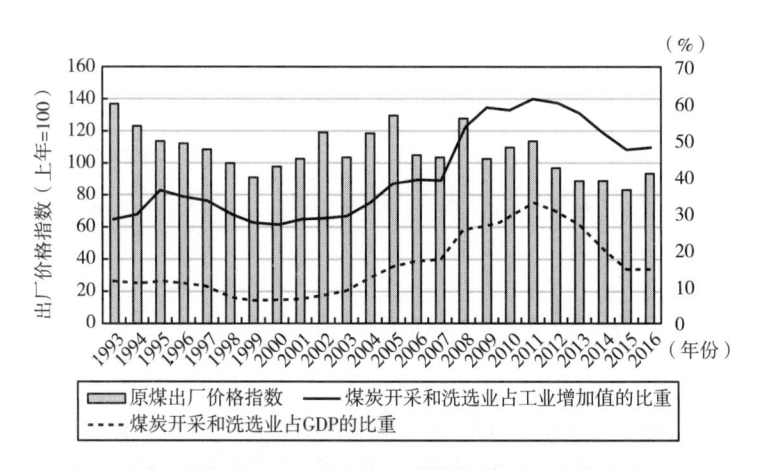

图3-1 1993~2016年原煤工业生产者出厂价格指数、山西省煤炭开采和洗选业占工业增加值及占地区生产总值的比重

资料来源：《中国价格统计年鉴2017》《山西统计年鉴（2017）》。

"十五""十一五"时期，山西省煤炭产业持续发展，特别是经过2008~2010年的煤炭资源整合、取缔资源非法开采、减少资源开发主体、淘汰落后产能，煤矿"多、小、散、乱"的格局发生了根本性变化，大基地、大集团、大型现代化矿井建设加速，70%的煤矿矿井单井规模达到90万吨/年以上，生产矿井淘汰了炮采工艺，全部实现以综合机械化为主的机械化生产，并配套建成相应规模的选煤厂，井工开采单井规模达2000万吨/年。

"十二五"时期，山西省煤炭工业跨入"大矿时代"。截至2013年底，全省共有煤矿1077座，产能14亿吨；2013年全省煤炭产量9.6亿吨，其中出省销量6.2亿吨，国有重点煤矿和重点整合煤矿产量达到6.7亿吨，占全省产量的70%。随着国家资源型经济综合配套改革试验区的全面实施，围绕煤炭就地转化和循环利用，累计投资640亿元建成20多个煤炭循环经济园区，从根本上改变了传统的"挖煤、烧煤"方式。"十二五"期间，山西省煤炭循环经济项目总投资达8600多亿元，可利用或减排大量矸石、粉煤灰、粉尘、二氧化硫等工业废弃物（山西省社会科学院能源经济研究所，2015）。

当前，全国的煤炭行业均面临产能严重过剩、价格持续大幅下跌、企业亏损严重等一系列问题，山西省正着力"去产能、去库存、去杠杆、降成本、补短板"，加快煤炭供给侧结构性改革，按照"依法淘汰关闭一批、重组整合一批、减量置换退出一批、依规核减一批、搁置延缓开采或通过市场机制淘汰一批"的要求，从2016年起暂停出让煤炭矿业权，暂停煤炭探矿权转采矿权。

2. 电力

作为能源重化工基地，山西省肩负向京津唐电网和省内输供电力的双重任务，为此提出了建设三大火电基地的目标。一是利用大同、平朔及鹅毛口矿区动力煤，以及神头泉水、地下水和册田水库等水源，建设以大同、神头为中心的雁（北）（大）同火电基地；二是利用太原西山、古交、阳泉、霍州及柳林、河曲保德矿区的煤炭资源，以及平定县娘子关泉水、柳林县柳村泉水、霍州郭庄泉水、保德县天桥水库和汾河水库作为电厂水源，建设以太原、阳泉、柳林、霍州、保德为主的晋中火电基地；三是利用潞安、晋城的煤炭资源，以及平顺县辛安泉水、阳城县马山泉水和漳泽、后湾等水库作为电厂水源，建设以长治、晋城为中心的晋东南火电基地。同时，利用河津市王家岭煤矿资源，以及黄河水、河滩地下水等水源建设河津电厂。1978~2017年，全省发电量从106.6亿千瓦·时增加到2823.9亿千瓦·时，年均增长率为8.77%，累计发电30236.8亿千瓦·时。

"六五""七五"期间，随着省内国营企业和大量涌现的乡镇企业的快速发展，山西省用电负荷增长迅猛，缺电局面较之前更加严重。为改善缺电状况，国家调整小火电发展政策，鼓励在电网末端新建和扩建小型电厂，以及企业自建电厂。1988年将地方小型水、火电站审批权限下放到各地市，小火电厂建设一度失控；同年，国务院开始治理整顿，使得小火电的发展有所控制，但是由于资金渠道多，各地市及一些企业办电未能全面控制。

"八五"期间，在"政企分开、省为实体、联合电网、统一调度、集资办电"和"因地因网制宜"的方针指导下，山西省初步形成了"电厂大家办、电网国家管"的局面。这一时期共完成电力投资 92.1 亿元，新增发电装机容量 327.5 万千瓦，全省总装机容量达到 911 万千瓦。"九五"时期，山西省电力工业在发电领域逐步引入竞争机制，充分调动多方办电积极性，积极合理有效利用外资。截至 2000 年末，全省发电装机容量达 1315 万千瓦（其中水电 78.2 万千瓦），年发电量 620.7 亿千瓦·时，外送电量 119 亿千瓦·时。

"十五"时期以来，山西省能源发展取向由输煤为主转向输电为主，电厂建设亦随着西电东送进程大大加快。2002 年末，电力发展进入"厂网分开、竞价上网"时代，各大发电集团纷纷在山西省投资建设大型电厂。截至 2014 年底，全省装机容量 6306 万千瓦，其中风电、光伏等新能源发电机组装机容量 498 万千瓦，占全省装机容量的 7.9%。省内电网已形成以 500 千伏"两纵四横"为骨干网架，220 千伏分大同、忻（州）朔（州）、中部、南部四大供电区域，110 千伏、35 千伏及以下电压等级辐射供电的网络格局。外送通道方面，形成了以 1000 千伏特高压为核心，6 个通道、13 回线路的外送格局，年输电能力约 2000 万千瓦·时（山西省经济和信息化委员会，2015）。

山西省把"清洁烧煤"作为破解生态环境问题的现实路径，以科技手段支撑以煤变电、煤炭高端循环、工业固废利用，让"污染的煤"变成"科技煤、清洁煤"，生态环境持续改善，煤炭资源综合利用率显著提升，控制污染物排放取得较大进展。截至 2014 年底，山西省所有电厂建成烟气脱硝设施。

3. 煤化工

在传统煤化工领域，以焦炭为例，全省产量从 1978 年的 356.5 万吨起步，到 2007 年达到峰值 9897.3 万吨，之后逐渐进入平稳期，2016 年产量为 8186.0 万吨，焦炭产业经历了从产量扩张向横向兼并和纵向一体化转变，1978~2016 年年均增长 8.6%（图 3-2）。作为全国最大的焦炭生产基地，全省焦炭产量约占全国市场的 1/4；年外运焦炭 6000 万吨左右，约占国内省际间调运量的 70%；年出口焦炭约 750 万吨左右，约占全国出口量的 90%，[①] 均位居全国各省（自治区、直辖市）第一位。2011~2013 年，山西省开展了焦

---

① 以货源地计算。

化行业兼并重组，形成了4个千万吨级和14个五百万吨级焦化集聚区，大幅度提高了产业集中度。焦化行业焦炉煤气、煤焦油、粗苯的焦化产品已实现了全面回收，并形成了250万吨焦炉煤气制甲醇生产能力、66万吨粗苯精制生产能力和270万吨煤焦油加工能力。

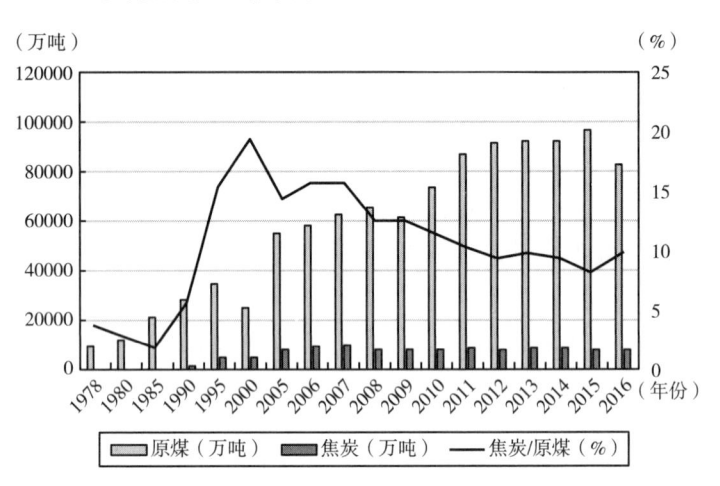

图3-2　1978~2016年原煤、焦炭产量及焦炭与原煤产量的比值

资料来源：《山西统计年鉴（2017）》。

当前和未来一段时期，焦化行业仍然面临需求减弱、竞争激烈、效益下滑的新常态，焦化企业必须将转型升级、节能减排和提质增效作为生存发展的重中之重，以解决好焦炭用户的稳定性和个性化需求为导向，积极实现能耗和环保达标；控制焦炭总产能，优化调整产品结构，压缩冶金焦、巩固铸造焦、发展化工焦、培育洁净焦，进一步提高产能利用率，转移化解过剩产能；主动创新商业模式，积极利用电子商务平台，提高企业焦化产品交易的规范性和效率，优化大宗原燃料和产品的物流配置，有效降低物流成本。

1978年以来，依托丰富的煤炭资源优势，山西省新型煤化工产业规模不断扩大，形成了以"肥、醇、炔、苯、油"等特色优势煤化工为主的产业格局。截至2015年底，全省现有合成氨产能650万吨，居全国各省（自治区、直辖市）第三位；化肥产能1200万吨，居全国各省（自治区、直辖市）第二位；甲醇产能550万吨，居全国各省（自治区、直辖市）第五位（山西省发展和改革委员会，山西省经济和信息化委员会，2016）。结合煤炭产业转型发展要求，煤化工产业与煤炭产业融合发展加快，传统煤化工加快向新型煤化工转型,① 呈现出向大型企业和资源集中地发展的趋势。

在产业规模不断扩大的同时,山西省煤化工产业技术水平也在不断提升,集聚了中国科学院山西煤炭化学研究所等一大批国内知名的煤化工专业研究机构,在煤基合成油、焦炉煤气制甲醇等碳一化学领域的科研成果居国内领先水平。但是与周边煤化工省(自治区、直辖市)相比,山西省煤化工产业发展速度仍相对缓慢,发展质量和效益较差,发展差距进一步拉大。究其原因,一是环境、水资源压力较大,产业发展受到制约;二是行业整体装备水平偏低,缺少具有一流先进水平的特大型煤化工装置;三是吸引省外优势企业投资的力度不够,大型企业特别是央企在山西省投资煤化工产业明显不足。

4. 钢铁

1978 年以来,依托铁矿石、煤炭等资源能源优势,山西省钢铁产业规模不断扩大,形成了太原、长治、运城、临汾和吕梁五大钢铁产业基地。1978~2016 年,粗钢产量从 120 万吨增加到 3936 万吨,年均增长 9.6%；钢材产量从 74 万吨增加到 4279 万吨,年均增长 11.3%；生铁产量从 150 万吨增加到 3641 万吨,年均增长 8.8%(图 3-3)。截至 2015 年底,全省共有钢铁联合企业 27 户,其中国有钢铁企业 4 户,分别为太原钢铁集团有限公司、首钢长治钢铁有限公司、酒钢集团翼城钢铁有限责任公司、同煤集团钢铁有限公司,民营钢铁企业 23 户(山西省发展和改革委员会,山西省经济和信息化委员会,2016)。太原钢铁集团有限公司是全球最大、工艺技术装备水平最先进、品种规格最全的不锈钢企业。

在产业规模不断扩张的同时,山西省钢铁工业装备水平持续提升,兼并重组步伐加快,节能减排成效明显,产品结构逐步优化,有力地支撑和带动了相关产业的发展,为山西省经济建设做出了重要贡献。但山西省钢铁产业粗放发展特征依然明显,技术装备水平参差不齐,先进装备比重较小;产业链条短,高技术含量、高附加值产品少;自主创新能力不足,资源保障水平较低,节能减排压力较大;受产能过剩、金融环境及企业管理等内外部因素影响,钢铁行业出现总体亏损,企业生产运行困难,部分企业甚至进入破产重整。

《山西省钢铁产业三年推进计划(2015~2017 年)》提出,通过逐步规范在建产能,继续淘汰落后产能,将淘汰落后、兼并重组、产能置换、升级改造

---

① 传统煤化工产品主要包括焦炭、合成氨、尿素、甲醇、甲醛、醋酸、电石、乙炔衍生物等;新型煤化工产品则主要包括煤制油、煤制天然气、煤制烯烃、煤制二甲醚等。

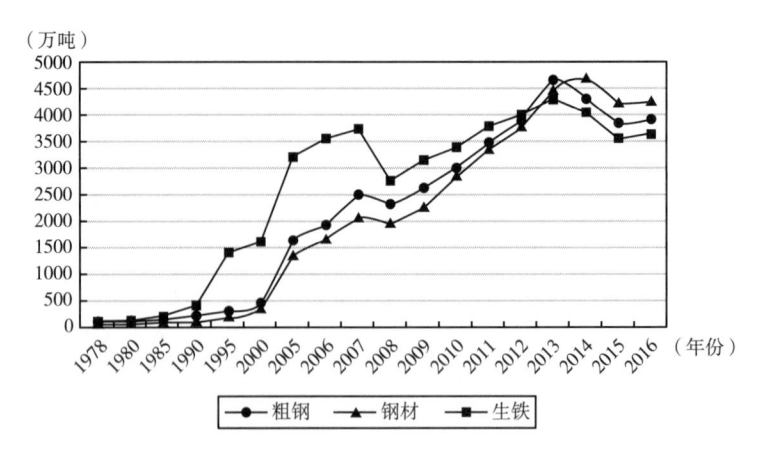

图 3-3　1978~2016 年山西省钢铁产量变化

资料来源：《山西统计年鉴（2017）》。

相结合，促进钢铁行业装备水平提升和产业布局优化；依托太原钢铁集团有限公司、首钢长治钢铁有限公司、山西立恒钢铁集团股份有限公司、山西中阳钢铁有限公司等现有大型优势企业，进一步做好太原、长治、运城、临汾、吕梁五大千万吨级钢铁基地；培育若干具有较强实力和竞争优势的千万吨级大型钢铁企业集团，支持太原钢铁集团有限公司成为产能达到 2000 万吨以上的具有国际竞争力的特大型钢铁联合企业；不断完善环境规制政策，建立通过法律手段和经济手段淘汰落后和过剩产能的工作机制。

未来，国内钢铁工业进入减量发展、提质增效的绿色发展阶段，山西省钢铁工业必须坚持降本增效、改进品种、科技创新、节能挖潜，以提高质量效益为中心，全面推进钢铁工业优化升级、转型发展，建设具有国内竞争力的钢铁工业强省；实现产能总体规模适度，存量优化发展，增量规范完善；产品质量处于行业领先，品种差异化得到体现，企业发展特点明显，行业综合竞争力得到提升；形成以市场需求为导向，符合"互联网＋钢铁产业"发展新模式，高质量、多品种的钢材生产体系。

专栏 3-1

太原钢铁集团有限公司研发成功圆珠笔笔头用不锈钢新材料

2016 年初，李克强总理发出"圆珠笔头之问"，引起业内强烈反响。太原钢铁集团有限公司加强研发力量，加快研发速度，对笔头用不锈钢材料工艺技术在大生产条件下的应用展开新一轮攻关。2016年9月，成功生产出第一批切削性好的直径2.3mm的不锈钢钢丝材料，经过国内知名制笔企业实验室近千次的极限测试，用该公司原料生产出来的笔芯实现了不同的角度下连续书写800m不断线。测试结果表明，圆珠笔出水均匀度、笔尖耐磨性基本稳定，产品质量与国外产品相当。未来两年内，制笔用不锈钢材料将有望完全实现自主化。

在加快新材料研发的同时，太原钢铁集团有限公司积极推进笔头用不锈钢材料生产的标准化建设。易切削不锈钢丝的技术要求不但高而且指标参数繁多。该公司在前期大量试验和实践基础上，着手组织起草《笔头用易切削不锈钢丝行业标准》。并针对笔尖用不锈钢材料的分类及牌号、力学性能、表面质量等方面进行了规范，完成了该标准的起草，经过全国钢标准化技术委员会专家完善，最终制定出我国第一部《笔头用易切削不锈钢丝行业标准》，填补了我国该类产品标准的空白。目前，该标准已经通过全国钢标准化技术委员会审核认定。

资料来源：http：//www.tisco.com.cn/gongsixinwen/20170111090430l8776.html。

5. 有色冶金

依托丰富的铝土矿、白云石、煤炭等资源能源优势，山西省逐步建立起以铝、镁、铜等为主体的有色工业结构，构建起"煤—电—铝""铝土矿—氧化铝—电解铝—铝深加工""白云石矿—原镁—镁深加工"以及"铜矿—电解铜—铜材深加工"等产业链条，初步形成了铝镁铜三大产业基地，培育了中国铝业股份有限公司山西分公司、山西华泽铝电有限公司、中条山有色金属集团有限公司等一批行业龙头企业。截至2015年底，山西省已形成氧化铝产能1600万吨，电解铝产能119.5万吨，铝加工能力75万吨；金属镁产能60万吨；精炼铜产能20万吨。2015年，山西省主要有色金属产品产量分别为：氧化铝1272.9万吨、电解铝66万吨，金属镁19.2万吨，精炼铜18.1万吨；其中，规模以上企业实现主营业务收入550.7亿元（山西省发展和改革委员会、山西省经济和信息化委员会，2016）。

依托河津、永济铝工业园区，永济粟海铝业有限公司、山西海丰铝业有限公司、山西飞宇建材有限公司等先后开发出建筑铝型材、工业铝型材、电子铝箔、汽车轮毂等铝深加工产品。山西闻喜银光镁业集团先后开发出镁合金压铸件、挤压型材、棒材、板材等产品，广泛应用于交通、电子信息、休闲运动器材、航空航天和军工武器装备等领域,成为新材料行业中的龙头企业。晋西集团山西春雷铜材有限责任公司铜合金带及高精铜板带广泛应用于高铁和电气化铁路,这些新产品的成功开发应用和优质高端产品产量的扩大,推动了山西省有色金属产品结构的进一步优化。

有色金属产业的发展有力地支撑和带动了相关产业的发展,为山西省经济建设做出了重要贡献,但也面临一系列问题。一是资源配置不到位,氧化铝企业配套铝土矿矿山建设能力不足,资源保障能力差;铝土矿开采以中小企业为主,回采率较低,资源浪费现象严重。二是产业链结构不平衡,氧化铝发展迅速,产能不断扩张,但因各种政策原因下游电解铝产能不足,氧化铝就地转化率低;铝、镁、铜及其合金深加工产业链条短、产品档次低、规模小、品种少,高附加值和高端产品比重小,产品同质化现象严重,市场竞争能力不强。三是产业配套能力差,除山西华泽铝电公司和阳煤兆丰铝业公司外,其他电解铝企业都未配套自备电厂。由于电力成本在电解铝成本中比重较高和网购电价格偏高,导致电解铝企业亏损严重,上游氧化铝企业利润空间也大幅下降。

未来,山西省有色金属工业必须充分发挥能源资源优势,以园区为载体,以企业项目为牵引,以市场需求为主导,发挥企业主体作用;围绕五大重点任务(优化产业布局、打造高端产品、实施技术改造、完善产业链条、推进两化融合),制定有效调控政策,努力构建能源资源合理高效利用、绿色低碳、具有完整产业链条的有色金属工业体系,将山西省建设成为具有行业特色、竞争力强、企业高效生产运行、装备技术水平先进的有色工业大省。

6. 建材

改革开放以来,伴随城镇化进程和基础设施建设的推进,山西省建材工业快速发展。截至2012年底,山西省建材行业企业数量约1.1万个,其中规模以上工业企业390个。2012年全省建材工业规模以上工业增加值完成121亿元,占全国建材工业的1.0%,占全省工业的1.9%;全年主营业务收入完成347.1亿元;利税总额完成24.7亿元;利润完成10.7亿元。在产业规模不断扩张的同时,建材产业装备水平也明显提高。以水泥为例,随着新型干法水泥工艺的快速发展,2012年全省新型干法水泥企业达到65户、75条生产线,其中日产2000吨熟料以上的生产线共45条,日产5000吨熟料及以上的生产线11条。另外,节能减排成效显著,截至2012年底,全省有13户企业、18条新型干法生产线建成余热发电站,总装机容量118兆瓦,可年发电量8亿千瓦·时,年节约标煤30万吨,减少CO_2排放量76万吨(山西省建材工业协会，2013）。

未来，山西省建材产业发展将实现由原材料制造业为主向加工制品业为主转变，通过延伸产业链，积极探索低碳、减排发展模式，进一步推动节能减排和资源综合利用；大力发展绿色建材以及为新能源等战略性新兴产业配套的无机非金属材料及制品，推进新型墙体材料、耐火材料、煤系高岭土等特色优势产业规模化布局，置换落后生产能力；加快产业结构调整，推进企业兼并重组，提高行业整体竞争力，推动全省建材行业绿色转型发展。

综上所述，山西省资源型产业呈现出如下特点。一是国有经济比重高，尤其是在煤炭和电力行业，这一方面是由于这些行业本身项目投资额都比较大，投资回报期长，另外更重要的是民间资本面临产业投资的一些限制。二是产业集中度低。以煤炭产业为例，山西省现有七大煤炭企业集团，实际上是将煤炭资源按区域进行的一个划分，存在同质化竞争的问题，市场竞争力不强。三是以单一生产型结构为主，产业链条比较短，上游资源与下游关联产业之间缺乏有机联系。以煤炭与煤化工企业为例，煤炭企业主要是国有经济，而煤化工企业则以民营为主，造成有原料的企业没法消化，能够消化的企业又缺资源。

（二）山西省资源型经济存在的问题

1. 结构单一，布局分散

伴随能源重化工基地建设，山西省逐步形成了煤炭领航、能源原材料工业主导的发展模式，以煤为主的工业体系得以确立和巩固。由于过多强调单向度的能源开发，不重视整体持续发展，导致资源浪费和不必要的闲置，社会整体结构性效益差，经济发展缺乏后劲。"三线建设"时期，为满足战备需要在晋南把许多工厂散布于偏僻的山区单独配置，既远离原料和消费地，又造成产业联系脱节；改革开放以后，企业自主权逐步增加，除一部分企业破产倒闭外，还有的考虑到沉没成本和路径依赖依然在沿用原有的基础设施。此外，山西省本身的煤炭资源型经济特征，使产业布局分散且远离城市，产业发展的聚集效应无法发挥，造成产业发展与城市发展相互脱节，第三产业发展滞后。

2. 生产方式粗放，资源利用效率低

长期以来，在能源资源丰富、价格低廉、产权不明晰等因素影响下，山西省能源工业从开采、运输到加工利用环节形成了一种粗放式的生产方式；主要

矿产探明储量的增长远低于开采耗竭速度，而且开采难度越来越大，开采成本逐年增加，资源约束"瓶颈"日益显现。经过数十年对煤炭的高强度开采，全省浅层煤炭资源、整装资源已所剩无几，大同侏罗纪动力煤资源已近枯竭，后备资源匮乏。低品位煤炭燃料消费占能源消费的比重较高，能源利用中间环节损失大，共生、伴生资源破坏严重，资源综合利用程度低。据估算，山西省每开采 1 吨煤约损耗与煤炭资源共生、伴生的铝矾土、硫铁矿、高岭土、耐火黏土等矿产资源 8 吨，大量煤矸石、焦化副产品等二次资源得不到合理利用（王焰坤等，2005）。

3. 国有经济比重高

山西省在能源重化工基地建设时期，以及后来的煤炭资源整合过程中，因各种原因使得能源重化工基地建设更多地只能依靠国有经济单位，从而导致国有经济"一统天下"，非国有经济规模较小。在此基础上，逐步形成和强化了能源基地部门分割和条块分割的管理体制，以及能源主管部门对大型骨干企业的集中控制，从而阻隔了地区和煤田区域内部企业之间的经济联系，降低了能源工业对地方经济发展的溢出效应。直接后果就是山西省的市场化程度落后于全国水平，经济发展缺乏活力。

二、山西省资源型经济产业链延长的思路

山西省资源型经济产业链的延长，一是提高煤炭产品的综合利用程度。加强伴生、共生资源的综合开发利用，加大对废水、废渣、废气等煤化工过程中产生的各种不同产品和副产品的综合利用。实施适当控制资源开采强度、延长资源服务年限的战略，在追求规模效益与可持续发展之间寻求一个平衡点，以保持一定时期内资源生产的相对稳定。二是大力发展化工新材料等产业链高端环节，加大对煤炭产业链下游高附加值环节的支持力度，提高产品技术含量，增加产品附加值。三是鼓励企业积极参与和煤炭工业具有高度相关性的产业，在企业现有技术基础上延伸产业链，发展新产业。

企业可根据与上下游产业的关联，按照产业链发展模式，发展前向和后向联系项目，或通过与具有纵向关联的企业建立战略联盟、相互入股参股等方式，实现纵向一体化发展（图 3-4），以信息化发展、技术提升为基础，通过组织优化、地域整合、管理创新实现产业链再造（图 3-5）。

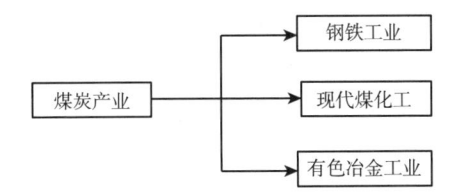

图 3-4　山西省资源型产业链的延长

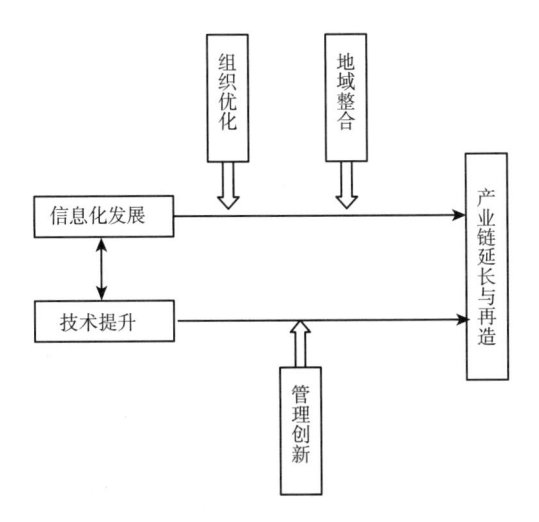

图 3-5　山西省资源型产业链延长的思路

（一）信息化发展

企业信息化是指企业以业务流程（优化）重组为基础，在一定的深度和广度上利用计算机技术、网络技术和数据库技术，控制和集成化管理企业生产经营活动中的所有信息，将信息技术、现代管理技术和制造技术相结合，并应用到产品生产和企业管理的各个环节中去，以提高企业的经济效益和市场竞争力。山西省资源型企业应加大信息化建设力度，提高信息技术在企业管理中的应用程度，促进企业管理运行方式的变革；加大生产过程中的信息化应用，包括设计过程自动化、制造和控制过程的自动化等；利用现代信息技术建立信息网络系统，集成和综合企业的信息流、资金流、物流，实现资源的优化配置，不断提高企业管理的效率和水平。管理信息化的核心是运用现代信息技术，把先进的管理理念和方法引入管理流程中，通过对业务流程的分析和梳理，有效地优化企业的业务流程和管理方式。同时，借助信息手段加快企业管理信息的传递、加工的速度，使这些信息资源得到可靠的保存和有效的利用。

（二）技术提升

山西省很多资源型企业已经有几十年的历史，其设备水平在当时的历史条件下处于十分领先的地位，但是随着行业整体技术水平的提升，这些企业的技术设备也应当得到相应的提升，否则就会落后于行业先进水平。为提升山西省资源型产业的技术水平，必须制定相应政策，加大技术改造、促进技术创新。一是加大技术改造力度。技术改造实质上是对企业的一种补偿性投资，补偿生产活动和技术进步对企业生产设备造成的有形和无形损耗。如果企业技术改造长期无法弥补这些损耗，就会造成企业技术水平的相对下降，从而大大削弱其竞争力。山西省在加强技术改造上应将技术改造与落后产能淘汰相结合、将技术改造与节能环保相结合、将技术改造与安全生产相结合，全方位提高产业的集约发展能力。二是促进技术创新。持续的技术创新是企业保持竞争力的根本途径，而技术创新的实现需要企业不断地进行研发投入。山西省应改进现有研发机制，切实使企业成为研发活动主体，加强产学研合作，提高技术的转化效率，使科技创新真正起到对经济发展和社会进步的引领和支撑作用。

（三）组织优化

当前山西省资源型产业发展中存在的很多结构性问题，很大程度上是由于产业组织结构不合理，包括产业集中度不高、产品同质、生产规模与范围不合理、企业行为缺乏协同性等。要提升山西省资源型产业的发展质量，促进企业的转型升级，必须推动产业组织结构的优化，发挥规模经济，形成以专业化协作为特征的大批量生产体系，同时促进产业结构向多样化方向演变，促进大中小企业关系协调，规范市场竞争秩序，避免过度竞争。一是加快兼并重组。兼并重组有利于推动企业对资源的优化配置，提高自身竞争力，同时也有利于促进产业升级，淘汰落后产能，提高产业整体效率水平，使其能够在更高层次上获得新的发展。二是治理产能过剩。一定规模的过剩产能是维持市场竞争机制的必要条件，但严重产能过剩却会造成大量的资源浪费，加重环境压力，同时会造成企业之间的恶性竞争，降低企业技术创新的动力和能力，影响产业组织整体效率的提高。加大淘汰落后产能力度，在淘汰落后产能、新增先进产能的不断循环中实现产业结构升级和产业国际竞争力提升。

（四）地域整合

地域分工的不合理往往是造成产业发展效率低下的重要原因。为促进山西省资源型产业的转型升级，应在区域层面上进行产业整合，促进资源在部分优势地区集中，形成产业集群。一是打破行政界限和市场分割，建立统一的商品市场、产权交易市场、人力资源市场，搭建资产交易信息对接平台，发挥信息集聚和资源整合能力。二是优化区域内产业分工。在山西省内建立起产业分工机制，不同地区根据要素禀赋特点参与分工，并形成相应的竞争优势。三是加强政府在收入再分配中的作用。山西省内不同地区由于煤炭资源储量等要素禀赋不同，经济发展条件和水平也存在很大差距。然而，经济欠发达地区通过一些其他途径同样也为山西省经济发展做出了很多贡献，例如保持生态环境、输出劳动力等，这部分价值应当在收入分配中得到体现。为此，应尽快建立生态补偿机制，在收入分配中更多向经济欠发达地区倾斜，形成不同地区合作共赢的局面。

（五）管理创新

产业竞争力从根本上取决于企业，尤其是核心大企业的竞争力，而管理水平的高低是决定企业竞争力的根本性因素。山西省要促进资源型产业的转型升级，首先要促进大型企业的转型升级，通过管理创新实现自身效率提升。一是提高企业市场竞争意识。资源型企业的转型升级从根本上还需要依赖于企业的内生动力。如果没有产业内生的动力机制发挥作用，无论外部力量如何作用，资源型产业均无法在真正意义上实现转型升级，因此为促进山西省资源型产业的转型升级，首先要提升资源型企业的市场竞争意识，充分发挥其转型升级的内生动力。二是促进企业管理方式创新。山西省部分企业在管理上还比较粗放，先进管理方法在企业内部尚未得到普及。为促进资源型企业转型升级，必须要促进企业管理方式创新，向精细化管理转变。精细化管理以专业化为前提、技术化为保证、数据化为标准、信息化为手段，把服务者的焦点聚集到满足被服务者的需求上，以获得更高效率、更高效益和更强竞争力。"精"就是切中要点，抓住运营管理中的关键环节；"细"即管理标准的具体量化、考核、督促和执行。

三、山西省资源型经济产业链延长的路径

(一) 煤炭 (电力)

通过考察世界煤炭工业发展趋势和国外大型跨国煤炭集团的经营理念，同时结合我国煤炭区域市场变化特征及国内煤炭企业发展趋势，提出山西省煤炭产业转型升级方向。

1. 世界煤炭工业发展趋势

自工业革命开始以来，煤炭作为全球主要能源长达上百年，即使在石油取代煤炭成为世界主要能源之后，煤炭仍是全球最主要的基础能源之一。近年来，随着温室气体排放带来的气候变化、新兴经济体的工业化进程开启和加速，全球的资源供给和环境承载压力日益突出。在能源需求总体增长的同时，世界开始向低碳转型，能源结构正在发生变化，高效清洁的低碳燃料的增速将超过碳密集型燃料。在此能源转型背景下，就发达经济体和新兴经济体而言，政府对煤炭工业做出或打压或提振的政策调整，煤炭行业境况差异明显，煤炭企业在竞争和生存压力下做出各种应对。

当今世界，亚太、欧洲、北美是煤炭的主要生产地区，同样也是煤炭的主要消费地区。这些地区分布着世界上主要的发达经济体和新兴经济体，两者在煤炭消费特点上有明显差异。发达经济体已进入后工业化时代，经济发展对高能耗的重工业依赖逐步减少，加之电力生产向绿色清洁方向转变，因此发达经济体对煤炭的需求强度呈下降趋势，在煤炭相关政策上以减少项目资助、设定排放限制、淘汰煤炭使用为主基调。而与此同时，新兴经济体正处于快速发展的重化工业阶段，其高耗能经济结构离不开廉价能源的支撑，因此对包括煤炭在内的各种能源的需求均保持强劲势头，在煤炭相关政策上以提高煤炭产量、发展燃煤电厂、提振煤炭产业为主基调。

与各经济体煤炭行业形势及相关政策对应的是其煤炭企业的现状。在逐步脱离和淘汰煤炭的发达经济体，煤炭企业正在面临生存危机，破产抑或艰难生存，大型财团和巨头也在加速剥离煤炭业务或资产。而在煤炭需求强劲的新兴经济体，煤炭企业正在推行生产和投资扩张计划。短期来看煤炭仍是全球电力市场主角，为全球能源需求增长做出贡献，长期来看将逐步被天然气等其他燃

料源取代；与此同时，煤炭行业的生存和发展要求开发和普及清洁煤炭技术。

专栏 3-2

国外大型跨国矿业集团经营理念

第一，大型矿业集团向国际化和产业多元化方向发展。大型矿业集团都是跨国经营公司，业务地域覆盖世界各大洲，生产企业所在国家和地区的数量一般在10~20个之间，有的矿业集团海外经营盈利能力超过了本土。在向经营国际化发展的同时，国外大型矿业集团也呈现出产业多元化的格局。国外大型矿业集团公司中有6家公司是以煤炭为主的，有4家公司的煤炭销售收入仅占一定比例，而其他矿产品或业务经营收入比重较大。

第二，资本运作是国外跨国矿业集团并购主要方式。近年来，国外主要煤炭生产企业的构成不断变化，主要是资本运作和跨国并购的结果。必和必拓集团公司和埃克斯卓达公司就是通过摩根大通银行资本运作实现成功并购，在为国际煤炭市场提供大量优质动力煤和炼焦煤产品的同时，也使这两家企业获得了良好的经济效益。

第三，占有优质资源是国外大型跨国矿业集团可持续发展的前提。必和必拓集团公司、力拓矿业集团公司从成立之日起就不断扩充各种矿产品的储量，其拥有的储量遍布美国、澳大利亚、南非等国家。皮博迪能源集团公司从主要开采本土资源逐渐走向国外，近年来又不断收购其他企业的资源储量，保证了集团公司煤炭开采的可持续性。

第四，煤炭生产集中化、大型化程度不断提高。从20世纪70年代后期开始，美国大型煤炭公司通过兼并联合，企业向大型化、集团化发展。大型煤炭公司的煤炭产量在美国煤炭总产量中的比重不断增加。1976~2009年，美国前4家煤炭企业的煤炭产量比重从24.6%提高到48.3%，前8家的煤炭产量比重从33.6%提高到63.6%。同时，全球煤炭生产集中度也在不断提高。2009年，全球煤炭产量超过亿吨以上的大型矿业集团公司日趋增加，其中，中国神华集团公司产煤3.276亿吨，占世界煤炭总产量的5.5%，成为世界最大的煤炭生产企业。

第五，煤炭出口日趋集约化，大型矿业集团公司拥有煤炭出口港股份。随着世界经济一体化的逐步深入，煤炭出口日趋增多，集约化经营日趋明显，出口规模日趋扩大，出口数量不断增加。埃克斯卓达集团公司煤炭出口量占世界煤炭出口总量的9%。印度尼西亚布米资源公司煤炭出口量占世界煤炭出口总量的8%。必和必拓集团公司、英美矿业集团公司、神华集团公司、力拓矿业集团公司、皮博迪能源集团公司分别占世界煤炭出口总量的8%、6%、5%、5%和1%。上述7家集团公司的煤炭出口量占世界煤炭出口总量的42%。在国外大型矿业集团公司的产业链条延伸中，发展港口和水上运输是多数企业的首选策略。国外多数大型矿业集团公司都是煤炭出口港的股东。南非最大的港口理查兹湾港的股东包括必和必拓集团公司（39.5%）、英美矿业集团公司（25.4%）等。

第六，建立安全健康与环境管理体系，履行社会责任。国外大型跨国矿业集团公司在履行企业社会责任方面成绩显著。这些企业承诺将开采活动对生态环境、工人的安全健康，以及对当地社会造成不良影响减小到最低限度；大幅减低煤炭开采和利用中的"温室气体"排放量；促进新型先进的洁净煤技术的开发和转让，并促进这些技术在全球的推广和应用。

资料来源：《当代世界煤炭工业》课题组．当代世界煤炭工业发展趋势 [J]．中国煤炭，2011（3）：119–124．

2. 我国煤炭区域市场变化特征及煤炭企业发展趋势

纵观当代世界煤炭工业发展态势，化石能源仍然是世界各国能源消费的主体，经济合作与发展组织（OECD）国家煤炭消费比重在不断下降，而2030年中国和印度两国煤炭需求预计将占世界煤炭需求总量的60%；世界煤炭资源储量丰富，储采比的平均水平是122年，中国煤炭资源的储采比偏低；自从中国成为世界第一产煤国之后，煤炭产量增长了约2倍，而美国的煤炭年产量一直保持在10亿吨左右；煤炭开采技术的进步使煤炭生产效率和安全水平得以大幅度提高，中国安全高效矿井的各项指标已经赶超世界先进水平，但矿井平均水平仍亟须提高；在煤矿安全和矿区环境治理方面，中国仍需从各个层面投入更多精力，以期更快赶上发达国家的水平；中国大型煤炭企业在规模和速度方面正在赶超大型跨国矿业集团公司。

当前，我国煤炭开发布局的调整方略是控制东部、稳定中部、发展西部，逐渐形成资源梯级开发、梯级利用的格局；而煤炭区域市场变化也呈现3个新特征，即东部降低、中部平稳、西部增长。未来中国东部地区煤炭市场总体处于缓慢增长并有可能下降的趋势，原因包括国家节能减排政策调控，受环境约束不会再上高耗能产业项目，直接受到进口煤挤压，中西部煤炭输出变为电力、气、油等。中国中部地区未来煤炭市场总体处于平稳需求状态，上下变化不会太大。中国西部地区未来煤炭市场总体处于上升态势，原因包括受制地方开发煤炭必须就地转化政策，有相当部分煤炭产量要就地消耗转化；国家实施煤炭转型（变电、气、油）输送方式；西部大开发自身也在增加煤炭消耗。

受煤炭市场变化和政策调控影响，那些地质条件差的矿井、开采历史长包袱重的衰老矿井、安全事故频发的不安全矿井和经营不好成本高的困难矿井，已经关闭、转让或淘汰出局。在此基础上，随着煤炭市场危机延伸和大批煤炭企业亏损加重（短期的市场回暖难改煤炭市场长期的低迷趋势①），煤炭企业洗牌及新一轮重组将加速来临，那些经济实力雄厚的煤炭企业规模会进一步扩大，竞争优势也更强；而那些经济实力一般的煤炭企业将会进行调整变革，经历转型升级以维持经营并艰难前行。因此，一场以强势企业为主体推动的新一轮并购重组浪潮即将来临，这将是在国家产业政策导向下的真正市场化的、企业自主的跨行业、跨所有制、跨地区、跨国的兼并重组，其特征是更多煤电融合、煤化融合、煤钢融合及传统能源与新能源融合发展；而后将出现更多竞争力强的综合型能源企业，煤炭产业的集中度会更高、市场话语权及控制力会更强。

3. 山西省煤炭产业转型升级方向

山西省煤炭产业转型升级应遵循产业价值链的一般理论，内外兼修，双管齐下：既要从外部着眼，提升煤炭定价的国际话语权，通过与中央企业的合作拓宽产业和要素联系网络；还要从内部积极推进大型煤炭企业向国际化和产业多元化方向发展，不断革新煤炭开采技术，建设环境友好型和安全生产型矿井。

第一，发起设立全球煤炭交易所，谋求煤炭定价国际话语权。中国是世界上最大的煤炭生产国，也是最大的煤炭进口国。中国煤炭储量名列世界前三位，煤炭产量占全球煤炭产量的40%以上，消费量占世界的1/3，中国煤炭国际贸易量占世界贸易量的近20%。然而，就像其他大宗商品交易一样，中国在国际煤炭交易中一直缺乏话语权和定价权，这与中国煤炭产需和贸易大国的地位极不相称。在国际上，波动率较大的大宗商品交易，其交易价格一般以商品价格指数确定，科学权威的煤炭价格指数既能反映价格现状，也能指导煤炭

---

① 根据《BP世界能源展望2016》，到2035年煤炭在一次能源中的比重不到25%，是自工业革命以来最低的比重。

交易价格。权威煤价指数是煤炭交易定价的重要参考，对国际煤炭价格走势将会产生重要影响。中国国内煤炭价格指数研发起步较晚，2006年才有第一个指数发布，目前影响较大的主要是2010年开始运行的环渤海动力煤价格指数，但它以中转集散地为特征，主要反映中转地动力煤价格水平及其变化情况。实际上，港口煤炭价格指数与主产地煤炭价格指数有一个时间差，或存在一两个月的差别，煤炭主产地的价格指数更能反映煤炭市场即时的真实价格，对产销企业的指导性更强。

2013年5月23日，中国太原煤炭交易价格指数正式发布，这是中国首个煤炭主产地交易价格指数，也意味着中国这个世界最大煤炭生产国对现有煤价指数体系做出进一步完善。中国太原煤炭交易价格指数立足于产地煤炭价格，先期在山西省范围内144个采价点建立采价样本范围。随着指数运行的不断完善优化，中国（太原）煤炭交易中心将陆续在内蒙古、陕西、河南、贵州、山东、安徽、宁夏等煤炭主产地扩充采价点，调整样本点权重，扩大这一指数的应用范围和影响力。煤炭现货价格指数的不断完善，将有力推动中国煤炭市场化进程。随着价格指数体系影响的扩大，建立规范的煤炭期货市场，实现煤炭现货市场和期货市场的衔接将是下一步的重点。只有如此才能更有效地影响国际煤炭市场价格，提高中国国际煤炭定价能力。

中国煤炭进出口贸易对国际煤炭贸易影响十分重大，但是由于没有一个公开、明确的煤炭期货价格能够让各方面了解中国煤炭市场的变化，客观上也成为世界煤炭贸易中的不稳定性、不确定性因素。目前，随着中国煤炭市场化程度的不断提升，中国已经在煤炭期货市场上表现出积极的作为。山西省应充分利用产煤大省的资源优势，结合煤炭交易价格指数发布，联合国内产煤大省和大型煤炭集团，发起设立全球煤炭交易所，借助期货市场的套期保值功能，建立能主导国际市场煤炭价格的煤炭定价机制，规避由国际价格变动带来的风险。

第二，加快推进混合所有制改革，拓宽产业和要素联系网络。抓紧出台山西省国有煤炭企业专项改革实施方案，加大国有煤炭行业布局结构调整力度，提高产业集中度。利用国家支持中央企业参与地方国有企业改革、并购重组山西省国有企业的相关政策，将重组后的煤炭企业集团与中央企业通过股权交换等方式进行融合，拓宽产业和要素联系网络，发挥部省协同效应。推行国有企业高管人员外部招聘和契约化管理制度，建立国有企业外部董事、监事、职业经理人人才库。

第三，积极推进大型煤炭企业向国际化和产业多元化方向发展，鼓励煤、电、路、港、化工相关产业联营或一体化发展。鼓励大型煤炭企业从主要开采本省和国内资源逐渐走向国外，审慎收购国外矿业企业的资源储量，保证煤炭开采的可持续性。坚持煤电结合、煤运结合、煤化结合，鼓励煤炭、电力、运输、煤化工等产业链上下游企业进行重组或交叉持股，打造全产业链竞争优势。鼓励有条件的煤炭和电力企业通过资本注入、股权置换、兼并重组、股权划转等方式，着力推进煤矿和电站联营。

第四，不断革新煤炭开采技术，建设环境友好型和安全生产型矿井。一是不断革新煤炭开采技术，广泛采用新技术和新工艺，与相关科学领域的部门合作及开展国际合作与经验交流。其中，采煤技术开发涉及机械化和自动化开采、非传统煤炭开采技术的开发（如煤炭地下气化和其他开采技术）、煤炭开采时的能源节约及材料节约技术。二是加快环境友好型和安全生产型矿井建设。其中，环境友好型煤炭开采涉及利用科技手段减少采煤对地表环境造成的破坏，使洁净生产成为采煤活动的基本准则；改善煤矿安全生产状况，涉及研究开发新的灾害预测和控制方法，实现安全生产现代化和安全生产管理系统化。

（二）现代煤化工

在考察现代煤化工产业发展环境的基础上，进一步从与石油化工对比的角度分析现代煤化工产业的竞争力，从而明确山西省现代煤化工产业创新发展的重点方向。

1. 现代煤化工产业发展环境

当前，经济形势复杂多变，节能减排形势日趋严峻，能源发展呈现多元化特征。我国现代煤化工的发展处于经济新常态下，同时又受到国际能源变化趋势、国际油价波动及环保约束的影响。

第一，从市场需求来看，我国油品市场表现为成品油市场供需平衡、汽油仍有较大增长空间。环保形势对油品质量升级的迫切要求，需要煤制油提供清洁优质油品，丰富成品油的多元化原料供应。

第二，从国际油价波动对现代煤化工的影响来看，国内多家机构预测，国际原油价格未来5年可能会呈现出先低后高的趋势，短期内可能维持低位运行，2016~2017年油价在40~60美元/桶间波动，2020年油价将上涨到70~80美元/桶。低油价会造成煤化工项目经营困难，失去与石油化工竞争的优势。

第三，从国际能源变化趋势对现代煤化工的潜在影响来看，低价页岩油气及以其为原料生产的低成本化工产品会对我国煤制化学品生产形成一定冲击；新能源交通运输工具包括CNG汽车、电动汽车等的发展，会对成品油产生一定的替代效应。

第四，从环保政策要求来看，随着新环保法等多项法规陆续出台，现代煤化工项目将执行能源、化工领域最严格环保要求。我国实施碳交易或开征环保税已是大势所趋，这将对现代煤化工行业产生较大影响，过高的税负将可能对现代煤化工产业造成致命打击。

2. 现代煤化工产业的竞争力

现代煤化工示范项目运行经验表明，国际油价在高位运行时，正常运行的项目均可实现盈利。但随着国际油价的大幅下滑，目前部分煤化工项目出现了经营困难，煤化工企业处于亏损或微利的局面。

情形一：低油价下现代煤化工产业竞争力分析

煤制油品及煤制化学品项目在国际油价不低于60美元/桶时，基本可以保持不亏损；国际油价不低于80美元/桶时，基本可以达到行业基准收益率（税前11%）；若按近期国际油价的底线（布伦特45美元/桶）测算时，现代煤化工项目将产生一定亏损（表3-1）。

表3-1　　　　　现代煤化工项目经济竞争力测算

项目		保持盈亏平衡油价（美元，布伦特）	达到基准收益率油价（美元，布伦特）	国际油价45美元/桶时吨产品亏损（元）
煤制油	煤直接液化	55~60	75~80	500~700
	煤间接液化	60~65	80~85	600~800
	煤焦油加氢制油	60~65	75~80	600~800
煤制化学品	煤制烯烃	45~50	70~75	0~200
	煤制乙二醇	50~55	75~80	300~500
	煤制芳烃	55~60	80~85	500~700

资料来源：王明华，蒋文化，韩一杰. 现代煤化工发展现状及问题分析[J]. 化工进展，2017（8）：2882-2887.

煤直接液化和间接液化项目盈亏平衡点分别在国际布伦特油价55~60美元/桶和60~65美元/桶之间。当国际原油价格高于50美元/桶时，煤制烯烃项目具备成本竞争力；原油价格高于 60 美元/桶时，煤制芳烃项目具备成本竞争力；原油价格高于 55 美元/桶时，煤制乙二醇项目具备成本竞争力。但上述分析数据，未考虑未来低廉的美国页岩气和中东伴生气制乙烯对我国烯烃市场的影响，此影响有可能造成持续的冲击，导致煤制化学品（烯烃、乙二醇、芳烃）盈亏平衡点提高 5~10 美元/桶。

情形二：现代煤化工与石油化工竞争力比较分析

第一，煤制油与石油炼油对比。在高油价下，煤制油比石油炼油有更强的盈利竞争力。80 美元/桶价格体系下，与石油炼油相比，煤制油吨产品总成本费用约低 1300~1800 元/吨，利税总额约高 1000~1300 元/吨，吨产品利润总额约高 400~700 元/吨。煤制油实缴增值税远高于石油炼油，约占产品综合售价的 12%，石油炼油实缴增值税仅占产品综合售价的 4.5%。60 美元/桶价格体系下，与石油炼油相比，煤制油吨产品总成本费用约低 200~600 元/吨，利税总额约高 200~300 元/吨，最终导致吨产品利润总额比石油炼油约低 100~300 元/吨。煤制油实缴增值税约占产品综合售价的 11%，而石油炼油实缴的增值税约占产品综合售价的 5%。低油价下由于煤制油的税负过重，致使盈利竞争力弱于石油炼油（表 3-2）。

表 3-2　　　　　　　煤制油与石油炼油对比分析　　　　　　单位：元/吨

项目		总成本	利润总额	生产税总额
直接液化	60 美元/桶	3634	41	2012
	80 美元/桶	3634	1149	2207
间接液化	60 美元/桶	3197	-131	2122
	80 美元/桶	3197	794	2302
石油炼油	60 美元/桶	3840	183	1581
	80 美元/桶	4963	405	1625

资料来源：同表 3-1。

第二，煤制烯烃与石油制烯烃对比。在高油价下，煤制烯烃比石油制烯烃有更好的盈利竞争力。80 美元/桶价格体系下，与石油炼油相比，煤制烯烃吨产品总成本费用约低 2200 元/吨；利税总额约高 2000 元/吨，吨产品利润总额比石油制烯烃约高 1200 元/吨。煤制烯烃实缴增值税较高，约占产品综合售价的 12%，而石油制烯烃实缴增值税约占产品综合售价的 4.5%。在 60 美元/桶价格体系下，与石油炼油相比，煤制烯烃吨产品总成本费用约低 400 元/吨，利税总额约高 300 元/吨；导致吨产品利润总额比石油制烯烃约低 300 元/吨。

煤制烯烃实缴增值税约占产品综合售价的11%，而石油制烯烃实缴增值税约占产品综合售价的5.5%。低油价下由于煤制烯烃的税负过重，致使盈利竞争力弱于石油制烯烃（表3-3）。

表3-3　　　　　　　煤制烯烃与石油制烯烃对比分析　　　　　单位：元/吨

项目		总成本	利润总额	生产税总额
煤制烯烃	60美元/桶	6146	2003	1161
	80美元/桶	6146	3054	1365
石油制烯烃	60美元/桶	6516	2308	590
	80美元/桶	8324	1868	504

资料来源：同表3-1。

3. 山西省现代煤化工产业创新发展重点

经过多年努力，我国现代煤化工技术已取得全面突破，关键技术水平已居世界领先地位，煤制油、煤制天然气、煤制烯烃、煤制乙二醇基本实现产业化，煤制芳烃工业试验取得进展，成功搭建了煤炭向石油化工产品转化的桥梁。但是，目前产业整体仍处于升级示范阶段，尚不完全具备大规模产业化的条件，系统集成水平和污染控制技术有待提升，生产稳定性和经济性有待验证，行业标准和市场体系有待完善，且存在不顾生态环境容量和水资源承载能力、盲目规划建设现代煤化工项目的势头。根据国家发展和改革委员会、工业和信息化部联合印发的《现代煤化工产业创新发展布局方案》，山西省应结合本省煤化工产业发展现状，明确现代煤化工产业创新发展的重点领域。

第一，深入开展产业技术升级示范（表3-4）。开展行业对标管理，重点抓好具有发展潜力的优势企业填平补齐、挖潜改造，加强技术创新，优化资源配置，提高安全环保水平。推动煤化工企业提升资源综合利用水平，进一步提高烯烃收率，降低能耗、水耗和污染物排放，实施煤制烯烃升级改造工程，促进产业规模化、高端化、精细化发展。在总结前期产业化示范经验教训的基础上，主动适应产业发展新趋势和市场新要求，突破部分环节关键技术"瓶颈"，提升系统集成优化水平，推动产业技术升级。重点开展煤制烯烃、煤制油升级示范，提升资源利用、环境保护水平；有序开展煤制天然气、煤制乙二醇产业化示范，逐步完善工艺技术装备及系统配置；稳步开展煤制芳烃工程化示范，加快推进科研成果转化应用。

表3-4　　　　　　　　现代煤化工产业技术升级示范重点

类别	升级示范重点
煤制油	直接液化、费托合成、煤油共炼等
煤制天然气	大型化碎煤加压气化、大型化环保型固定床熔渣气化、气流床气化、甲烷化成套工艺等
煤制烯烃	新一代甲醇制烯烃、合成气一步法制烯烃等
煤制芳烃	甲醇制芳烃、煤分质利用联产制芳烃等
煤制乙二醇	合成气制草酸酯、草酸酯加氢、合成气一步法制乙二醇等
环保	难降解废水高效处理、高含盐废水处理处置、结晶盐综合利用等

资料来源：国家发展和改革委员会，工业和信息化部．现代煤化工产业创新发展布局方案［Z］．2017．

第二，加快推进关联产业融合发展（表3-5）。按照循环经济理念，采取煤化电热一体化、多联产方式，大力推动现代煤化工与煤炭开采、电力、化纤、冶金建材、石油化工等产业融合发展，延伸产业链，提高资源转化效率和产业竞争力。利用高硫煤气化技术开展现代煤化工产业升级示范，延长现役高硫煤矿井服务年限。结合电源点建设，发展煤化电热一体化，推动整体煤气化联合循环发电系统（IGCC）建设，实现现代煤化工与电力（热力）联产和负荷的双向调节，提高资源能源利用效率。发展煤制芳烃和煤制乙二醇，推动化纤原料多元化，实施煤基化纤原料示范工程。发展粉煤灰制建材产品，开发高铝粉煤灰制氧化铝、一氧化碳或氢气直接还原铁等技术，开展现代煤化工和冶金建材一体化示范，提高冶金副产气体综合利用水平。鼓励煤化工企业与石油化工企业进行横向联合，利用煤化电热一体化集成技术，建设集原油加工、发电、供热、制氢于一体的联合装置。发挥现代煤化工与原油加工中间产品互为供需的优势，开展煤炭和原油联合加工示范。

表3-5　　　　　　　　现代煤化工产业融合发展重点

领域	发展重点
现代煤化工—煤炭开采	利用高硫煤气化技术开展现代煤化工产业升级示范，延长现役高硫煤矿井服务年限
现代煤化工—电力	结合电源点建设，发展煤化电热一体化，推动整体煤气化联合循环发电系统（IGCC）建设，实现现代煤化工与电力（热力）联产和负荷的双向调节，提高资源能源利用效率

续表

领　域	发展重点
现代煤化工—化纤	发展煤制芳烃和煤制乙二醇，推动化纤原料多元化，实施煤基化纤原料示范工程
现代煤化工—冶金建材	发展粉煤灰制建材产品，开发高铝粉煤灰制氧化铝、一氧化碳或氢气直接还原铁等技术，开展现代煤化工和冶金建材一体化示范，提高冶金副产气体综合利用水平

资料来源：同表3-4。

第三，稳步推进现代煤化工产业国际合作。结合《山西省重点产业国际产能合作发展规划》，加快融入"一带一路"建设，充分发挥山西省煤化工技术、装备、工程和人才优势，深化与"一带一路"沿线煤炭资源国务实合作，积极利用境外煤炭资源和环境容量等有利条件，采取境外煤炭开采转化一体化、境内外上下游一体化、境外重大工程技术装备总承包等方式，加快产业"走出去"步伐，稳步推进产业全球布局，努力打造具有控制力的煤化工产业链和价值链，缓解国内资源环境压力。

（三）钢铁

1. 钢铁工业发展环境

新一轮科技革命和产业变革蓄势待发，发展中国家加快谋划和布局，积极承接产业及资本转移，落实"一带一路"倡议，为我国钢铁行业广泛参与国际合作提供了市场机遇。我国物质基础雄厚、人力资本充裕、市场空间广阔、发展潜力巨大，经济发展方式加快转变，新的增长动力正在孕育形成，经济发展长期向好的基本面没有变，经济韧性好、潜力足、回旋余地大的基本特征没有变，经济持续增长的良好支撑基础和条件没有变。消费升级、"四化同步"[①]发展、基础设施建设拓展了钢材需求空间。制造业强国、创新型国家建设正处于关键阶段，对钢铁品种、质量和服务需求不断升级。政府职能转变，逐步减少政府对微观经济的干预，将充分发挥市场对资源配置的决定性作用，激发市场活力，为我国钢铁工业提供了新的发展空间。

---

① "四化同步"，指信息化与工业化深度融合，工业化与城镇化良性互动，城镇化与农业现代化相互协调。

与此同时，世界经济在深度调整中曲折复苏，国际金融危机深层次影响在相当长时期依然存在，全球粗钢需求增长乏力与钢铁产能过剩矛盾加剧了各种形式的贸易保护主义抬头，国际竞争更加激烈复杂。全球铁矿石等原燃料供应及价格大幅波动导致钢铁工业运行不确定性增大。我国经济正从高增长阶段向高质量发展阶段转化。今后几年，总需求低迷和产能过剩并存的格局难以出现根本改变，经济增长不可能像以前那样，一旦回升就会持续上行并接连实现几年高增长，产能过剩已不可能通过历史上持续、高速的经济增长来消化。经济发展面临的突出矛盾和问题是结构性的，不是周期性的，是长期积累的深层次矛盾和环境资源等发展条件的变化决定的，不可能通过短期刺激实现"V"型或"U"型反弹，将经历一个"L"型发展阶段。产业迈向中高端水平对钢铁工业有效供给水平提高将提出迫切需求，社会发展与生态文明建设对钢铁工业节能减排、提升质量将提出更新要求，企业对完善公平竞争、优胜劣汰的市场环境和机制提出了更多期盼。全力推进钢铁工业供给侧结构性改革，着力化解过剩产能、实现钢铁行业脱困发展已是当务之急。

专栏 3-3

钢铁行业去产能的国际经验

发达国家钢铁行业也曾经出现过产能过剩，而受益于采取的有效措施，这些国家钢铁行业去产能取得了显著成效。

（1）美国：市场机制调节和技术创新

第一，美国政府通过提供资金和优惠政策来扶持钢铁行业。20世纪80年代，美国政府缩短钢铁企业的折旧年限（从12年缩短为5年），同时提供了超过300亿美元的补贴，但这些措施未能有效缓解钢铁企业的经营压力。其后美国政府转变方式，通过在钢铁行业引进外资投资来推动钢铁工业的升级改造。在企业重组方面，美国政府则充分发挥市场机制的资源配置作用，以推动企业的结构调整。

第二，技术创新在推动美国产业转型升级、先进产能替代落后产能方面发挥了至关重要的作用。例如，美国宾夕法尼亚州匹兹堡市用了近30年的时间，从一个高污染的"钢铁城"开始慢慢转型，成为以医药、高科技、能源、教育为支柱产业的"新匹兹堡"。

第三，美国钢铁行业积极推广最新的工艺和流程，以达到节能降耗的目的。美国投入数十亿美元用于淘汰低效老旧设备；关闭钢厂的炼焦炉，并要求钢铁生产采用进口焦炭；对高炉进行技术改造以达到环保标准；对钢企的工艺流程实施更新改造，实现钢铁行业的优胜劣汰和转型升级。

(2) 欧洲：以市场化手段促进产业结构升级

第一，限制产能和进口。1976~1990年，实施"达维尼翁计划"[①]和"自愿限制协议",[②] 目的在于限制产能、限制欧共体内部的钢材进口量并促进内部消化。

第二，自由贸易和公平竞争战略。从20世纪80年代起，欧共体提出钢铁自由贸易和公平竞争战略，降低政府扶持力度，促进钢铁企业的私有化。在此基础上，通过产品研发和环保标准倒逼企业推动兼并重组。到20世纪90年代后期，欧洲掀起了大规模的企业兼并重组，形成了德国的蒂森克虏伯、卢森堡的阿尔贝德等国际大型钢铁集团。

第三，通过技术创新和环保要求不断提高钢铁企业的核心竞争力。依靠技术创新，欧盟内部形成了一批专有技术门槛和专有产品，实现了钢铁企业的差异化发展，并培养出一批世界知名钢铁企业。

(3) 日本：对内兼并重组和对外投资转移

日本去产能的过程早在1970年就开始了，1974年经济萧条后日本政府加大了政策刺激措施，包括加大住宅、下水道等方面的民生支出；制定了以促进公共事业为中心的投资政策；采取减免所得税等措施扶持钢铁行业。然而这些措施对提振钢铁行业而言成效甚微。自1978年开始，日本先后采取了制订废旧处理计划、兼并重组、海外投资转移、重视员工安置等一系列的措施削减产能，并取得了一定的成效。

第一，制定废弃和转让处理过剩设备的规划，确定不同行业的废弃目标。1978~1983年，日本对于钢铁、铝、造船等行业制定了废弃和转让处理过剩设备方面的规划，并通过有效利用废弃设备事业贷款等制度，加速实现废弃设备目标。日本政府还规定对萧条产业企业的合并实施税收减免，推动了日本过剩产能企业的兼并重组。

---

① "达维尼翁计划"于1977年实施，该计划对钢铁企业的定价进行严格监管，对新产能进行抑制，从而达到稳定市场、调节产能与预期需求的目的。
② "自愿限制协议"是欧共体与15个主要钢材进口来源国（占进口钢材总量75%）达成的一项协议，对从欧洲自贸成员国之外的国家进口钢材数量进行明确限额，对进口价格也做了明确规定，以达到调节产能的作用。

第二，通过海外投资转移产能过剩。日本以比较优势为基础，将国内不具备比较优势的产业逐步外移至周边发展中国家。20世纪80年代中后期，日本国内传统制造业企业加快了海外投资，继续向海外转移过剩产能。

第三，合理安置人员。以当时日本最大的钢铁公司新日铁为例，他们成立了相关的组织，并且配置了50名专职人员，专门负责员工安置。一是与特定的人才中介公司合作。制定终期及年度人员合理化计划，根据过剩人员的不同，制定职员派遣借调计划。二是采用借调和转职制度，把职工的劳动关系留在公司，工资的差额由新日铁公司来进行补偿。到了一定年龄之后，把劳动关系转到派遣的地方，但是工资的差额继续由新日铁来补偿。三是开拓钢铁以外的事业，包括工程技术、化学等相关产业；在钢厂内部成立了事业开发推进部，灵活使用钢厂的人才。

第四，针对去产能企业设立产业调整援助基金。日本政府设立了专门的援助基金用于援助钢铁企业，具体措施包括：对于钢铁企业淘汰和封存的设备，按其设备的资产比例发放优惠贷款；对于去产能后形成的封存淘汰设备，以政府购买的方式，按照设备的数量或金额给予一定的资金补偿。

资料来源：陈燕燕，倪辉，濮奕. 钢铁行业去产能的国际经验及启示［J］. 金融纵横，2017（3）：63-69.

2. 山西省钢铁工业转型升级重点任务

第一，实施行业整合重组，提高产业集中度。按照"先整合国有企业，再引进民间资本"的原则，加快推进省内钢铁企业与省内独立焦化企业、铁矿企业、加工企业等上下游企业，以多种方式联合重组，健全、补强产业链，提高生产效益。近期积极推动太原钢铁集团有限公司按照合理布局、优势互补的原则，稳妥地推进不锈钢产业的兼并重组，打造全球最具竞争力的不锈钢企业和世界一流大型企业集团；加快推进山西立恒钢铁集团股份有限公司、山西通才工贸有限公司等企业完成实质性重组，打造晋南钢铁集团。在此基础上，积极推进山西省内外有资源、能源、管理、技术优势的钢铁联合企业，以资产和资源为纽带，实施跨地区、跨所有制的兼并、联合重组。

第二，提高工艺装备水平，降低生产运营成本。以工艺技术装备的大型化、集约化、高效化和现代化为方向，推动省内钢铁企业实施升级改造。引导装备水平较低的企业①主动淘汰现有装备,在落实减量置换的基础上,加快升级改造。把互联网技术融入钢铁产业运营体系,创建"互联网+钢铁产业"发展新模式。鼓励有条件的钢铁企业开辟电子商务、钢铁互联网金融等服务新领域,大力发展电商销售、电商物流,构建原料集采平台。通过网上采购、运输、销售、服务的无缝对接,提升企业管理水平,降低运营成本,与用户共创共享产业链价值。以现代信息技术应用为抓手,开展钢铁智能制造和物联网试点示范,实施关键岗位机器换人工程,降低生产成本。以节能降耗、优化工艺为方向,重点推广基于钢铁冶炼、轧制及深加工的钢铁生产全流程信息化改造方案,提高钢铁产业工艺装备智能化水平。

第三,转移过剩产能实现企业和地区转型。钢铁行业去产能进程中,西方发达国家将国内的部分钢铁产能转移至其他不发达地区,从而实现了产能的部分转移。如卢森堡的安赛乐米塔尔集团通过大量的兼并、重组、转移等方式,使得钢厂遍布欧洲、亚洲、非洲以及美洲;日本则借助于本国的比较优势,利用海外投资实现了产能过剩的转移。要化解我国钢铁行业的过剩产能,既要依赖于扩大内需,也要寻求更广阔的国际市场。因此,要结合《山西省重点产业国际产能合作发展规划》,加快融入"一带一路"建设,通过建立境外生产加工基地、营销网络和研发中心,鼓励过剩行业骨干企业主动"走出去",扩大拳头产品、技术标准及服务的出口,在更高层次上开展国际贸易,增强企业在国际市场上的竞争力。

第四,优化产品品种结构,积极拓展应用市场。支持特钢企业走"专、精、特、新"发展道路,以市场需求为导向,大力推进技术进步和产品升级换代,提高造币钢、耐热不锈钢、管线钢、轮轴钢等战略品种和复合板、清洁球用钢、不锈钢管坯、集装箱板、中低牌号硅钢等重点品种比例,满足高速铁路、航空航天、核电、汽车、工程机械等高端产品需求。加大新产品开发力度,将提高产品质量、档次和稳定性作为产品结构调整的重中之重。引导省内建筑用钢生产企业,适应减量化用钢趋势,重点发展400兆帕及以上高强度螺纹钢筋、抗震钢筋、高强度线材(硬线)及钢结构产品,提高产品质量,保障供应能力,完善高强度螺纹钢筋生产及市场配送体系。结合省内基础设施建设重大工程、棚户区改造工程等项目,全面推广使用400兆帕、500兆帕高强度螺纹钢筋及钢结构产品,促进建筑钢材升级换代和减量应用。

第五,推进行业节能减排,实现绿色安全发展。以降低物耗能耗,促进清

---

① 指高炉容积1000立方米以下,转炉、电炉公称容量70吨以下的企业。

洁生产为方向，全面开展对标挖潜，大力实施节能减排技术改造。重点推广烧结烟气脱硫、脱硝技术，高温高压干熄焦技术，煤调湿技术，高炉脱湿鼓风技术，低温轧制技术，在线热处理技术等炼钢、轧钢节能减排技术，燃气—蒸汽联合循环发电技术，原料场粉尘抑制技术，双膜法污水处理回用技术。健全能源计量管理制度，完善能源管理体系。

以回收利用生产过程中的燃气、蒸气、余热、余压等二次能源，废水及炉渣、粉尘、粉煤灰等固体废弃物为重点，发展循环经济，促进资源综合利用，构筑以粉煤灰、高炉水渣及钢渣综合利用为主的固态废弃物循环经济产业链，以工业废水、生活污水、酸再生为主的液态废弃物循环经济产业链，以及以焦炉煤气脱硫制酸、烧结烟气脱硫脱硝、余压余热发电为主的气态废弃物循环经济产业链。主动与城市功能互补、和谐共融，积极高效利用城市生活污水、工业中水等废弃物，利用余热为城市提供居民住宅冬季供暖。

主动把握短流程电炉炼钢发展趋势，加快建立山西省废钢循环利用体系，培育壮大省内废钢加工配送企业，重点建设一批废钢加工示范基地，完善加工回收配送产业链，提高废钢加工技术装备水平和废钢产品质量，逐步提高电炉钢在全省钢铁产业中的比重。

（四）有色冶金

通过对国内外有色工业的分析，明确有色金属材料产业发展滞后是我国有色工业发展的短板，同时进一步分析有色金属材料的发展趋势，在此基础上提出山西省有色工业转型升级的重点任务。

1. 有色工业发展环境

当前时期是我国有色金属工业转型升级、提质增效，迈入世界有色金属工业强国行列的关键时期，既面临大有作为的重大战略机遇，也面临诸多矛盾相互叠加的严峻挑战。从国际看，新一轮科技革命和产业变革蓄势待发，新的生产方式、产业形态、商业模式和经济增长点正在形成，有色金属行业仍将继续保持增长态势。"一带一路"倡议实施、发展中国家积极承接产业和资本转移，将为我国有色金属行业发挥技术及装备优势，开展国际产能合作提供新空间。同时，世界经济和贸易形势低迷，主要经济体经济增速放缓，有色金属需求萎缩、产能过剩成为全球性问题。国际贸易摩擦加剧，影响铜、铝、镍等大宗资源供应的不确定性因素增加。有色金属具有较强的衍生金融商品属性，各国货币政策分化将引发有色金属金融市场价格波动，弱化供需对有色金属价格的影响，使得价格波动更为复杂，企业投资和生产决策难度加大。全球气候变化和碳排放形势将日益严峻，产业运行总体压力将明显上升。

从国内看，"十三五"是全面建设小康社会的决战期，经济发展长期向好的基本面没有变，"四化同步"发展以及"中国制造2025"、"一带一路"、京津冀一体化、长江经济带等国家战略深入实施，有色金属市场需求潜力和发展空间依然较大。战略性新兴产业和国防科技工业的发展，以及消费需求个性化、高端化转变，不断对有色金属增品种、提品质和发展服务型制造提出更高要求。同时，我国经济发展处于增速换挡、结构调整、动能转换的节点，经济增速放缓和需求结构的变化将使有色金属行业发展迎来重大转折，发展速度将由"十二五"期间的高速转为中高速，有效需求和有效供给不足并存，生态环境和要素成本约束日益突出，推进供给侧结构性改革、提质增效任务艰巨，迫切要求行业发展方式由规模扩张转向优化存量、控制增量、主动减量；由低成本资源和要素投入转向创新驱动，积极发展高端材料和实施智能制造，提升中长期增长动力；进一步推动利用两个资源、两个市场的高水平双向开放，提升参与全球产业布局、创新合作、制定标准及贸易规则的实力，支撑产业长远发展。

未来随着交通运输轻量化、农村电网改造、新一代电子信息产业、新能源汽车、高端装备制造、节能环保等战略性新兴产业的发展，有色金属市场需求仍将保持一定增长，但随着我国经济进入新常态，整体消费增速将由"十二五"期间的高速转为中低速，除锂、钴等新能源小品种金属和镁需求将继续保持高速增长外，铜、铝等主要品种消费增速将明显放缓，铅将基本维持现有消费水平，锌可能在"十三五"末达到消费峰值。由于大多数有色金属具有较强的金融属性，表观消费量[①]会随着金融市场波动有所变化。

2. 我国有色工业发展的短板及有色金属材料的发展趋势

近年来，我国有色金属产业得到快速发展，技术与装备得到大幅提升，品种规格、合金种类大多能够满足国内需要；但在有色金属材料领域，我国与世界先进水平的差距还十分明显。集成电路用硅片、大飞机用铝材、数控机床用刀具、3D打印用钛粉等代表有色材料一流水平的产品，主要还依赖进口。因此，加快有色金属材料产业发展，是补齐我国有色工业发展短板的关键所在。

---

① 指当年产量加上净进口量。

当前，新科技革命方兴未艾，人们的生产方式和生活方式亦不断变革，人类需要更多具有特殊性能的新材料。这给有色金属材料提供了更大的发展空间，也对有色金属材料生产提出了许多新的要求。当前材料产业发展已经呈现出智能化、绿色化、个性化的趋势。

一是智能化。智能化既表现在应用领域，又表现在生产环节。在应用领域，主要是能够对力、热、声、电、光、磁环境进行感知和自应对的智能材料。例如，梯度硬质合金刀具，能够根据切削对象的硬度调整效能，延长使用寿命。用记忆合金制造的飞机机翼，当飞机遇到涡流或逆风时，机翼能够迅速变形，从而消除涡流或逆风影响，减少机身颠簸。智能材料将适应未来社会劳动力成本提高和消费者个性化需求日益丰富的特点，有巨大发展空间。在生产环节，主要是用云计算、大数据、互联网等技术，改造传统生产流程，通过工业大数据积累，对现有生产制造工艺流程进行深度优化，从而提高产品的性能。

二是绿色化。绿色发展已经成为全人类的共识，有色金属材料必须绿色，才有发展前景。绿色材料至少有以下特点。首先是绿色生产，少破坏环境，少消耗能源。按照这个标准，大部分有色金属工艺技术都需要进一步完善。其次是整个使用寿命周期是节能的，这方面，铝等可循环的有色金属表现非常突出。1880年以来，全球累计生产电解铝超过11亿吨，目前有8亿吨左右还在循环使用中。人们往往认为铝产业是高耗能产业，但是由于铝可以反复使用，在一个完整的生命周期中，铝比钢要节省几十倍的电量，这是其他一些大宗材料不能比拟的。再就是有利于全社会绿色发展，如光伏多晶硅、风电稀土永磁、锂电池材料和金属空气电池等，有利于替代化石燃料，只要技术能够突破，将有日益广阔的市场。

三是个性化。全球大宗产品的供应饱和，以及人们需求的多元化，要求有色金属材料向高精尖、个性化、差异化方向发展。其中最典型的一个方向就是以3D打印为代表的增材制造。例如，医疗上使用3D打印技术制作钛合金骨骼和关节，可以实现精准医疗。要实现3D打印，对金属粉末的性能要求很高，国内只有少数科研单位正在研制。现在就预言增材制造能够全面替代传统的金属切削、铸锻、焊接、粉末冶金等制造技术还为时过早。但是，对此需要高度重视，才能适应未来产业发展的需要。再如，运动手环等可穿戴智能产品正在成为制造业的热点，但是目前能够实现的功能还有限，未来要真正做到感知人体的健康指标信息，实现远程诊疗和全流程健康管理，就要求进一步提高材料性能，才能适应不同用户的个性化需要。

3. 山西省有色工业转型升级重点任务

充分发挥资源能源优势，以园区为载体，发挥企业主体作用，制定有效调控政策，重点实施优化产业布局、打造高端产品、实施技术改造、完善产业链条、推进两化融合等措施，构建资源和能源合理高效利用、绿色低碳、竞争力强，具有完整产业链条的有色金属工业体系。

——铝产业。发挥矿产资源、电力能源优势，依据国家产业引导政策，按照集约化、循环化、生态化的建设理念，在13个铝土矿资源集中区，以现有运行和规划建设的氧化铝、电解铝及铝材加工企业为依托，重点建设产业链配套、产品竞争力明显、资源充分利用、绿色环保安全的现代铝工业体系。推进中国铝业集团有限公司吕梁、运城两个百万吨电解铝基地建设，推动国家电力投资集团公司山西铝业、信发集团有限公司、锦江国际（集团）有限公司、东方希望集团等铝循环产业园区建设。重点培育晋南交通轻量化铝镁材料加工及零部件制造、晋中铝合金绿色建筑材料及工程建造、晋中与晋西机械装备制造材料、晋中消费类电子产品制造、晋南铝金属包装制造五个铝精深加工产业集聚区。

引进、消化和吸收多品种氧化铝生产工艺技术，满足不同市场需求；引进先进的精铝和高纯铝生产工艺技术，降低产品能耗，提高竞争力；发展轻质、高强、大规格、耐高温、耐腐蚀等铝材精深加工产品，着力优化品种结构，形成一定的产品规模，扩大市场占有份额。重点加强交通运输用轻量化铝合金材料、石墨烯铝基复合材料、复层金属板等为代表的铝合金新产品、新工艺和新技术研究；加大汽车车身板、建筑模板、铝合金护围板等铝材的推广应用；在保持冶金级氧化铝优势的基础上，积极开发化学品氧化铝、铝基新材料等特色品种。

针对山西省铝土矿品位较低的实际，改造和改进铝土矿采矿、选矿装备和工艺技术，开发或引进高效经济利用低品位铝土矿生产氧化铝工艺技术；继续开展高铝粉煤灰生产氧化铝技术、煤矸石提取氧化铝技术研究，形成经济合理的工艺技术；对现有电解铝设备，实施工艺优化改造，降低综合电耗；提高铝深加工企业工艺装备水平，应用现代信息技术和新型加工设备，改造提升产品加工精度，扩大产品种类，推动山西省铝工业绿色发展。重点加大新型阴极结构电解槽推广应用，研发铝电解净化技术、脱硫技术、废槽内衬处理及综合利用、电解铝液直接制备合金锭坯等短流程加工制造等技术；采用粉煤灰中铝资源化前沿技术，按照产业化发展要求，合理布局高铝粉煤灰—氧化铝—电解铝、白炭黑—铝制品和化工填料，以及高铝粉煤灰—铝硅合金等新型材料产业链；综合利用方面，重点攻关氧化铝赤泥综合利用技术以及经济、高效、适用的废旧金属再利用新技术，提高再生资源的回收利用率。

鼓励优势企业通过控股、参股和收购，向上下游产业链延伸。依靠科技挖潜，开展科技攻关，突破低品位矿、共伴生矿、难选冶矿、尾矿和熔炼渣等资源开发利用的技术"瓶颈"，加强共伴生矿的多元利用、梯级利用和高价值利用，实现矿产资源产业链利用最大化。在延伸产业链和发展循环经济上下功夫，走"资源—产品—再资源"的路子。鼓励现有优势铝企业与煤炭、电力等企业以资本和产业链为纽带实施联合重组，培育煤、电、铝、加工材料于一体的企业集团，抓住山西省自主审批1920万千瓦低热值煤发电的政策机遇，为重点煤电铝化材一体化项目配套自备电厂。着力构建"煤炭—电力—电解铝""铝土矿—氧化铝—电解铝—铝深加工"等完整产业链。

——镁产业。引导山西省具备产业发展基础的大型企业集团，跨行业或跨地区进入高端镁合金深加工领域，提升山西省镁合金产业的核心竞争力。依托山西闻喜银光镁业集团、中条山有色金属集团、闻喜县瑞格镁业有限公司等企业，重点布局运城镁产业基地。重点推动山西闻喜银光镁业集团年产500万只轮毂生产线技术改造项目、航空航天复杂铸造件生产基地建设项目，年产2万吨高铁、汽车挤压型材生产线技术改造项目；中条山有色金属集团年产3000吨新型高性能稀土镁合金材料项目。

发挥镁产业基地龙头企业的产业技术带动作用，与科研院所组建产品技术联盟，突破镁及镁合金板材加工技术，以产品轻量化、价格市场化为特点，培育和发展产品应用市场，带动冶炼原材料企业向不同市场定位的镁产品企业转型，扩大镁产品的知名度和市场占有率。重点开发应用于汽车、高速列车及轨道交通、航空航天、电子信息、智能机器人、军工等领域新型轻量化镁合金产品。重点突破高速铁路、城市轨道交通车辆用镁合金材料，汽车用低成本高性能镁合金材料，电子信息智能产品用镁合金材料，军工、航空航天用镁合金材料等工艺技术，降低生产成本，提高竞争力。提前开展高强耐热镁合金、镁合金电池材料、医用镁合金材料、超轻镁锂合金、智能制造用镁合金、镁基复合材料等研究开发工作，引导消费市场。

针对山西省镁企业分散、产能规模小、技术装备差、消耗高、产品处于产业链低端、生产环境差等特点，积极推广节能环保新技术，改进生产工艺和改造技术装备，降低原材料物耗，减少排放，提高绿色发展水平。重点推广新型竖窑煅烧技术、蓄热式高温空气燃烧技术、套筒竖窑及蓄热式竖式还原炉技术，促进镁行业节能减排和降低成本，推动镁渣制备高性能特种水泥等原镁冶炼副产品综合利用。鼓励中条山有色金属集团在探明白云石资源的基础上，实施进军镁产业发展战略，全力打造技术领先，具有资源优势、创新性和影响力的新型镁合金研发和生产企业。鼓励山西闻喜银光镁业集团以市场为导向，坚持以自主创新和引进吸收为技术依托，努力提升新合金的开发水平和合金的深加工能力，形成国内最大的镁合金材、宽幅板材、压铸件、汽车轮毂等终端产品的生产企业，争取到2020年发展成为全球最大的镁合金深加工企业。

——铜产业。发挥山西省铜产业基础优势，合理利用矿山资源，提高多品种产品冶炼能力，依托富氧底吹熔池熔炼核心技术，实现精炼铜生产规模化，延伸产业链条。依托中条山有色金属集团、太原晋西春雷铜业有限公司，重点布局运城和太原铜产业基地。重点推动侯马北铜铜业有限公司年处理铜精矿150万吨多金属回收项目，新增精炼铜生产能力30万吨，建设年产5万吨高精度铜板带箔项目。

推动通信电缆用无氧铜带、铜合金项目建设，形成规模效应，进而形成品牌效应；提高军工民品铜合金板带生产技术的互融性，发展第二代集成电路、新能源汽车、高铁和电气化铁路及军工航天用铜加工材料等。重点发展高性能铜合金、压延铜箔、挠性覆铜板、IC封装用高性能铜合金带、大规模集成电路引线框架、铜镍硅合金、汽车、高铁、军工航天、新能源LED用等铜及铜合金深加工产品。

利用已经形成的冶炼产业基础，改进传统设备工艺，降低能耗和污染水平，提高可持续发展能力；利用现代信息技术，实施机器换人工程，改进铜加工工艺，提高生产效率，降低生产成本。重点优化富氧底吹炉炼铜技术，提高多金属共伴生矿综合回收利用率，提升铜资源的综合利用水平。利用成熟的工艺和技术实施尾矿砂制备陶瓷项目和冶炼弃渣综合利用项目。以提高铜深加工能力为方向，延伸产业链，开发技术含量和附加值高的铜加工产品，形成铜板带、铜箔加工—覆铜板、铜杆—铜线、特种铜材铜加工等产品链。

四、延长山西省资源型经济产业链的组合战略

煤炭行业是山西经济之源，煤炭行业景气程度和山西省地区生产总值呈现显著正相关关系。2000~2008年，中国经济高速发展期需要大量能源供给，

煤炭行业迎来黄金发展期,[1] 并驱动山西省地区生产总值增速快于全国平均水平。2012年之后中国进入增速换挡期,煤炭行业景气度转而向下,[2] 山西省地区生产总值增速从最高15.9%（2007年）跌至3.1%（2015年）左右。长期"一煤独大"的格局决定了山西省转型方向依然与煤密切相关,因此必须理顺煤炭价格与山西省资源型经济转型的关系。

（一）煤炭价格对山西省经济的影响

1. 山西省煤炭行业发展历程

伴随煤炭行业的兴衰,2000年以来山西省主要经历了稳健发展期（2000~2008年）、吹起泡沫期（2009~2012年）和泡沫破裂期（2013年至今）（国泰君安,2016）。

第一阶段,稳健发展期（2000~2008年）。这一时期,中国经济飞速发展,地区生产总值保持两位数增长,煤炭行业迎来量价齐升的黄金发展阶段。2000~2007年,全国煤炭行业新增产能从2255万吨提升至2.7亿吨,但依然供不应求,2007年供需缺口约7200万吨左右。2000~2008年,山西省煤炭年产量从2亿吨提升到6亿吨,产量增加了2倍多,煤炭价格上升了2倍多,2008年山西省煤炭行业实现业务收入3500余亿元,是2005年的2倍多。这一阶段信贷政策较为稳定,新增信贷同比增速基本稳定在10%左右。2008年以前,山西省煤炭行业呈现"企业多、规模小"的格局,乡镇煤矿占了很大的比重,煤炭资源利用率低、环境污染严重、安全问题突出,矿难频发,引起社会高度关注。

第二阶段,吹起泡沫期（2009~2012年）。2008年次贷危机后,政府出台四万亿元大规模刺激计划,在信贷过度供给的背景下,山西省煤炭过度投资,煤炭行业出现供过于求的迹象。4年间山西省贷款增速均维持在15%之上。大型企业、国有企业的贷款可得性大幅高于小型企业、民营企业。2008年山西省开启了整合小煤窑资源之路,到2010年年产30万吨及以下的煤矿全部淘汰,山西焦煤集团有限责任公司、大同煤矿集团公司、山西晋城无烟煤矿业集团有限责任公司、山西潞安矿业（集团）有限责任公司、山西阳泉煤业（集团）有限责

---

[1] 如大同南郊弱粘煤坑口价从2006年初210元/吨涨到最高660元/吨。
[2] 如大同南郊弱粘煤坑口价从600元/吨以上跌至不到200元/吨。

任公司五大煤炭企业集团原煤生产能力占山西省总产量的60%，行业集中度大幅提升。这是除信贷宽松外大量信贷资源流向煤炭行业的另一个重要因素。2010～2015年山西省七大煤炭集团资产负债率逐年攀升，2015年底负债总额几乎是2010年底的3倍。在宽松的货币环境下，煤炭行业产能迅速扩张，2010～2012年，全国每年新增原煤产能约4亿吨左右，2012年山西省煤炭年产量较2008年提升50%以上。大量新增产能导致煤炭行业供求关系转变，2009年起煤炭行业供过于求，2012年煤炭行业供给超出需求约6.6亿吨。我国银行业务中，中长期贷款审批难度大，企业普遍以短期贷款用于长期投资，到期申请续贷。这种现象在全国各地普遍存在。企业借款周期理论上应当和项目回报相匹配，煤炭企业从资金投入到形成产能一般需要3～4年，从形成产能到生产线淘汰一般需要10年，而短期流动性贷款往往在1年以内。若企业短贷长用，资产与负债期限错配，一旦银根紧缩，蕴含巨大流动性风险。

第三阶段，泡沫破裂期（2013年至今）。随着中国经济增速放缓，对煤炭的需求下降，但煤炭产能集中释放，行业供求关系失衡，再加上环保要求、进口放宽，煤炭行业迎来寒冬。2012年下半年开始，煤炭价格雪崩式下跌，从600元/吨跌至2015年190元/吨。煤炭企业审慎规模扩张，年新增产能降至3亿吨以下。煤炭企业效益下滑，银行审慎投放信贷。银行普遍收紧对煤炭企业的风险敞口。[①] 2009～2015年山西省新增信贷同比增速从30%下降至10%左右。

2. 煤炭价格对山西省资源型经济转型的影响

从山西省内部来看，煤炭行业集中度较高，七大集团原煤产量占一半以上，从七大集团的财务状况可以基本窥见山西省煤炭行业乃至省内经济的现状。山西省属七大煤炭集团的净利润从2010年的173.1亿元持续下跌，2013年净利润开始由正转负，至2015年七大煤炭集团整体亏损56.2亿元，并存在持续恶化的趋势。七大煤炭集团整体毛利率呈下滑态势，从2010年的17.28%下跌至最低点2014年的7.13%，虽然在2015年毛利率略有回升，恢复到2013年7.77%的水平，但由于七大煤炭集团整体的发债数量处于上升阶段，高昂的期间费用[②]不断拖累七大煤炭集团羸弱的盈利能力。目前煤炭行业整体低迷，仍看不到转折迹象，生产经营难以为继，煤企已经进入压产裁员、收缩

---

① 指因未加保护的风险，即因债务人违约行为导致的可能承受风险的信贷余额。
② 指企业日常活动发生的不能计入特定核算对象的成本，而应计入发生当期损益的费用。

规模的阶段。山西省计划在 2020 年前退出落后产能 1 亿吨以上,未来煤炭产量控制在 10 亿吨以内。①

在债务逐年攀升、行业景气度下行的背景下,七大煤炭集团偿债能力不容乐观。七大煤炭集团的现金流量利息保障倍数和现金流量债务比均从 2011 年顶点开始急跌,之后始终在低位徘徊。2015 年底,现金流量利息保障倍数和现金流量债务比分别为 68.0%、1.6%,反映七大煤炭集团目前的现金流状况已经无法覆盖利息成本,更别提偿还债务本金,唯有靠不断借新还旧滚动融资,方能持续经营。2010 年以来,山西省属七大煤炭集团负债总额逐年上升,至 2015 年末七大煤炭集团的负债总额达 12023 亿元,其负债体量大体上相当于 2015 年全省的地区生产总值,② 资产负债率达到了 82.51%。

2010 年以来,山西省七大煤炭集团长期债务总额一直高于短期债务总额,但是 2014 年和 2015 年短期债务比重逐步提升,2015 年短期债务已经与长期债务持平,表明七大煤炭集团开始逐步侧重于一年以内的短期借款,短贷长用越发严重,短期偿债能力承压。七大煤炭集团的融资中信贷占比一直高于债券,但近年来随着债券市场融资成本下降,债券占融资比例逐步提升。截至 2016 年 6 月底,山西省七大煤炭企业集团全口径融资总量 7275 亿元,其中贷款 4400 亿元,债券融资比重约 1/3,反映七大煤炭集团对债券的倚重程度逐步提升,公开市场发债的难易和成本对集团维持庞氏融资③有较大的影响。根据 2015 年底的债券期限结构统计,近 2000 亿规模的债券将在未来 5 年内到期,其中,一年内到期的债券规模达 747 亿元,还有 781 亿元的债券将在未来 1~3 年内到期。好在煤炭市场正在逐步回暖,极大地缓解了七大煤炭集团的经营和融资压力。

从当前宏观经济走势来看,尽管短期内的回暖让人开始有些乐观,但山西省煤炭行业将无法重现昔日的繁荣,转型改革是走出经济之困、债务之困的唯一出路。但山西省自身又不具备吸引人才和留住资金的能力,想要依靠自身力量转型的确很难,因此需要借助外部力量尤其是中央企业的支持。2015 年 8 月,国务院国有资产监督管理委员会主任张毅亲自率领 58 家中央企业到山西省洽谈合作,引导煤炭企业与电力企业协同合作,在这次"2015 年中央企业

---

① 2015 年山西省原煤产量 9.67 亿吨,达历史最高值。
② 2015 年山西省地区生产总值 12766.5 亿元。
③ 即债务人的现金流既不能覆盖本金,也不能覆盖利息,债务人只能靠出售资产或者再借新钱来履行支付承诺。

山西行"活动中，双方共签约了 47 个合作项目，总投资约 1555 亿元。2017年 9 月，国务院印发《关于支持山西省进一步深化改革促进资源型经济转型发展的意见》，支持中央企业与山西省煤炭、电力企业通过相互参股、持股以及签订长期协议等合作方式，形成市场互补和上下游协同效应。

专栏 3-4

国际煤炭市场定价格局演化趋势及对中国的影响

定价格局决定价格走势，目前世界煤炭市场定价格局正面临着以下变化。

第一，全球经济再平衡影响国际煤炭价格。自 2008 年金融危机以来，全球经济从失衡到逐步再平衡的过程对国际煤炭市场影响深远。首先，美国等发达国家调整了以往"重虚拟经济轻实体经济"的经济发展战略，更加重视实体经济的发展。发达国家经济发展战略的调整导致其对煤炭等资源的需求有所增加。其次，各个新兴经济体正处于快速发展期，这些国家对煤炭等资源的依赖程度也在日益加深。中国面对经济危机推出的大规模经济刺激计划导致国内对煤炭的需求量剧增，中国甚至从国际煤炭市场的供给方转变为需求方。2009年以后世界煤炭需求量的逐步恢复导致国际煤炭价格从总体上呈现上涨趋势。而 2012 年以来，由于世界经济复苏放缓，特别是中国经济面临较大的下行压力，导致国际煤炭需求相对减少，煤炭价格发生波动。

第二，部分发达国家的货币政策影响国际煤炭价格。诸多发达国家的宽松货币政策增加了货币供给，进而成为引发国际煤炭价格上涨的重要原因。为了摆脱国际金融危机的影响，自 2008 年以来美国已推出多轮量化宽松的货币政策，这导致国际煤炭价格迅速上涨。日本为了摆脱长期的经济低迷，自安倍晋三首相执政以来开始实行宽松的货币政策，这也会助推国际煤炭价格波动。

第三，替代能源及其价格走势影响国际煤炭价格。进入 21 世纪后，世界各国对环境保护越来越重视。而煤炭作为传统化石能源，对它的使用容易造成环境污染，因此诸多国家都在开发煤炭的替代能源以降低环境污染，各国投入大量的人力、财力、物力开发利用替代能源必然会减少煤炭需求，进而影响国际煤炭价格。

第四，煤炭的贸易方式影响国际煤炭价格。传统的煤炭贸易大部分是现货贸易，但进入 21 世纪以来，煤炭贸易方式正在逐步走向多元化。易货贸易、跨国公司内部贸易和期货贸易日渐活跃。此外，煤炭期货贸易在进入 21 世纪以来有了长足发展。目前，煤炭期货合约的品种越来越丰富，交易量越来越多，全球多个国家都在研究开展煤炭期货贸易的可行性，煤炭期货贸易的发展前景非常广阔。考虑到煤炭贸易方式的多元化趋势，国际煤炭价格形成机制在受传统供求因素的影响之外，融入了更多的诸如期货市场投机等非传统因素。

第五，煤炭企业的垄断程度提高影响国际煤炭价格。2010 年美国和澳大利亚煤炭产业已经形成了寡头垄断型市场结构。国外煤炭矿业巨头不仅对煤炭产业进行横向垄断，而且还在推进纵向垄断，这会对国际煤炭定价格局产生深远影响。

国际煤炭市场定价格局的变化会给中国经济带来较大的影响。一是随着世界经济的再平衡，中国从煤炭净出口国转变为煤炭净进口国，对国际煤炭资源的需求增加，这意味着中国今后的经济发展将面临更大的能源压力。二是国际煤炭贸易方式日趋多元化，特别是煤炭期货贸易日益活跃，金融投机、汇率变动和其他不确定因素对国际煤炭价格的影响增强，而中国目前的煤炭贸易仍以传统现货贸易为主，尚无煤炭期货品种上市交易，所以应对国际煤炭市场风险的能力仍然较差，一旦国际煤炭市场出现突发状况，就可能造成中国煤炭进出口企业的重大损失。三是货币汇率的变动对国际煤炭价格的影响是系统而深刻的，对中国煤炭贸易也会造成较大冲击。由于中国在进行国际煤炭贸易时大多采用美元结算，美元汇率贬值会导致国际煤炭价格上涨，从而增大中国煤炭进口企业的成本。四是国际煤炭企业的垄断程度提高给中国煤炭企业参与国际竞争带来了较大压力。虽然在中国已经形成了一批较有实力的煤炭矿业集团，但整体而言，中国煤炭产业的市场集中度并不高，呈现出过度竞争的局面，各企业之间也缺乏必要的协调，尚未建立能够代表煤炭产业利益的独立行业组织，这意味着中国企业在参与国际煤炭议价的过程中将面对强有力的挑战。

资料来源：杨青龙，王奕鋆. 国际煤炭市场定价格局：形成机制与演化趋势 [J]. 当代经济管理，2015（8）：40 – 46.

（二）推进供给侧结构性改革与国企国资改革

供需结构错配是我国当前经济运行中的突出矛盾，矛盾的主要方面在供给侧，主要表现为过剩产能处置缓慢，多样化、个性化、高端化需求难以得到满足，供给侧结构调整受到体制机制制约。需求管理政策重在解决总量问题，注重短期调控难以从根本上解决供需结构性矛盾，也难以从根本上扭转经济潜在产出水平下行趋势（王一鸣，陈昌盛，李承健，2016）。推进供给侧结构性改革是供需结构再平衡的内在要求，对于山西省而言只有加快出清过剩产能，推进国企国资改革，建立有利于供给侧结构调整的体制机制，才能实现更高水平的供需平衡，增强山西省经济持续健康发展的内生动力。

1. 深入推进供给侧结构性改革

2016年，山西省分别出台了《山西省煤炭供给侧结构性改革实施意见》《山西省钢铁行业化解过剩产能实现脱困发展实施方案》和《山西省电力供给侧结构性改革实施意见》，对煤炭、钢铁、电力三大传统支柱产业进行供给侧结构性改革，收到明显成效。针对资源型经济转型与产业链延长，重点要做到"三个结合"。

一是把煤炭、钢铁去产能与优化产业结构结合起来。去产能是有"退"有"进"。"退"的是落后产能、无效产能、不安全产能，"进"的是先进产能、安全合规产能，是结构的优化。山西省煤炭产业的发展方向是稳定规模、优化结构、绿色清洁高效利用，提高综合效益和竞争力。

二是把电力去产能与深化电力体制改革结合起来。一方面，对容量小、煤耗高、排放不达标、单机20万千瓦以下的火电装机，分类分年度逐步淘汰。另一方面，进一步扩大电力直接交易规模，适当发展有比较优势的高载能产业，大力推动晋电外送，积极拓展省内外用电市场。

三是把降成本与改善企业管理结合起来。着重从两个方向发力，一方面政府要从外部降低企业成本，另一方面企业要从内部挖潜增效。

与此同时，坚持创新驱动，加快传统产业技术改造，推动供给体系由中低端产品为主向不断适应需求变化的中高端产品为主转变。按照淘汰低端、提升中端、发展高端的原则，聚焦新技术、新产品、新工艺、新装备、新模式、新业态等核心要素，鼓励引导企业增强技改投资意愿，面向未来加速技术进步。强化企业创新主体地位，推进政产学研协同合作，加强知识产权保护和管理，强化山西省在能源技术革命领域的领先意识。

2. 进一步深化国企国资改革

完善现代企业制度、优化国有资本布局、发展混合所有制经济，新一轮国企国资改革面对的全是难啃的"硬骨头"。2017年《中共山西省委、山西省人民政府关于深化国企国资改革的指导意见》提出，到2020年山西省国企国资重要领域和关键环节改革取得决定性成果，形成更加符合我国基本经济制度和社会主义市场经济发展要求的国有资产管理体制、现代企业制度、市场化经营机制；实现国企国资由封闭扩展向开放发展转变，由"一股独大"向混合所有制转变，由"大而全、小而全"向专业化、高端化转变，由产融脱节向产融结合转变，由重资源重政策向重人才重创新转变；造就一大批德才兼备、善于经营、充满活力的优秀企业家，培育一大批具有创新能力和国际竞争力的国有骨干企业，国有经济活力、控制力、影响力、抗风险能力明显增强。

山西省还制定了《2018年国企国资改革行动方案》，明确2018年国企国资改革重点工作，在产业布局方面，突出转型发展，实施混合所有制改革，积极推进企业重组。下一步山西省国企国资改革应围绕发展不平衡、不充分问题，重点在解决"一煤独大""一股独大"上下功夫，把握市场化取向、竞争力目标、专业化重组、股份制改造、现代化管理、科学化监管的重大要求，坚持问题导向，向解决突出问题聚焦发力，进一步深化战略性重组，持续推进混合所有制改革。鼓励支持国内外各类资本参与省属国有企业混合所有制改革，互利多赢，共同发展，鼓励引导上下游产业相互持股，构建产业链，发展利益共同体，增强抗风险能力。积极搭建沟通交流平台，引导支持各类所有制性质的企业参与国有企业改革，推动交叉持股和相互融合。探索实行混合所有制企业员工持股。

五、延长山西省资源型经济产业链的政策建议

为了促进山西省资源型产业链的延长，确保山西省资源型产业转型升级的路径畅通，政府应不断完善自身职能，强化各项能力，着力保障各个动力要素正常发挥作用，切实担负起政府主导资源型产业转型升级的重任。

（一）进一步提高煤炭行业集中度

2017年12月，国家发展和改革委员会等12部门联合发布了《关于进一步推进煤炭企业兼并重组转型升级的意见》，指出推进煤炭企业兼并重组转型升级，是有效化解煤炭行业散、乱、弱问题的重要举措，是提高产业集中度和企业竞争力，实现行业高质量发展的应有之义，也是持续增加煤炭优质供给、提高供给质量、保障能源安全的必由之路。山西省应加快推进七大煤炭集团进行兼并重组，丰富产品种类，提升企业规模，扩大覆盖范围，创新经营机制，

进一步提升山西省煤炭行业的综合竞争力。支持煤炭企业由单一生产型企业向生产服务型企业转变，加快专业化公司建设，推动煤炭产业向中高端发展。与此同时，鼓励煤炭与煤化工企业根据市场需要出发实施兼并重组，有序发展现代煤化工，促进煤炭就地转化，发展高科技含量、高附加值产品，实现煤炭原料上下游产业的有机融合。

（二）支持兼并重组企业市场融资和资产债务重组

对符合条件的兼并重组主体企业，鼓励其通过资本市场和其他融资渠道筹集资金，对具备重组价值的企业进行兼并重组，并按照依法合规、平等协商的原则，与被兼并重组企业债权人确定债务承接的具体办法。鼓励银行业金融机构按照《中国银监会办公厅关于做好银行业金融机构债权人委员会相关工作的通知》等文件规定，充分发挥债权人委员会作用，开展债务重组工作。对确有资金需求的兼并重组企业，鼓励银行业金融机构按照依法合规、自主决策、风险可控、商业可持续原则，采取银团贷款等方式，积极稳妥开展并购贷款业务，避免出现逃废债行为。利用山西省国有资本投资运营有限公司，进一步拓宽煤炭企业不良资产处置渠道。

（三）鼓励企业加大技术研发投入

山西省人民政府可在全省范围内设计较高金额的技术创新奖励，对于从事基础性技术创新，并取得成功的企业给予大幅度的奖励。鼓励企业加强煤炭开采利用技术的创新，大力开发煤炭开采、清洁高效利用、加工转化、综合利用的新工艺和新技术，使山西省的煤炭资源优势向技术领域扩展，形成煤炭技术和煤炭技术服务的新优势。可以考虑利用贴息的方式鼓励企业进行技术改造。企业在申请到技术改造贷款以后，可以进行大规模的设备更新，从而能够有力地促进企业技术水平的提高。值得指出的是，山西省在实施这一政策的时候，应加强对企业的监督，避免技术改造资金被挪为他用，从而导致难以发挥政策效果，同时不利于保障银行资金安全，带来金融风险。

（四）促进人才培养和引进

缺乏人才是山西省产业发展的最大短板，为弥补这一短板，应采取人才培养为主、人才引进为辅的方式，来满足山西省资源型产业发展的需求。加强山西省内的一些大学的建设，增加教育投资，同时为毕业大学生就业提供良好待遇和条件，吸引更多人才留在山西。由政府补贴企业进行员工培训，可以针对山西省产业结构和人才需求结构，有针对性地将一部分人才集中在省内或者派到省外进行培训。吸引更多人才，并创造好的条件留住人才。吸引人才的关键是为人才提供良好的发展空间，使其在事业上能够取得应有的成绩，同时保障其与家人的生活条件，包括收入水平、住房、社会保障和医疗服务等。

参考文献

[1] 国务院.关于支持山西省进一步深化改革促进资源型经济转型发展的意见 [Z]. 2017.

[2] 国家发展和改革委员会.山西省国家资源型经济转型综合配套改革试验总体方案 [Z]. 2012.

[3] 山西省发展和改革委员会.山西省国家资源型经济转型综合配套改革试验实施方案（2016－2020年）[Z]. 2016.

[4] 《山西煤炭工业志》编纂委员会.山西煤炭工业志（1978~2010）[M]. 北京：煤炭工业出版社，2015.

[5] 山西省社会科学院能源经济研究所.山西省"十三五"煤炭产业清洁、高效、低碳、绿色发展研究 [R]. 2015.

[6] 山西省经济与信息化委员会.山西省电力产业三年推进计划（2015~2017年）[Z]. 2015.

[7] 山西省经济和信息化委员会.山西省焦化产业三年推进计划（2015~2017年）[Z]. 2015.

[8] 吴斌.转型升级 节能减排 提质增效——"十三五"焦化企业生存发展的重中之重 [N]. 世界金属导报，2015－09－15（F01）.

[9] 山西省发展和改革委员会，山西省经济和信息化委员会.山西省"十三五"化学工业发展规划 [Z]. 2016.

[10] 山西省经济和信息化委员会.山西省煤化工产业2015年行动计划 [Z]. 2015.

[11] 山西省人民政府.山西省"十三五"循环经济发展规划 [Z]. 2016.

[12] 尹冰清，原磊.山西省资源型产业转型发展的方向与建议 [J]. 中国经贸导刊，2015（7）：37－40.

[13] 山西省发展和改革委员会，山西省煤炭工业厅. 山西省"十三五"煤炭工业发展规划 [Z]. 2017.

[14] 《当代世界煤炭工业》课题组. 当代世界煤炭工业发展趋势 [J]. 中国煤炭，2011（3）：119–124.

[15] 杨青龙，王奕錾. 国际煤炭市场定价格局：形成机制与演化趋势 [J]. 当代经济管理，2015（8）：40–46.

[16] 邱冠华，王剑，赵欣茹等. 黑金谢幕：山西债务风险探析 [R]. 国泰君安研究所银行组研究报告，2016.

[17] 吕梦琦. 中国完善煤炭价格指数发布　谋求国际话语权 [J]. 现代物流报，2013–05–27（007）.

[18] 王明华，蒋文化，韩一杰. 现代煤化工发展现状及问题分析 [J]. 化工进展，2017（8）：2882–2887.

[19] 国家发展和改革委员会，国家工业和信息化部. 现代煤化工产业创新发展布局方案 [Z]. 2017.

[20] 山西省商务厅. 山西省重点产业国际产能合作发展规划 [Z]. 2017.

[21] 国家工业和信息化部. 钢铁工业调整升级规划（2016~2020年）[Z]. 2016.

[22] 山西省经济和信息化委员会. 山西省"十三五"冶金工业发展规划（钢铁篇）[Z]. 2016.

[23] 陈燕燕，倪辉，濮奕. 钢铁行业去产能的国际经验及启示 [J]. 金融纵横，2017（3）：63–69.

[24] 国家工业和信息化部. 有色金属工业发展规划（2016–2020年）[Z]. 2016.

[25] 赵武壮. 建设世界有色金属工业强国的条件已具备 [N]. 中国有色金属报，2016–11–12（001）.

[26] 山西省经济和信息化委员会. 山西省"十三五"冶金工业发展规划（有色篇）[Z]. 2016.

第四章
山西省接续替代产业发展

建设国家资源型经济转型综合配套改革试验区是党中央、国务院在新时期赋予山西省的重大使命，是山西省的二次创业。促进资源型经济转型是综改试验区建设的重要支撑，产业是经济发展的主要内容；有效培育和发展接续替代产业，能有效引领产业结构转型升级，摆脱经济发展对煤炭的依赖，是促进山西省资源型经济转型的重要突破口。全力培育和发展接续替代产业，是山西省构建现代产业体系、促进资源型经济转型，以及在全国产业格局中重塑比较优势和竞争优势的必经之路。下文围绕国家产业政策及产业发展方向，着眼于资源型经济转型的核心目标，综合考虑各方面因素，确定适合山西省培育和发展的接续替代产业；深入发掘接续替代产业发展所面临的主要问题，着力探寻产业发展的方向和思路，为山西省构建中高端现代产业体系探索新路径和探寻资源型经济转型突破口提供思路。

一、山西省接续替代产业发展概况

培育和发展实力强劲的接续替代产业是实现山西省产业升级，促进资源型经济全面转型的主要途径之一。首先，接续替代产业的发展将为经济增长提供全新的动力，重塑山西省在市场竞争和区域分工中的比较优势，不断吸引各类生产要素向山西汇聚，有效带动关联产业快速发展。其次，接续替代产业的发展将使山西省摆脱对煤炭的依赖，为相关行业化解产能过剩、延伸产业链提供良好机遇。再次，接续替代产业的发展将显著提高山西省的资本存量和居民收入水平，逐步改善要素禀赋结构，为产业转型升级奠定基础。最后，接续替代产业的发展为山西省提供稳定的税收收入，为政府在生态治理、基础设施建设、公共服务水平提升等领域提供坚实的财政支撑，有效促进山西省资源型经济全面转型。因此，山西省应集中力量发展资源禀赋优、产业基础好、带动效应强、市场潜力大的接续替代产业，有效促进接续替代产业的尽快成长，逐步形成以传统优势产业为主导、接续替代产业全面发展的多元化产业格局，为资源型经济转型注入源头活水。

近年来，山西省资源型经济转型取得了一定成效，对煤炭的依赖逐渐减弱，接续替代产业发展迅速，已成为促进经济发展的重要力量。山西省接续替代产业总体规模不断扩大，产业新旧动能转化加快。第二产业和第三产业增加值在地区生产总值中比重逐年上升，2016年达到94.0%。在第二产业中，工业的主体地位突出，工业增加值占第二产业增加值比重达到82.3%。工业内部以煤炭为主的采矿业比重逐年下降，2010~2016年由60.5%下降到51.3%；制造业所占比重稳步上升，2016年制造业增加值占第二产业比重达到35.8%，较2010年上升了1.9个百分点（表4-1）。第三产业发展良好，2016年第三产业增加值占地区生产总值比重达到55.7%，较2010年上升17.6个百分点。接续替代产业呈现多元化发展趋势，装备制造、冶金等优势产业稳步提升；文化旅游、现代物流和金融业等服务业发展迅速；战略性新兴产业初具规模，新能源、新材料、新一代信息技术和节能环保等产业已经具备一定的产业基础，呈现出总量迅速攀升、对区域经济贡献率逐步提高的良好态势。接续替代产业创新驱动发展效果初显，高技术产业发展较快。2016年山西省高技术产业主营业务收入达到997亿元，较2015年增长15.3%；高技术产业出口交货值达到620亿元，较2015年增长37.8%。

表4-1　　　　2010年和2016年山西省工业增加值结构对比

年份	工业增加值（亿元）	采矿业（%）	制造业（%）	电力、热力、燃气及水生产和供应业（%）
2010	4591.4	60.5	33.9	5.6
2016	3948.9	51.3	35.8	12.9

资料来源：《山西统计年鉴（2017）》。

二、山西省接续替代产业存在的主要问题与障碍

虽然近年来山西省接续替代产业发展迅速，具备了一定的产业基础，但在培育产业链、优化空间布局和拓展产业发展空间等方面仍存在不足。

（一）主要问题

1. 产业链条有待延伸

山西省接续替代产业尚未形成前向和后向延伸的产业链。产业链上游高端环节实力较弱，接续替代产业自主创新能力和核心竞争能力不足，缺乏规模化和科技创新能力突出的领军企业，"高精尖"产品的集成创新能力明显不够，大部分行业仍处于引进技术、模仿制造阶段，缺乏转型动力，行业盈利水平较低。产业链下游仍需扩展，接续替代产业下游产品开发能力较弱，产品同质化现象突出，无法满足差异化的市场需求。产品开发理念滞后，不能精准契合市场需求的变化趋势，导致部分行业产能过剩严重。由于山西省接续替代产业缺乏完整的产业链条支撑，导致产业集聚水平较低，企业分工协作效应不明显，未能体现出规模竞争优势；不同产业之间协同发展程度较低，缺乏规模化和多样化的产业集群，不能有效发挥接续替代产业的带动效应。

2. 产业空间布局需要优化

山西省接续替代产业空间布局比较分散，尚未形成结构合理、竞争力突出的产业空间格局。中心城市太原缺乏大规模的接续替代产业集群，产业集聚水平有待提高，科技创新能力较弱，区域带动能力不足，未能体现出显著的辐射带动效应。大同、长治、阳泉等重点城市接续替代产业有待提升，产业基地建设滞后，未能形成实力强劲的产业空间支点，不利于发展现代产业体系。省内区域合作程度不高，企业同质化竞争问题仍较突出，空间分工和差异化经营格局尚未形成，未能实现空间上的优势互补，区域协同发展程度有待加深。

3. 产业发展空间仍需扩展

首先，由于用地指标限制、土地无序开发等问题，山西省用于产业发展的土地资源相对不足，制约了接续替代产业发展空间的扩展。其次，环境规制也限制了接续替代产业的扩展。"十三五"时期，国家深入贯彻绿色发展理念，出台了一系列环境保护的政策与措施，限制了接续替代产业的某些环节，抑制了行业的快速发展。再次，产业发展的区外空间急需开拓。虽然山西省处于中部地区，毗邻京津冀，同时受惠于国家"一带一路"倡议，但区位优势并未充分发挥，本地接续替代产业"走出去"的力度仍需加强，跨区域和跨国合作较少，省外和国际的市场和发展空间仍需进一步开拓。

（二）发展障碍

接续替代产业的快速发展需要交通物流、创新引领、金融保障、营商环境等全方位的配套支撑，山西省在这些方面均存在不足，抑制了资源型经济的快速转型。

1. 交通物流体系仍需提升

现代化的交通物流体系是接续替代产业发展的基本保障。近年来，山西省交通运输能力虽然有较大幅度提升，但仍滞后于经济社会发展的需要。2016年山西省铁路营运里程为5293.4千米，低于河南、河北、内蒙古等周边省份；高速公路里程为5265.0千米，位列中部六省的倒数第二位。交通基础设施网络尚不完善，技术等级、网络覆盖广度与通达深度均有待提高，区域间、方式间、方式内等结构性矛盾仍然突出。各种运输方式之间的有效衔接尚未完全形成，综合交通运输体系有待建立和强化。现代化的物流体系需要构建和完善，大型的物流中心和物流节点仍需建设和加强，物流通道建设还需提速。物流业与综合交通网络的衔接不充分，货物运输方式转化不顺畅，物流基础设施的系统性、兼容性和共享性较差，导致物流成本较高，造成较大的效益损失。

2. 区域创新能力有待加强

区域创新能力是接续替代产业发展的源头活水。《中国区域创新能力监测报告2016~2017》显示，山西省创新能力相对不足，区域创新水平指数得分低于全国平均水平，制约了本地接续替代产业的发展和升级。山西省创新投入相对不足，2016年研究与试验发展（R&D）经费投入强度仅为1.03%，低于全国平均水平1.08个百分点。自主创新能力弱，科技创新产出较少，2016年，有效发明专利数为5350件，仅占全国有效发明专利总数的0.7%。产学研融合程度不足，本地科技创新资源未能充分利用，2016年全省高等学校R&D经费内部支出为9.7亿元，其中来自企业的资金比重仅为16.4%，低于全国平均水平13.6个百分点。高素质的科技创新人才和高水平的科研团队缺乏，2016年研究与试验发展（R&D）人员为6.9万人，仅占全国的1.2%，其中拥有博士学位的人员比重为6.2%，低于全国平均水平0.3个百分点。

3. 金融体系支撑不足

完善高效的金融体系是接续替代产业发展的血脉。近年来，山西省不断深化金融改革，努力建设与实体经济相适应的现代金融体系，但与发达省份相比，还存在一定差距。首先是地方金融实力不强，法人机构数量偏少。2016年金融业增加值占地区生产总值的比重为9.3%，金融机构各项存贷款总额与地区生产总值的比值为3.9∶1，均较发达省份存在一定差距。2016年全省金融机构法人单位数为2883家，仅占全省法人单位总数的0.6%。其次是资本市场发展滞后。目前山西省仅有37家上市公司，仅占沪深上市公司总数的1.3%，多层次资本市场的构建任重道远。最后是金融要素市场发展较慢。交易平台发展相对滞后，市场活力不强，矿产、知识产权等交易市场尚未形成，与金融服务相配套的会计、评级、咨询等中介金融服务相对薄弱。

4. 营商环境亟待优化

营商环境是接续替代产业发展的必要条件，是吸引各类生产要素汇聚的基础；山西省的营商环境有待进一步优化。首先，政府的行政审批需要精简和规范，应进一步提高行政权力运行透明度和推动公共企事业单位办事公开，提升政务窗口服务效率，加强行政效能监察。其次，民营经济发展不活跃，对民间资本的市场准入需要放宽。最后，知识产权保护体系、中小微企业综合服务体系、公共资源交易平台的服务保障机制缺失，营商基础设施保障能力较差。

三、山西省接续替代产业的发展思路

（一）促进产业链延伸

产业链条的劣势制约了山西省接续替代产业的发展壮大。因此，有效延伸产业链、提高全产业链竞争力是山西省接续替代产业发展的必由之路。应依托存量补足产业链、延伸产业链，继续做强产业优势，提升价值链；统筹协调延长产业链，优化产业结构，促进产业协同发展；着重突出大企业和中小企业产业链互补，协同推进；既要发挥大企业的主力军作用，又要发挥中小企业的创新能力与活力；面向高端水准延伸产业链，准确把握新一轮科技革命和产业变革趋势，发挥产业后发优势，高起点、高技术、高标准延伸产业链；突出开放理念延伸产业链，有效抓住国家"一带一路"倡议、京津冀协同发展等重大历史机遇，积极融入区域合作和国际合作浪潮，站在更广阔、更前沿的视角延伸产业链。

（二）逐步优化产业布局

优化接续替代产业的空间布局，首先要做大做强省会太原的接续替代产业规模，增强其辐射带动作用。要依托各地区资源禀赋和产业基础，建设大规模产业基地，加速产业集聚，按照核心带动、轴带发展、节点提升、对接周边的原则，强化错位发展，推进协调发展，形成分工合理、良性互动的区域协调发展新格局。其次要科学合理布局产业项目，突出重点板块，加大招商引资力度，推动项目集约化和集群化发展。对于成长性好、市场空间大的重点企业项目，要积极帮助其加快建设进度、扩大规模、拓展市场。最后要统筹产业、空间、交通三大要素，以产业一体化为突破口，以交通基础设施一体化为保障，以城市群为空间载体，打造产业发展动力充足、交通高效便捷、生态友好、舒适宜人的网络化空间体系。

（三）加强区域合作和对外开放

山西省应把握"一带一路"倡议、京津冀协同发展和中部崛起战略等历史机遇，立足山西省区位优势，积极落实"东融、西进、南联、北合"的战略思路，加强与周边区域融合发展；全面对接国际市场，推动山西省接续替代产业与"一带一路"沿线国家的产能合作；有效发挥比较优势，与国际需求有机结合，以企业为主体、以市场为导向，加强政府统筹协调和引导推动，拓展接续替代产业发展新空间，推动全省经济结构调整和产业转型升级。

四、山西省接续替代产业的选择

综合考虑资源禀赋、产业基础、带动效应和市场潜力等因素，装备制造业、文化旅游产业、新能源和新材料等优势战略性新兴产业最终被确定为山西省的接续替代产业。

（一）资源禀赋

资源禀赋是产业发展的基础条件之一，深入分析山西省资源禀赋优势，对于接续替代产业的选择具有重要的意义。

首先，山西省矿产资源富集，为装备制造业和新材料产业发展奠定了基础。山西省是全国的矿产资源大省，全省查明资源储量的矿产中，具有资源优势并在经济社会发展中占有重要地位的矿产有煤、煤层气、铝土矿、铁矿、铜矿、金红石、冶金用白云岩、耐火黏土、熔剂用灰岩、芒硝等。锰、银、金、石墨、膨润土、高岭岩、石英岩（优质硅石）、含钾岩石、花岗岩、沸石等矿产也有着良好的勘查、开发前景。

其次，山西省文化旅游资源丰富，为文化旅游产业的发展提供了富饶的土壤。山西省特殊的地理环境造就了其独特的自然景观和人文景观。拥有丰富的山地旅游资源；河流多达1000余条，多条河流形成强烈的落差，造就了许多壮观的瀑布和峡谷景观；有多处溶洞和名泉；山、水、林、洞四项综合指标居全国前列。山西历史悠久，历史文化发展脉络清晰，框架完整，历经石器时代、尧舜禹时代、夏商周时代、春秋战国时代、秦汉时代、魏晋南北朝时代、隋唐及宋辽金元时代、明清时代，各时期历史遗存丰富。其中，史前文化遗存数量居全国各省（自治区、直辖市）第一位，已发现的旧石器文化遗址有260处（赵命柱，2001）；古建艺术、雕塑艺术和绘画艺术相得益彰；佛教文化、道教文化和儒家文化和谐统一；"黄土"和"黄河"特色民俗文化风情绚丽多彩。

最后，山西省风能、煤层气、太阳能、地热能等资源充足，为本地新能源产业发展提供了有力支撑。北部地区风能资源丰富，70米高度风能资源≥200瓦/平方米的技术开发量为2814万千瓦，特别是晋西北地区，位于山西省和内蒙古交界处风力较强，属于适宜开发风电场的区域。煤层气资源丰富，全省煤层气储量为10.39万亿立方米，位居全国各省（自治区、直辖市）第一位。全省六大煤田中，除大同煤田属贫甲烷区外，沁水、河东、西山、霍西、宁武等煤田均有煤层气赋存。太阳能资源较丰富，年平均太阳能辐射量为1624千瓦·时/平方米，在华北地区仅次于内蒙古。全省共有地热田25处，温泉和热水井451个，多分布在断陷盆地的隆起区和边山断裂带。地热可开采资源总量

1.41×10^{17} 千焦，折合标准煤 3.9×10^9 吨，处于全国中上游水平（山西省人民政府，2016）。

（二）产业基础

1. 装备制造业

山西省装备制造业发展具有一定的基础，规模持续增长。2015 年装备制造业实现增加值 441.6 亿元，占全省工业增加值的 10.4%，成为继煤炭、冶金之后的第三大支柱产业。装备制造业企业实力不断增强。截至 2015 年底，全省装备制造业规模以上企业达到 566 家，资产总计 2313 亿元，主营业务收入 1479.4 亿元，实现利润总额 60.9 亿元。其中，山西省轨道交通装备制造业已初步形成以中国中车股份有限公司所属的大同、太原、永济三大企业为主，以太原钢铁集团有限公司、太原重型机械集团有限公司、晋西工业集团有限责任公司等地方企业为辅的原材料、关键部件和整车组装等相互配套、较为完整的产业体系。

装备制造业竞争优势突出，轨道交通装备、重型机械、纺织机械、液压元器件和汽车制造等在全国劳动地域分工中占有重要地位。其中，轨道交通行业逐步形成全产业链的市场竞争优势。机车牵引变压器和动车车轮、车轴和轮对国内市场占有率在 90% 以上，轨道交通电机、变流器国内市场占有率在 50% 以上；XD2 型电力机车国内市场占有率在 20% 以上；重型机械国内市场占有绝对优势，300 吨以上大型冶金起重机国内市场占有率达到 90% 以上，标准斗容从 4 立方米到 75 立方米全系列矿用挖掘机国内市场占有率达 85% 以上，800～12500 吨特大型挤压机占国内市场份额的 80% 以上（山西省人民政府，2016）。

2. 文化旅游产业

山西省文化旅游产业的支柱地位不断凸显。旅游产业地位日益提升，支柱产业作用不断增强，经济贡献度日趋突出。2000～2016 年，全省旅游综合收入占地区生产总值比重由 4.4% 增加到 32.8%，2016 年高于全国平均水平 26.6 个百分点。2016 年山西省旅游业区位商高达 5.3（表 4-2）。

表 4-2　　　　　　2000~2016 年山西省旅游发展对经济的贡献度

年份	山西省			全国			山西省旅游业区位商
	旅游综合收入（亿元）	地区生产总值（亿元）	旅游综合入/地区生产总值（%）	旅游综合收入（亿元）	GDP（亿元）	旅游综合收入/GDP（%）	
2000	81.4	1868.1	4.4	4519	100280	4.5	0.98
2005	292.0	4299.8	6.8	7686	187319	4.1	1.66
2010	1083.5	9188.8	11.8	15700	413030	3.8	3.11
2015	3447.5	12802.6	26.9	40000	689052	5.9	4.56
2016	4247.1	12966.2	32.8	46000	744127	6.2	5.29

资料来源：根据《山西统计年鉴（2017）》、《中国统计年鉴（2017）》整理计算。

山西省大力实施文化强省战略，文化产业得到较快发展。2016 年全省文化及相关产业机构达到 7800 个，从业人员 6.07 万人；全省共有国家级文化产业示范基地 9 家、省级文化产业示范基地 41 家；公共图书馆 127 个、博物馆 140 个、群众艺术馆（文化馆）131 个、乡镇综合文化站 1196 个；广播电视台 114 座，电视台 2 座，中短波转播发射台 15 座，调频转播发射台 119 座，一百瓦以上电视转播发射台 145 座，广播人口覆盖率 98.6%，电视人口覆盖率 99.4%，有线电视用户 455.9 万户（山西省人民政府，2017）。

3. 优势战略性新兴产业

（1）新能源产业

山西省新能源产业基础良好，其中光伏产业和风电产业发展迅速，形成了以大同、朔州、忻州为中心的规模较大的光伏和风电基地；生物质能产业初具规模，形成了以晋中、临汾、晋城为主的生物质能推广基地。新能源研发与装备制造实力强劲，产业链条延伸初见成效。如在光伏领域，初步形成了包括多晶硅、硅棒、硅片、电池、组件、电站、应用系统的光伏产业链和多晶硅铸锭炉、多线切割机、硅料清洗机、光伏电池电极电镀装置等光伏装备制造能力；风电领域形成了风电电机、发电机控制装置、增速器、主轴、叶片、法兰、塔筒及整机制造的风电产业链（山西省人民政府，2016）。

（2）新材料产业

山西省新材料产业竞争力与日俱增，产业规模稳步扩大，初步形成了较为完整的新材料产业体系，布局建设了富士康太原科技工业园、太原不锈钢园区、河津、交城夏家营等一批重点新材料产业园区。不锈钢已形成 400 万吨生产能力，规模跃居亚洲最大；煤系高岭土深加工产品年产量达到60万吨左右，居国内第一位，成为全球主要产地；钕铁硼永磁材料产量占到全国的1/7，行业市场竞争力较强。镁金属合金材料及制品的研发应用居国内前沿水平，太钢高性能特殊钢在高速铁路、核电等多个领域占有较大市场份额（山西省人民政府，2016）；部分领军企业实力强劲，山西太钢不锈钢股份有限公司、山西闻喜银光镁业集团、中条山有色金属集团有限公司等企业国内影响力较大，山西晋投玄武岩开发有限公司、山西兰花科技创业股份有限公司、山西三元炭素有限责任公司等优势企业发展迅速。

（三）带动效应

1. 装备制造业

装备制造业带动能力突出，先进的装备制造业是各工业部门调整转型、优化升级的物质基础和重要保障。装备制造业的发展对煤炭开采加工、冶金、新能源等产业的提升作用明显，产业装备的升级将有效提升劳动生产率水平和产业竞争力，为产业转型升级打下坚实的基础。信息化是装备制造业的发展和升级方向，装备制造业将会在生产过程自动化、企业管理信息化等方面对信息技术产生巨大需求，可以有效促进本地信息产业的发展和信息化水平的提高。随着装备制造业的快速发展，相关产品将涌入国内和国际市场，物流量将大幅攀升，将为物流产业发展注入新的动力，有力支撑山西省现代物流体系的构建与提升。

2. 文化旅游产业

文化旅游产业带动效果显著，该产业的发展将吸引大量外来游客，有效促进本地住宿餐饮、批发零售等消费性服务业的发展。文化旅游产业的宣传效应突出，能显著提高地区知名度和美誉度，有效带动地方食品等产业发展。不仅有利于山西省酿酒、食醋、乳品等传统食品产业的市场扩展，还有利于小杂粮、干鲜果蔬和功能食品等以浓郁地域品牌为支撑的特色食品产业的快速发展。同时，文化旅游产业的富民效果显著，是普惠民生的重要领域，可以使更多的城乡居民参与其中，分享文化旅游产业所带来的经济"蛋糕"，有效提高本地居民的收入水平。

3. 优势战略性新兴产业

——新能源产业。新能源产业的发展将有效满足本地的能源需求，有力支撑装备制造等产业的升级和发展，为山西省资源型经济转型提供清洁能源保障。风能、光伏等产业扶贫效果显著，可以统筹推进新能源产业发展、生态环境治理和农民增收，有效改善农村居民的生产生活条件，帮助贫困地区脱贫致富。

——新材料产业。新材料产业的快速发展，将有效支撑轨道交通、电子、新能源汽车等下游行业的发展，有利于加快山西省资源型经济转型。新材料产业能源消耗较大，可以有效消化煤炭、电力的过剩产能，为山西省资源型经济转型奠定基础。部分新材料产业的生产基地分布在贫困山区，可以为当地提供较多的产值和就业，扶贫效果显著。

（四）市场潜力

1. 装备制造业

装备制造业市场潜力较大，山西省采矿、冶金等产业对高端装备制造业产品需求旺盛，本地市场需求支撑坚实。同时，随着"一带一路"倡议的深入推进，国际产能合作战略的实施，将为山西省装备制造业的发展带来广阔的国际市场。山西省公路建设基本实现了城乡交通一体化，铁路南北贯通，拥有太原航空港，形成了贯通东南西北、延伸周边地区、联结海外的现代化交通网络。物流体系日益完善，已建成山西万昌国际物流园区、山西穗华物流产业园、山西兰花国际物流园区等支点。交通运输网络和物流体系的日益完善，使山西省装备制造业能更好地对接国内外的市场需求，为山西省装备制造业产品走向国内外提供了广阔的通道。

2. 文化旅游产业

文化旅游产业潜力广阔，随着全面建成小康社会深入推进、城乡居民收入稳步增长、带薪休假制度不断完善、消费结构加速升级，文化旅游消费得到快速释放，为文化旅游产业发展奠定了良好的需求基础。同时，山西省基础设施条件不断改善，航空、高速铁路、高速公路等快速发展，为山西省文化旅游产业发展提供了便利条件。

3. 优势战略性新兴产业

——新能源产业。在新时期我国将深入贯彻绿色发展理念，清洁能源的市场需求前景广阔。山西省区位优势明显，是京津冀协同发展战略和中部崛起战略重要的能源基地，也是环渤海经济区清洁能源的重要供应地，具备多种清洁能源捆绑式输出的有利条件，未来山西省将成为华北地区最重要的综合能源基地。

——新材料产业。新时期国内节能环保、新一代信息技术、新能源等战略性新兴产业的培育发展，以及冶金、建材等优势产业改造提升步伐的进一步加快，将带动一大批新型材料产品更新换代，高性能功能材料和高端材料成为未来发展的重点领域，为山西省新材料产业提供了广阔的市场空间。

五、山西省接续替代产业发展的重点

（一）装备制造业

装备制造业是山西省的传统优势产业，发展基础好、技术优势足、带动能力强。新时期应积极紧扣创新驱动、布局优化、两化融合等先进理念，大力发展和升级装备制造业，把装备制造业打造成为山西省经济转型升级的重要抓手，将山西省建成领先全国、影响世界的装备制造产业基地。

1. 打造贯穿全省的轨道交通装备产业带，开辟行业发展国际新空间

以高速铁路及其配套设施为重点延长产业链，打造轨道交通装备产业集群。全力发展与高速列车配套的电机、车轴、车轮、轮对和传动系统等产品，重点攻关动车组轮对总成、齿轮箱等关键零部件，提升动车组轮轴用钢、动车组轮轴加工等技术，研制先进可靠适用的轻量化、模块化、谱系化产品，进一步提高整车配套和研制能力。以太原、大同、运城三大轨道交通装备制造基地为支点，构建贯穿全省的轨道交通装备产业带，有效汇聚省内各地资源，打造产业发展主轴线。以大同为桥头堡，主动融入"一带一路"合作，开辟行业发展的国际新空间，探索山西省制造业转型升级新模式。

2. 大力发展涉煤装备制造，支撑煤炭行业产业链延伸与升级

着力打造集煤机装备、煤化工装备和煤层气装备为一体的涉煤装备制造体系，引领煤炭开采、煤炭深加工、能源发掘等领域的快速发展，有力支撑山西省煤炭产业的升级改造，大幅提升煤炭资源利用效率。以晋中、晋东、晋北三大基地建设为抓手，着眼于发展适用各类煤层和各种复杂地质条件下的"三机一架"[①]自动化、智能化成套装备，打造极具竞争力的煤机产业集群；建立以太原为核心，以煤炭气化炉和合成反应器为主要产品，涵盖产品研发设计制造全产业链体系的煤化工装备制造基地；建设太原、晋城两大煤层气装备制造基地，构建覆盖煤层气勘探开采、生产加工、输送利用的全产业链装备制造业体系。

3. 提升传统优势产业的自主创新能力，稳步提高行业竞争力

大幅提升重型机械、汽车制造和纺织机械等传统优势产业的自主创新能力，构建多样化的产业集群，显著提升行业竞争力水平。重型机械着眼于提升起重设备、挖掘设备、冷轧设备、挤压设备和特种设备的自主创新能力，有效发挥辐射带动作用，带动配套产业发展；汽车制造着眼于丰富产品种类，打造重型卡车、专用汽车和乘用车协调发展的产品种类体系，培育核心技术的自主创新能力，有效提升产品的档次和质量；纺织机械要以智能制造为核心，加大自主创新力度，着眼于用户个性化需求和高品质产品性能要求，在我国产能较弱的高端纺织机械领域有所作为。

（二）文化旅游产业

文化和旅游两大产业逐渐成为世界主要国家和地区优先发展的绿色朝阳产业。山西省应大力发掘三晋历史文化的深厚底蕴，加大保护和利用历史文化遗产力度，推动文化与旅游融合发展，推进旅游资源整合和科学规划布局，打造特色文化旅游产品，使文化旅游产业成为山西省资源型经济转型的重要抓手。

1. 加大和优化文化旅游产业建设投入，提升行业品质与核心竞争力

加强旅游资源整合，打造黄河、长城、太行山三大旅游板块，建设有核心

[①] 指掘进机、采煤机、刮板运输机和液压支架。

竞争力和重大影响力的龙头企业和旅游品牌。通过国际化标准的旅游设施建设和旅游服务提供,形成一系列优质的旅游线路、旅游城市、旅游目的地、旅游企业品牌。加强省内地区之间合作,发挥集聚优势,以重点旅游节点为依托加强省内各地区之间的旅游合作,开辟贯穿全省的精品文化旅游线路,针对不同类型的消费者开发差异化产品。丰富旅游产品种类,积极发展休闲度假旅游、研学旅游、工业旅游等新产品。推动旅游服务向观光、休闲、度假并重转变,提升旅游的内涵和附加值。

2. 促进文化旅游融合发展,扩大文化产业的规模和种类

促进文化与旅游产业有效融合,缓解山西省文化产业规模小、布局分散、企业实力不强、产品结构单一等问题。依托主要旅游节点和旅游线路,推动艺术表演、文化创意、商务会展与旅游活动的融合发展,培育建设一批极具特色的文化旅游综合体。

3. 顺应国家发展趋势,加强省外区域合作

把握国家"一带一路"倡议、京津冀协同发展战略等契机,加强与周边省份在文化旅游领域的交流,有效吸引外部文化旅游投资。巩固提升与有关省市联合成立的"美丽中国·古老长城""美丽中国·天下黄河""美丽中国·陆上丝绸之路"等文化旅游联盟,开展国内区域文化旅游合作,形成多方共赢的局面。

(三) 优势战略性新兴产业

1. 新能源产业

推动能源供给、消费和技术革命,打造能源革命排头兵,是国家在新时代赋予山西省的重大任务。优化能源产业结构、建设新能源发电基地是重要实现途径。山西省新能源产业发展的资源条件良好,产业基础坚实,大力发展新能源产业将成为资源型经济转型的重要突破口。

(1) 实施创新引领发展,提升行业核心竞争力。作为全国重要的能源基地,山西省聚集了一大批高端能源技术研究机构。山西省应有效发挥太原重工股份有限公司、山西汾西重工有限责任公司等老牌工业企业的优势,汇聚高端研发人才,推动风电装备研发设计,攻克大功率风电机组成套技术瓶颈。推动山西晋能集团有限公司和山西潞安矿业（集团）有限责任公司等建立高标准光伏产业链，坚持引进技术和自主研发相结合，进一步提高电池光电转换效率。大胆尝试创新，引导优势资源，发挥市场决定性作用，集聚先进技术、产品和管理机制，推进新能源产业高质量发展。

（2）优化空间布局，显著提升行业竞争优势。依托太原、长治的技术优势和产业基础，打造新能源研发、装备制造和光伏材料生产基地；建设以大同、朔州、忻州为中心的光伏基地；建设晋西北、吕梁、中条山风电场，以及晋北千万千瓦级风力发电基地；着力打造以晋中、临汾、晋城为主的生物质能推广基地。

（3）开拓外部市场空间，打造辐射华北的新能源基地。构建多样化能源体系，提升清洁能源的供给能力。坚持本地消纳和外送相结合的原则，一方面通过政策导向和技术创新扩大新能源的本地消纳能力，满足山西省资源型经济转型的清洁能源需求。另一方面，积极开拓外部市场空间，着眼于京津冀和中原经济区清洁能源的巨大市场需求，协调新能源发电基地与外送通道建设，合理配置电力系统内的各类调峰电源，提高新能源电力外送能力和经济性，打造辐射华北的新能源基地。

2. 新材料产业

新材料产业是山西省战略性新兴产业的重要组成部分，也是重点培育发展的新兴接续替代产业之一。相对于传统材料而言，新材料市场前景广阔、经济效益显著、产业带动效应明显，有助于促进传统产业转型升级，构建区域竞争的新优势。为加快提升新型材料产业核心竞争力，培育新的经济增长点，山西省应构建适应资源型经济转型的现代产业体系。

（1）促进产学研融合发展，有效提升自主创新能力。鼓励有实力的新型材料企业与太原理工大学、太原科技大学、中北大学、中国电子科技集团公司第三十三研究所、中国科学院山西煤炭化学研究所等有实力的高校和科研院所展开产学研合作，探索建立不锈钢、镁业、磁材等产业战略联盟或产品中试基地，开发产业基础好、市场潜力大的关键新型材料，推广应用规模化制备的成套技术与装备，加快重点领域和关键技术率先突破，带动产业综合实力和竞争力全面提升。

（2）构建完整产业链条，显著提升行业竞争力。着眼于铝镁合金、铝合金材料和钕铁硼永磁等优势和潜力突出的新材料行业，以重大项目为支撑，培育完善产业链，打造一批极具竞争力的新型材料产业集聚区。依托太原和运城两大镁合金材料产业基地,发挥山西闻喜银光镁业集团、太原市康镁科技发展有限公司等龙头企业的引领作用,整合区域金属镁资源,突破关键技术,逐步进入高端镁合金深加工领域,重点发展镁合金新型材料及其制品等深加工产业链,大幅提升镁合金产业的核心竞争力。依托山西省南部、中部和西部铝产业基地,强化煤电铝加工一体化发展,加快向高强高韧铝合金、高端精深铝合金加工领域进军。针对战略性新兴产业的发展需求,重点发展轨道交通用大型铝合金型材、太阳能发电用铝材、汽车车身用铝合金材料等高端材料。有效带动下游产业发展,打造铝土矿—煤炭—电力—氧化铝—电解铝—铝材加工的产业链。依托太原、运城两大钕铁硼永磁材料产业基地,发挥龙头企业的技术优势,优化钕铁硼永磁材料结构,改进创新工艺技术和装备,打造一批具有较强竞争力的高新技术特色产品群。

六、山西省接续替代产业发展的对策

(一) 主动融入京津冀协同发展

首先,以基础设施建设为重要抓手,实现山西省与京津冀基础设施互联互通,大幅度缩短时空距离,为山西省有效融入京津冀协同发展奠定基础。其次,针对京津冀的产业发展方向和主要市场需求,着力打造技术成果转化基地、新兴产业承接基地、旅游休闲度假基地、商贸物流集散基地,实现京津冀协同发展与山西省接续替代产业发展有机统一。最后,针对京津冀所面临的主要问题,进一步创新生态环境保障、洁净能源保障、绿色食品保障等方面的合作机制,深化山西省与京津冀的交流合作水平,为本地接续替代产业的发展创造机遇。

(二) 构建完善的产业扶持机制

以招商引资为抓手,着力引入符合本地接续替代产业发展方向的企业和项目。对符合条件的接续替代产业龙头企业,在项目审核、土地利用、贷款融资、技术开发等方面给予支持,因地制宜探索各具特色的产业发展模式。有效将政府的投资带动作用与激发市场活力相结合,为重点项目提供投资补助和贴息贷款,建立稳定的财政投入增长机制,引导和鼓励各类生产要素向接续替代产业集聚。制定和落实税收扶持政策，对接续替代产业的新办微型企业和鼓励类中小企业提供税收补贴，减轻企业负担。

（三）加强交通物流体系建设

实施重大交通基础设施建设工程，构建现代综合交通运输体系。完善综合运输通道、市际交通、对外交通骨干网络，建设城市群综合交通枢纽。鼓励通用航空发展，逐步完善通用航空机场布局，与民用运输机场构成层次清晰、功能完善、结构合理的机场布局结构。着力打造铁路、公路、机场、轨道交通综合交通网络构架。依托交通网络体系，加快重大物流载体和物流通道建设，重点打造山西省中部、北部、南部三大现代物流业密集区。积极建设物流总部基地和功能聚集区，形成大宗商品物流、制造业物流、城乡配送物流协调发展的现代物流产业体系。

（四）显著增强自主创新能力

以推进国家创新驱动发展战略的山西行动计划为抓手，以增强创新能力为核心，提升区域创新体系整体效能。坚持自主创新与引进相结合的道路，在制约发展的关键技术和共性技术方面取得重大突破。有效借助外部科技资源，加强与省外高等院校、科研机构、企业的合作与交流，完善创新平台，鼓励在山西省建立成果转化中心，加快省外科研成果在山西省的转化。大力培养和引进创新人才，坚持招商与招才并举、引资与引智并重，构建更有吸引力的人才团队引进政策体系，建立起一支具有山西特色的科技人才队伍，为山西省创新驱动发展注入源头活水。

（五）进一步完善投融资体制

着力提高政府投资的引导作用，完善产业投资引导基金和政府股权投资基金运行机制，吸引民间社会资本参与，有效促进本地接续产业发展。进一步放开民间投资领域，放宽民营企业准入条件，科学引导与监管民间资本投融资活动，打通民间投资在产业发展、科技创新等领域的投资通道，大力推动民营经济快速发展和转型升级。充分发挥金融对接续替代产业的支撑作用，不断深化金融改革和创新，努力构建现代金融服务体系，做大做强城市商业银行，大力发展村镇银行。充分利用多层次资本市场，引导企业利用资本市场上市挂牌、融资交易、并购重组，加速创业资本流动，进一步完善阶段化、层次化的产业链条服务。

（六）有效优化行政服务环境

1. 着力简化企业审批程序

2016 年山西省企业经营环境指数为 3.33，在全国大陆 31 个省（自治区、直辖市）中名列第 29 位，仅高于青海和新疆（王小鲁，樊纲，马光荣，2017）。应以转变政府职能为核心，推进"放管服"[①] 改革，做好简政放权、放管结合、优化服务。推动简化行政审批、优化管理流程，变审批为服务，降低制度性交易成本，为接续替代产业的发展培育公平竞争的土壤。

2. 有效规范市场经济秩序

加强工商、物价等综合执法检查力度，维护市场和价格总水平稳定。落实降低实体经济企业成本的政策措施，清理和规范涉企行政事业性收费，减轻企业负担。激发企业家精神，依法保护企业家财产权和创新收益。加大政策宣讲、调研、培训和信息公开力度，引导企业更好地学习和用足用活用好政策，把握投资信息。

3. 创新管理服务方式

推动互联网及其创新成果的广泛应用，打造"智慧政务"服务，推动政府职能转变，探索企业创新与城市管理融合发展的产业组织方式，提升服务水平。

参考文献

[1] 安树伟，郭文炯，安祥生等．山西经济地理 [M]．北京：经济管理出版社，2018．

[2] 山西省人民政府．山西省"十三五"战略性新兴产业发展规划

---

① 简政放权、放管结合、优化服务的简称。"放"即简政放权，降低准入门槛；"管"即公正监管，促进公平竞争；"服"即高效服务，营造便利环境。

[Z]．2016．

[3] 赵命柱．山西旅游资源的五个完美统一[J]．山西政报，2001（2）：19－22．

[4] 山西省人民政府．山西省"十三五"新能源产业发展规划[Z]．2016．

[5] 山西省人民政府．山西省"十三五"装备制造业发展规划[Z]．2016．

[6] 山西省人民政府．山西省"十三五"文化强省规划[Z]．2016．

[7] 山西省人民政府．山西省"十三五"新材料产业发展规划[Z]．2016．

[8] 郅润明．山西旅游业发展研究[M]．太原：山西人民出版社，2008．

[9] 张世满．2015～2016年山西旅游发展分析与展望[M]．太原：山西经济出版社，2016．

[10] 王小鲁，樊纲，马光荣．中国分省企业经营环境指数2017年报告[M]．北京：社会科学文献出版社，2017．

第五章
山西省资源型经济转型的区域突破

目前,山西省正处于资源型经济转型的关键时期,经济结构和发展模式将发生深刻变化。区域经济发展是经济增长在空间上的具体表现,探寻经济转型的区域突破口无疑是推动山西省资源型经济转型的重要方面。山西省资源型经济转型区域突破发展研究,就是要在分析经济活动区域空间格局的基础上,依据市场规律识别出支撑资源型经济转型的战略性区域,指明在战略性区域通过新区设立、开发区整合扩区、城镇组群等方式拓展区域发展新空间,打造资源型经济转型的空间载体,以推动资源型经济顺利转型。

一、山西省经济活动的区域空间格局变化

2006年以来,山西省区域经济发展格局发生了较大变化,下文主要从两个层面分析经济活动分布的空间格局变化。一是以全省为研究对象分析经济活动的布局变化和集聚程度变化;二是以全省11个地级行政单元为对象,分析经济活动在各地级市的集聚状况。考虑到第一产业发展受自然因素影响较大,在空间布局上变化和集聚发展的可能性小,故只选取了第二产业增加值和第三产业增加值进行分析。

（一）经济活动在全省范围内由南向北移动

总体上，山西省经济活动集中分布在中部地带，[①] 中部地带面积占全省的38.9%，2016年地区生产总值9063.45亿元，占全省66.5%；东部地带和西部地带面积分别占全省的36.1%和25.0%，2016年地区生产总值占全省的比重分别为26.7%和6.8%。

为了进一步分析山西经济活动分布的区域空间格局及其变化状况，本书采用加权标准差椭圆方法，基于山西省106个县（市）的空间区位，用各县（市）的第二产业和第三产业增加值表示相应的权重，计算第二产业、第三产业空间分布的标准差椭圆。鉴于统计数据的可得性，对经济活动分布研究始于2006年。各县（市）第二产业和第三产业增加值数据来源于《山西统计年鉴》（2007~2017），县（市）区位经纬度数据来源于Google Earth，所涉及的空间计算主要基于ArcGIS 10.5展开，空间参考为Albers投影（中央经线为105°E，标准纬线为25°N、47°N）。

结果表明，山西省第二产业增加值的空间分布与其足迹空间——城市相比略微偏东，第二产业增加值分布中心位于城市分布中心的东侧。2006~2016年第二产业增加值空间分布总体由南向北偏东方向移动，且方位角发生小幅度逆时针旋转，2006年第二产业增加值空间分布中心位于平遥县与沁源县的交界处，2016年分布中心向北移动到平遥县与祁县的交界处（图5-1）。第二产业增加值分布椭圆由南向北偏东方向移动，一方面因为位于椭圆内部东侧的长子县、屯留县、安泽县、沁源县、沁县、寿阳县、和顺县第二产业增加值增长幅度较大；另一方面因为位于椭圆外部偏北的天镇县、右玉县、朔州市辖区、神池县、宁武县、应县、繁峙县、五台县第二产业增加值增长幅度较大。分布椭圆发生小幅度逆时针旋转则是由于位于椭圆外部西北部的临县、兴县、保德县、岢岚县第二产业增加值增长幅度较大。2009年第二产业增加值分布椭圆向东偏南方向移动，原因是受2008年国际金融危机影响，山西省大部分县（市）第二产业增加值出

[①] 学术界将山西省划分为中、东、西三大地带，中部地带主要由大同盆地、忻州盆地、太原盆地、临汾盆地、运城盆地5大盆地和丘陵区组成，包括太原、大同、朔州、忻州、晋中、临汾、运城、吕梁的56个县（市、区），面积6.11万平方千米；东部地带主要由恒山、五台山、系舟山、太行山、太岳山以及山间盆地等组成，包括大同、晋中、阳泉、临汾、运城、长治、晋城的39个县（市、区），面积5.66万平方千米；西部地带主要由吕梁山和晋西黄土丘陵区组成，包括太原、忻州、临汾、吕梁的24个县（市、区），面积3.93万平方千米（郭文炯，2003）。

现了负增长，而位于山西省东部的阳泉市辖区、平定县、盂县以及东南部的平顺县、黎城县、壶关县、武乡县、陵川县第二产业增加值仍保持了小幅度的增长。2014~2016年第二产业增加值分布椭圆向南移动，并不是因为南部县（市）第二产业增加值增长幅度上升，而是因为北部原来增长较快的县（市）变为负增长。

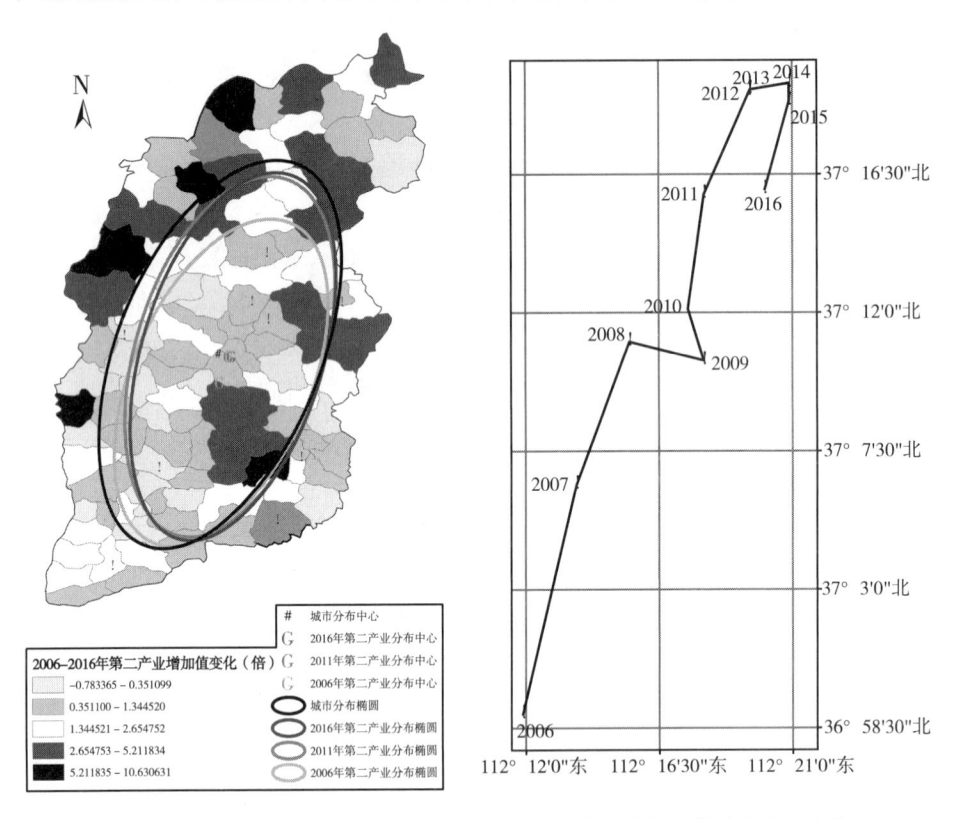

图 5-1　2006~2016年山西省第二产业增加值空间分布及其分布中心变化

第三产业增加值空间分布的变化趋势与第二产业增加值基本一致，即由南向北偏东方向移动，且方位角发生小幅度逆时针旋转。不同的是，第三产业空间分布比第二产业整体偏北，2006年第三产业空间分布中心位于平遥县与祁县的交界处，第二产业分布中心位于平遥县与沁源县的交界处；2016年第三产业、第二产业的分布中心分别向北移动到祁县北部地区、平遥县与祁县的交界处（图5-1、图5-2）。第三产业增加值分布椭圆由南向北偏东方向移动，一方面因为位于椭圆内部东侧的沁水县、长子县、屯留县、沁源县、襄垣县、武乡县、寿阳县第三产业增加值增长幅度较大；另一方面因为位于椭圆外部北边的朔州市辖区、右玉县、山阴县、代县、应县、繁峙县、大同市辖区、左云县、广灵县第三产业增加值增长幅度较大。分布椭圆发生小幅度逆时针旋转，则是由于位于椭圆外部西北部的偏关县、神池县、五寨县、岢岚县、兴县、方山县，以及东南部的晋城市辖区、长治县第三产业增加值增长幅度较大。2014年第三产业增加值分布椭圆向南移动，主要是因为原来增长幅度较大的朔州市辖区、右玉县、山阴县、代县、应县等地区第三产业增加值出现了负增长。

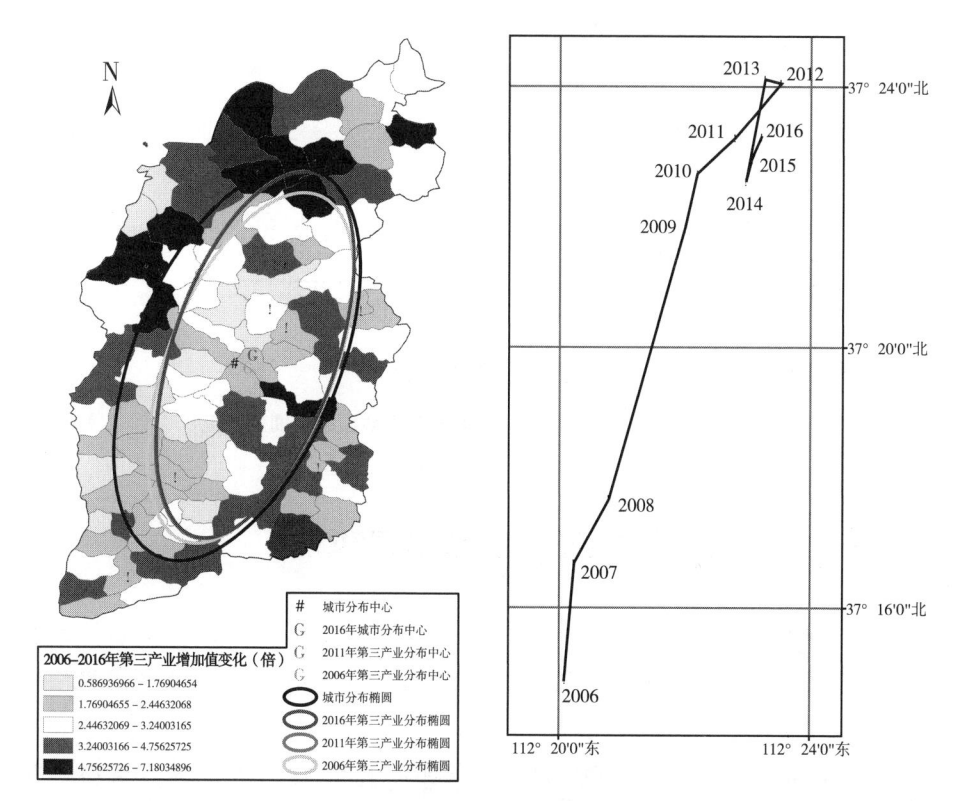

图5-2 2006~2016年山西省第三产业增加值空间分布及其分布中心变化

（二）全省范围内经济活动集聚程度降低

为了分析经济活动在空间上集聚程度的变化，本书计算了第二产业和第三产业增加值相对于城市的足迹空间聚集度。① 结果显示，山西经济活动的集聚

---

① 本书将空间聚集度定义为 $A = \left| 1 - \dfrac{\text{Area（要素分布椭圆）}}{\text{Area（基准分布椭圆）}} \right|$，A越大表明聚集程度越高。

程度总体呈下降趋势，且第二产业增加值的足迹空间聚集程度低于第三产业（图5-3）。2006年第二产业足迹空间聚集度为0.257，2016年下降为0.175，其中，2006~2014年聚集度持续下降，2014年之后出现较大幅度上升趋势。2006~2016年第三产业足迹空间聚集度由0.280变为0.270，集聚程度变化不明显，只是略微降低。

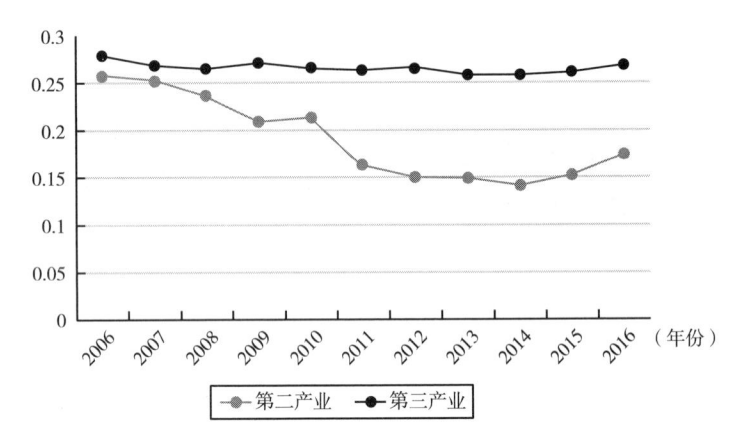

图5-3　2006~2016年山西省经济活动足迹空间聚集度

（三）地级市域范围内经济活动集聚程度较低

考虑到第一产业的特殊性，同样使用各地级市市辖区第二产业和第三产业增加值占全市的比重衡量各市经济活动在空间上的集聚状况，比重高表明经济活动集聚程度高，比重提高表明经济活动呈集聚发展趋势。

2006~2016年，除大同和朔州外，其他地区第三产业的聚集程度均高于第二产业，大同市辖区第二产业增加值占全市的比重高于第三产业约3个百分点，朔州市辖区第二产业增加值占全市的比重最多高于第三产业15个百分点，但从2015年开始第二产业增加值占全市的比重低于第三产业。不同地级市市辖区第二产业和第三产业增加值占全市的比重差异较大，这既与各地经济发展状况相关，也受行政区划、中心城市功能等因素影响。总体上，太原和大同经济活动的空间聚集程度较高，2016年太原市辖区第二产业和第三产业增加值占全市的比重分别为90.8%和95.7%，大同市辖区第二产业和第三产业增加值占全市的比重均高于80%；吕梁市经济活动在空间上的聚集程度偏低，2016年吕梁市辖区第二产业增加值占全市的比重仅为3.0%，第三产业增加值比重为 13.4%（图 5-4、图 5-5）。

从变化趋势看，2006~2016 年，太原市辖区第二产业增加值占全市的比重在波动中呈上升趋势，第三产业增加值比重也逐步缓慢上升，表明太原经济活动的集聚程度在不断提高，当然这与太原是山西省的省会城市紧密相关；大同市辖区第二产业和第三产业增加值占全市的比重在 2010 年之后没有发生明显变化；阳泉市辖区第二产业增加值占全市的比重呈下降趋势，第三产业增加值比重波动较大但整体呈上升趋势；长治市辖区第二产业增加值占全市的比重以 2011 年为转折呈"V"型变化，但整体是降低的，第三产业增加值比重呈下降趋势；晋城和运城市辖区第二产业增加值占全市的比重逐步上升，第三产业增加值比重虽波动较大但也呈上升态势，说明晋城和运城的经济活动呈集聚发展趋势；朔州和吕梁市辖区第二产业增加值占全市的比重下降趋势明显，第三产业增加值比重整体是上升的，但最近几年呈下降趋势；晋中市辖区第二产业和第三产业增加值占全市的比重均在波动中呈下降趋势，这与其距离太原近有很大关系；忻州市辖区第二产业增加值占全市的比重在波动中下降，第三产业增加值比重在波动中缓慢上升；临汾市辖区第二产业增加值占全市的比重持续下降，第三产业比重在波动中下降。除太原、大同、阳泉外，山西省地级市域范围内经济活动的集聚程度较低，且大部分区域集聚程度还呈不断下降趋势，只有太原、晋城和运城市辖区第二产业、第三产业增加值占全市的比重是同时上升的。由此可见，山西省各地级市作为区域性中心城市的极化作用不强，同时也很难发挥对周边地区的辐射带动作用。

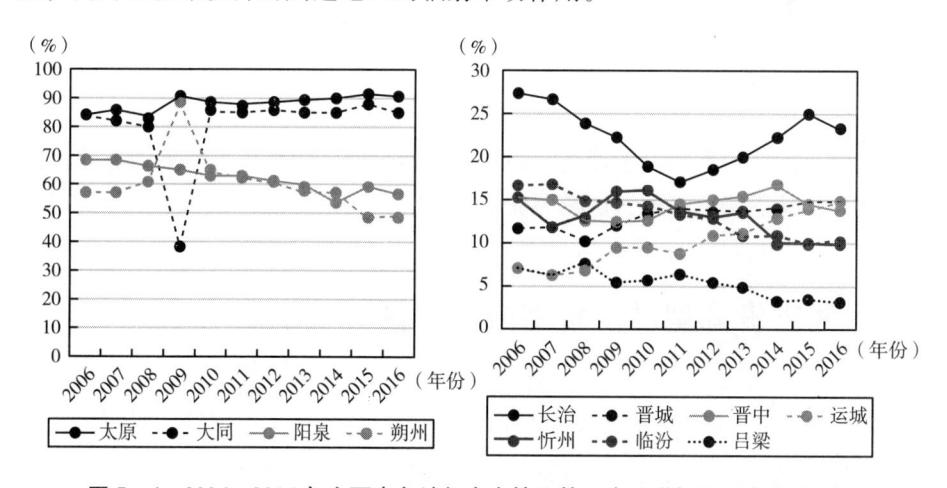

图 5-4　2006~2016 年山西省各地级市市辖区第二产业增加值占全市的比重

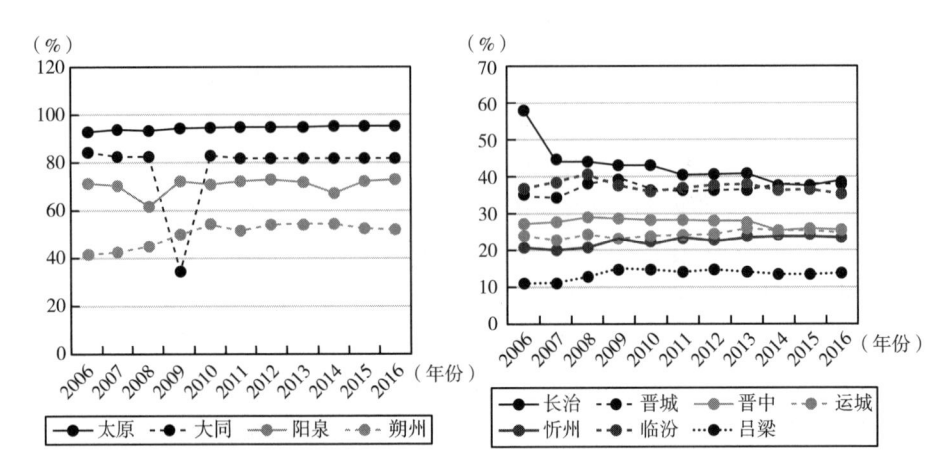

图 5-5　2006~2016 年山西省各地级市市辖区第三产业增加值占全市的比重

上述分析表明，2006~2016 年山西经济活动的空间分布总体由南向北偏东方向移动，且方位角发生小幅度逆时针旋转；无论从全省还是地级市范围看，经济活动的足迹空间集聚程度都较低，且集聚程度呈下降趋势。山西经济活动空间格局的变动及其集聚程度低的特点，与其以资源型经济为主体的经济结构有关。一方面资源型经济本身受资源的空间分布影响而布局松散；另一方面山西省多数县（市）以资源型产业为主，区域分割、恶性竞争等地方保护主义现象盛行，阻碍了要素的自由流动和经济集聚发展。事实上，经济集聚是经济发展在空间上的一个突出特征，从世界范围看生产主要集中在少数大城市、发达省份和富裕国家，全球土地面积 1.5% 的区域囊括了世界一半的生产活动（世界银行，2009），中国经济活动也表现为向沿海和城市群地区高度聚集的趋向。因此，在资源型经济转型过程中，山西省不仅应通过开发区设立、扩区增容等方式拓展物理发展新空间，更应通过促进经济集聚发展的方式提高经济效率，从内涵上拓展区域发展新空间。

二、山西省资源型经济转型战略性区域的识别

任何经济发展战略都必须在空间上确定发展战略的支撑区域，只有确立了具体支撑区域，经济发展战略才能得到有效执行，识别战略性区域是落实山西省资源型经济转型的重要举措。鉴于省域范围内地级市是经济发展的重要支撑，因此认定地级市市辖区均为山西省资源型经济转型中的战略性区域，下文

对战略性区域的筛选只针对县和县级市。

（一）战略性区域的筛选指标

县级战略性区域应具有以下特征：一是自身经济实力较强；二是近年来经济增长迅速；三是有能够支撑县域经济持续较长时间发展的特色产业；四是与其他地区的区际联系较为密切。对于推动山西省资源型经济转型的战略性区域，需从结构转换和要素集聚两个角度分析，两者分别从发展阶段和市场选择方面反映区域发展潜力（侯永志，张永生等，2015）。首先，战略性区域必须是处于经济结构快速变动的地区，高速工业化和城镇化能推动劳动力、资金、技术等要素从生产效率低的部门大规模转向生产效率高的部门，通过经济结构的转换效应实现经济高速增长。其次，战略性区域还应该是能够吸引要素集聚的地区，一个地区的经济增长是劳动力、资金、技术、土地等生产要素在集聚中优化配置的结果。

鉴于上述分析，结合数据的可得性，本书构建了包括结构转换和要素集聚的战略性区域识别指标（表5-1）。结构转换类指标中，工业化水平和城镇化水平反映经济结构转化潜力，工业化水平用第二产业增加值占地区生产总值的比重衡量，城镇化水平用城镇人口占地区总人口的比重衡量；结构转换速度通过"十二五"以来工业化的增长速度反映。要素集聚类指标中，人均地区生产总值代替人均收入反映某地区吸引人口、资金等流动要素聚集的能力；固定资产投资包括房地产开发投资，可以间接反映一个地区资金的空间集聚状况和土地增值潜力；交通因素通过是否有规划或已建成高速铁路通过（设站）、是否在机场周边衡量，该因素直接决定的对外联系状况对于县域经济增长潜力至关重要。

表5-1　　　　　　　　　战略性区域的识别指标

指标类型	具体指标
结构转换	工业化水平
	工业化增长状况
	城镇化水平
要素集聚	人均地区生产总值
	固定资产投资
	交通因素

资料来源：侯永志，张永生等.支撑未来中国经济增长的新战略区域研究［M］.北京：中国发展出版社，2015.

（二）战略性区域识别

根据构建的战略性区域识别指标，从工业化程度及速度、城镇化水平、人均收入水平、投资状况、交通状况等方面对山西省95个县（市）进行筛选，最终找出战略性区域和潜在战略性区域。

战略性区域既要具备一定的工业基础，工业化进程又不能处于工业化后期阶段，此外工业化还要保持一定速度。因此，要成为战略性区域的县（市），一方面工业化程度要超过平均水平，且第二产业增加值占地区生产总值的比重不超过70%[①]；另一方面第二产业增加值比重的增长速度要高于平均水平。2016年全省95个县（市）第二产业增加值占地区生产总值比重的平均值为50.2%，高于平均值又低于70%的县（市）共35个，其中25个县（市）近6年的比重增幅超过了平均水平，故从工业化水平方面具备成为战略性区域条件的县（市）共25个。根据诺瑟姆的城镇化过程曲线，城镇化率介于30% ~ 70%时，城镇化过程处于加速期。2016年山西省95个县（市）城镇化率均高于30%，全部满足成为战略性区域的条件。2016年人均地区生产总值和固定资产投资高于平均水平的县（市），被认为具备成为战略性区域的条件。目前山西省规划或已建成的高速铁路包括大同—西安、太原—石家庄、太原—焦作、忻州—保定、大同—张家口等，在这些线路上设立站点以及个别位于机场周边的县（市），具有交通优势，有潜力成长为战略性区域。综合上述因素，筛选出高平市、灵石县、怀仁县、盂县、孝义市[②]5个符合结构转换和要素集聚条件的战略性区域。除此之外，部分县（市）虽然不完全符合结构转换和要素集聚条件，但仅一项指标不符合且处在临界值位置，可将其视为潜在战略性区域。如河曲县、河津市、潞城市、沁水县、阳城县、平定县仅仅不满足交通条件；2011 ~ 2016年介休市第二产业增加值占地区生产总值比重下降幅度（14.3%）略高于平均水平（13.8%）；霍州市仅人均地区生产总值（24348元）低于平均水平（27345元）；永济市仅第二产业增加值占地区生产总值比重（49.5%）略低于平均水平（50.2%）。由此，最终筛选出14个符合条件

[①] 考虑到山西省资源型城市多，对工业化水平上限设定为70%，第二产业增加值占地区生产总值比重超过70%的地区，意味着工业化可能进入后期阶段，不具备成为战略性区域的条件。

[②] 盂县和孝义虽然没有高铁站，但盂县距离阳泉北站、孝义距离介休东站非常近，故视为具有交通优势。

的战略性区域和潜在战略性区域（表5-2）。

表5-2　　　　　山西省14个战略性和潜在战略性区域

区域类型	县（市）	2016年第二产业增加值比重（%）	2011~2016年第二产业增加值比重变化（%）	2016年城镇化率（%）	2016年人均地区生产总值（元）	2016年固定资产投资（万元）
战略性区域	孝义市	61.6	-2.9	66.6	70236	2700745
	灵石县	60.6	-11.1	52.7	66159	1987592
	盂县	60.5	-9.8	41.3	39450	1881286
	高平市	60.2	-13.2	52.9	40675	1504814
	怀仁县	55.9	-2.4	57.6	61030	1134842
潜在战略性区域	沁水县	69.7	-8.1	42.2	79802	1593121
	河曲县	63.9	-4.4	49.5	49702	1462459
	潞城市	62.0	-13.6	57.4	38718	1706141
	霍州市	61.0	-13.4	63.8	24348	1396129
	河津市	60.0	-10.5	54.5	43531	1501094
	平定县	55.2	-0.002	41.5	27644	1709206
	阳城县	54.1	-10.0	46.6	42511	1647973
	介休市	53.1	-14.3	65.2	34378	1495790
	永济市	49.5	-9.4	50.8	29305	1279832
	平均水平	50.2	-13.9	44.2	27345	887455

数据来源：相关年份《山西统计年鉴》。

通过上文分析，我们将山西省11个地级市及识别出的14个县（市）作为战略性区域和潜在战略性区域，这些地区将是山西省资源型经济转型中拓展发展新空间的重点区域（图5-6）。太原都市圈①是战略性区域的重中之重，基本形成了以太原市辖区、晋中市辖区为核心，以平（遥）孝（义）汾（阳）介（休）灵（石）、阳（泉）盂（县）平（定）城镇组群为两翼的"一核两翼"空间格局。资源型经济转型本质上要实现转型过程中经济持续增长，从空间角度就是要不断拓展发展新空间。因此山西省经济转型过程中，一方面要

---

① 太原都市圈以太原都市区为核心，以太原盆地城镇密集区为主体，辐射阳（泉）盂（县）平（定）、忻（府）定（襄）原（平）、离（石）柳（林）中（阳）城镇组群。太原都市区包括太原市辖区、晋中市辖区、清徐县和阳曲县；太原盆地城镇密集区包括太原都市区及交城县、太谷县、祁县、平遥县、介休市、孝义市、汾阳市、文水县等。

通过划定新的经济发展空间,依靠新的要素投入推动经济增长;另一方面要通过整合已有的经济发展空间,依靠要素的空间配置优化来提高经济效率,进而促进经济增长。

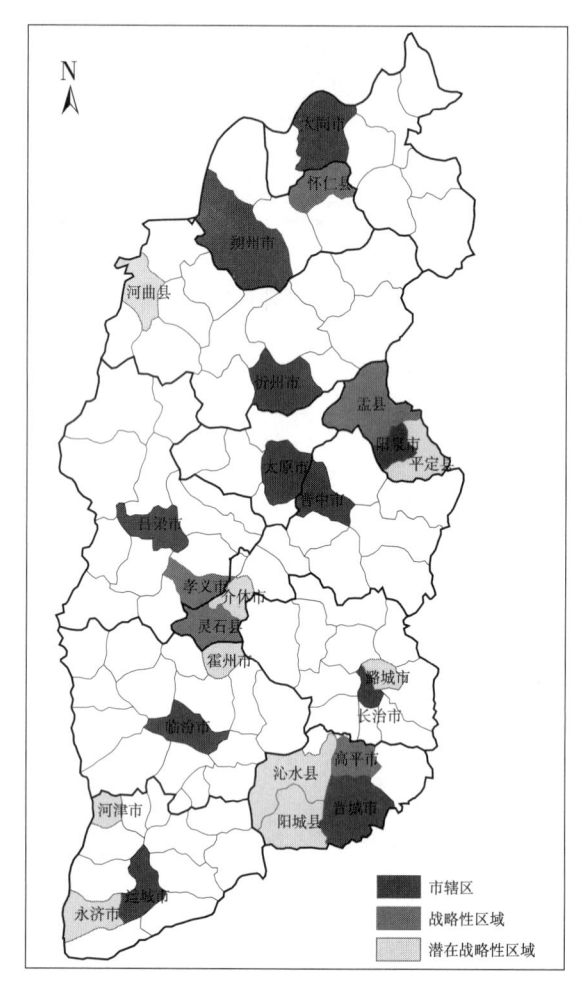

图 5-6 山西省资源型经济转型中的战略性区域和潜在战略性区域

三、设立太原汾河新区

国家级新区是目前最为稀缺的城市空间,1992 年我国设立第一个国家级新区——上海浦东新区,到 2017 年设立河北雄安新区,共设立 19 个国家级新区。国家级新区通常是举全国或全省之力进行培育，能够在短时间内取得较明显的效果（肖金成，2017）。因此，需要考虑在山西省设立国家级新区——太原汾河新区，以更好地承担起资源型经济转型的重大战略任务。

（一）太原汾河新区的范围

为进一步深化转型综改、探索资源型经济转型发展新道路，2017年中共山西省委、山西省人民政府整合太原经济技术开发区、太原高新技术产业开发区、太原武宿综合保税区、晋中经济技术开发区4个国家级开发区（保税区），太原工业园区、山西榆次工业园区、山西科技创新城3个省级开发区，以及山西大学城、潇河产业园区，成立了山西转型综合改革示范区。山西转型综合改革示范区无疑是山西省经济发展最具潜力的区域，但仅仅将现有开发区整合在一起，还不能充分释放其发展潜力。我们认为应在山西转型综合改革示范区基础上，有效打破太原市和晋中市的行政区划界线，申请设立国家级新区——太原汾河新区。汾河新区既要基本囊括山西转型综合改革示范区内的各类开发区，又要实现地域连片，保持镇级行政单元的相对完整性，便于进行统一的土地规划和生态环境整治。初步考虑，可将汾河新区的范围划定为：北起（北）京昆（明）高速、南至潇河、西起汾河东岸、东至榆（次）祁（县）高速，总面积约500平方千米。汾河新区不再包括太原工业园区及其在阳曲的扩展区域，且只包括潇河产业园区中潇河以北的区域。经初步估算，2017年该区域范围内各开发区完成地区生产总值约600亿元，工业总产值约1300亿元，地方财政收入约80亿元，基本符合国家级新区设立的条件。

专栏5-1

国家级新区设立的条件

为严格规范国家级新区的设立，促进新区健康发展，国家发展和改革委员会同有关部门制定了《新区设立审核办法》和《新区设立审核办法实施细则》，对新区的设立条件进行了明确的规定。国家级新区设立应具备以下条件。

第一，拟设立新区应符合党中央、国务院赋予的重大发展改革战略要求，对促进区域创新发展、全面深化改革和扩大开放具有示范带动作用；所在城市土地利用总体规划和城乡规划由国务院审批。

第二，拟设立的新区申报年度前一年的地区生产总值，东部地区原则上应在1000亿元以上，其他地区原则上应在500亿元以上；工业总产值东部地区原则上应在2000亿元以上，其他地区原则上应在1000亿元以上；地方财政收入东部地区原则上应在150亿元以上，其他地区原则上应在75亿元以上；初期土地规模东部地区原则上应控制在800平方千米以内，其他地区原则上应控制在500平方千米以内。

第三，拟设立新区选址区位符合区域发展总体战略、主体功能区战略、城镇化战略的基本要求；符合优化经济发展空间格局的总体需要，有利于促进东中西互动南北方协调发展；符合《全国主体功能区规划》和相关土地利用总体规划、城乡规划，资源环境承载能力较强，基础设施、产业发展等条件较好；与行政区划相协调，有利于在发展到一定阶段后比较平稳地实施行政区划调整，同类型、邻近地区原则上不重复设立新区。

资料来源：根据国家发改委相关资料整理。

（二）设立太原汾河新区的意义

太原汾河新区的设立符合山西省资源型经济转型发展战略要求，与山西转型综合改革示范区相比，新区既纳入了新的发展空间，又可以充分整合扩展原有开发区，可从内涵和外延两方面同时拓展发展新空间。新区除发展工业外，还发展服务业和农业，同时保留商贸居住区和生态区，不仅能够实现"产城融合"与生态宜居，而且可以发挥反磁力中心的作用，减轻所在城市的压力（肖金成，2017）。汾河新区的设立对山西省经济社会发展具有重要意义。首先，有利于推动山西省资源型经济顺利转型。依托汾河新区内的产业园区，加快信息化与工业化深度融合，以产业转型升级为重点，推进产业配套协作和重大技术的研发与成果转化，大力发展新一代信息技术、轨道交通、新能源汽车、新材料、生物医药、现代物流等战略性新兴产业，形成具有带动区域发展能力的产业集群，打造山西省资源型经济转型的新引擎，并为全省资源型经济转型发挥示范作用。其次，有利于提升太原在中部地区省会城市中的竞争力。目前，太原市经济发展与中部其他省份的省会城市存在一定差距，各项经济指标排名均靠后（表5-3）。依托太原汾河新区集聚产业和人口的功能，扩大省会太原经济体量，增强承接东部沿海地区产业转移的能力，提升太原的城市竞争力。再次，有利于山西省深入实施创新驱动发展战略。设立太原汾河新区，有利于发挥太原创新要素聚集、创新能力较强的优势，加快建设以企业为主体、市场为导向、产学研相结合的协同创新机制，进一步优化产业结构，增强区域竞争能力。最后，有利于提升山西省对外开放水平。依托汾河新区建设对内对外全面开放的综合平台，充分发挥山西省的区位优势、产业优势以及历史和文化旅游资源优势，积极落实国家"一带一路"倡议，以开放促改革、促发展，促使山西省深度融入全国乃至全球的产业分工体系。

表5-3 2015年太原市与中部其他省份省会城市市辖区经济发展状况比较

城市	市辖区土地面积（平方千米）	人口（万人）	人口密度（人/平方千米）	地区生产总值（亿元）	人均地区生产总值（元）	规模以上工业总产值（亿元）	地方公共财政收入（亿元）	固定资产投资（亿元）
太原	1500	288.91	1900.00	2552.42	72571	1926.48	254.10	2025.61
郑州	1010	339.20	3405.94	4080.36	74357	5513.30	723.88	6288.00
合肥	1127	248.21	2227.15	3766.96	101099	5995.48	446.36	5851.90
武汉	1738	515.37	2968.93	8806.04	116760	9688.55	1083.82	7680.89
长沙	1909	311.00	1671.03	5388.53	136956	4538.24	552.26	6363.29
南昌	3095	265.32	972.54	3025.85	86384	3991.45	307.60	4000.07

资料来源：《中国城市统计年鉴（2016）》。

（三）太原汾河新区发展方向

坚持高起点规划、高水平建设、高科技引领、高效能管理原则，推进汾河新区科学发展、集聚发展、创新发展与协调发展，按照"延长资源型经济产业链、培育接续替代产业、集群化发展"的思路，以产业园区为载体，以战略性新兴产业为先导，以高端制造业和现代服务业为重点，加快形成现代产业集聚区；加强创新平台建设，着力提升创新水平，促进科技进步，增强科技创新对经济社会发展的支撑能力，推动经济增长由资源依赖型向创新驱动型转变；创新社会管理体制机制，统筹汾河新区和太原、晋中两市协调发展。

1. 提升产业竞争力

充分利用现有产业基础和研发能力，推进制造业与服务业、工业化与信息化深度融合，加快传统产业升级改造，大力发展战略性新兴产业，延伸产业链条，打造区域特色突出、竞争力强的产业集群。以生物医药、电子信息、大数据产业为核心，打造战略性新兴产业集群；以重型汽车、新能源汽车、轨道交通、节能环保、高端装备制造为核心，打造高端装备制造业集群；以现代物流、保税物流、现代商务、科教研发、创意设计为核心，打造现代生产性服务业集群；以休闲度假旅游、现代都市农业为核心，打造高端生活服务业集群。以提高自主创新能力为突破口，加快建立完善以企业为主体、产学研相结合的自创新体系，促进创新资源高效配置和综合集成，全面提升产业集群竞争力。围绕主导产业实施一批具有带动作用的重大创新工程和创新成果转化工程，培育一批创新型企业。

2. 扩大对外开放

充分发挥邻近京津冀的地缘优势，创新开放模式，提升开放层次，拓宽开放领域，加强同京津冀的经贸与科教合作，融入其产业分工合作体系。提高利用外资水平，鼓励和引导外资更多投向战略性新兴产业、先进装备制造业和现代服务业等领域。大力引进国内外高层次人才、先进技术和先进管理经验，鼓励海内外企业在太原汾河新区设立研发中心、区域总部，积极融入全国和全球创新体系。鼓励有实力的企业"走出去"，利用国际资源，开拓国际市场，增强企业国际化经营能力。

3. 加强生态文明建设

依托汾河新区内的汾河东岸与潇河北岸，加强生态屏障建设，加大环境保护治理力度，强化对水、大气、土壤的污染防治。加大节能减排力度，大力发展循环经济和低碳产业，严格控制高耗能行业，积极推广应用清洁能源，提高土地、水和各类资源利用效率。

4. 促进产城融合

坚持产业、城市融合发展，以产促城、以城兴产，推动工业化与城镇化良性互动，高水平规划建设太原汾河新区，完善服务功能，促进产业和人口集聚发展。以人口密度、产出强度和资源环境承载力为基准，科学合理编制太原汾河新区发展规划，推进功能混合和产城融合，打造生态间隔、组团发展的城市形态。

四、重点打造"一市两(园)区"

资源型经济转型过程中,无论是资源型产业延伸产业链条还是接续替代产业的培育,均需要一定的空间载体。开发区是产业集聚的载体,但与国内其他地区相比,山西省开发区发展相对滞后,下一步各地区要集中优势资源,重点打造"一市两(园)区",搭建资源型经济转型平台。

(一)开发区建设存在的主要问题

20世纪90年代初期中国市场经济体制初步建立,随着城市土地市场化和外商直接投资的增多,1992年开始开发区建设进入快速发展时期(冯奎等,2015)。各类开发区为工业发展提供了空间载体,利用其自身在土地、资金、税收等方面的优惠政策,一方面聚集了国内大量高新技术产业、装备制造业、新能源新材料、生物医药等战略性新兴产业;另一方面成功吸引了外资和国外先进制造业,成为推动各地经济增长的发动机。2014年,《国家新型城镇化规划(2014~2020年)》《国土资源部关于推进土地节约集约利用的指导意见》《国务院关于加强地方政府性债务管理的意见》《国务院关于清理规范税收等优惠政策的通知》等规划和文件陆续出台和下发,开发区的设立条件、建设用地规模以及地方政府的举债融资权限和税收优惠政策制定权限受到严格控制,开发区建设进入注重质量效益的内涵式发展阶段。然而,山西省并没有抓住全国大力发展开发区的机遇,从开发区数量来看,截至2015年底,全国国家级高新技术产业开发区和经济技术开发区数量分别为145个和219个,山西省仅分别为2个和4个,开发区数量仅高于少数西部地区省(自治区)(表5-4)。从发展水平看,山西省的各类开发区也存在一些不适应资源型经济转型发展的突出问题(山西省商务厅,2016)。一是初期"捡到篮子都是菜"的发展模式,造成开发区主导产业不明确、低水平同质化发展现象严重。二是产业集聚程度不高,产业链条较短,即使发展比较好的太原经济技术开发区、晋城经济技术开发区,也存在"一企独大"、"一品独大"等现象,开发区集聚效应不明显。三是开发区数量少,体量小,对全省经济发展贡献有限。截至2017年底,全省经国务院批准设立的各类国家级开发区共7个,经山西省人民政府批准设立的省级开发区共33个,其中有16个省级开发区是在2016年和 2017 年集中批复设立的。截至 2015 年底,纳入统计的 25 家开发区规划工业用地面积仅 120 平方千米,实际工业项目用地面积仅 101 平方千米。2016 年纳入统计的 25 个开发区完成的地区生产总值、固定资产投资占全省的比重仅分别为 13.9% 和 8.5%。四是高新技术产业化程度较低,自主创新能力弱,高新技术人才队伍建设滞后。五是部分开发区基础设施建设和公共服务平台建设不够,产业配套和承接能力不足。六是开发区管理体制不活、机制不顺,对区域经济发展的带动作用不明显。

表 5-4　　　2015 年全国国家级高新技术产业开发区和经济技术开发区数量少于(等于)山西省的省(自治区)　　单位:个

省区	高新技术产业开发区	经济技术开发区	合计	省区	高新技术产业开发区	经济技术开发区	合计
山西	2	4	6	内蒙古	2	3	5
贵州	1	2	3	海南	1	1	2
西藏	0	1	1	青海	1	2	3
宁夏	2	2	4				

资料来源:根据网上相关资料汇总。

(二)集中优势资源,重点打造"一市两(园)区"

鉴于开发区发展存在的问题,2016 年开始山西省大力推进开发区改革创新发展。各县(市)按照中共山西省委、山西省人民政府"一市一国家级开发区、一县一省级开发区"的总体布局要求编制了实施方案,相关部门在开发区总体发展规划、机构编制、人事和薪酬制度改革、土地调规、城镇规划调整、专项资金管理、环保、统计、考核等方面制定了相关配套政策和措施。开发区整合、扩区、设立工作取得了重大突破,全省 11 个地级市均已完成城市总体规划调整方案。

目前全省 11 个地级市中,太原、大同、晋中、晋城和长治已有国家级开发区,[①] 其他地区要尽快支持发展较好的省级开发区升级为国家开发区。各地级市要重点打造"一市两(园)区",使之成为新型工业化发展的引导区和新兴产业的聚集区(表 5-5)。首先,结合开发区的产业基础和现实条件,科学

---

① 包括经济技术开发区或高新技术产业开发区。

论证产业布局,根据全省产业发展规划确立1~3个重点发展的主导产业;其次,按照转型升级的要求,通过优化园区功能、延伸产业链条、支持科技研发、引进高新技术项目等措施,逐步压缩、淘汰低端产业。对新设、扩区的开发区,鼓励和支持优先发展节能环保、新一代信息技术、高端装备制造、新能源汽车等战略新兴产业和煤炭精深加工、高附加值煤化工产业;再次,进一步扎实做好高效精准招商引资工作,确立重点发展的主导产业,按照系统、定向、精准的原则开展招商引资工作,引导开发区产业升级;最后,创新开发区发展模式,通过整合、共建、一区多园等模式实现扩区,积极对接京津冀、长三角、珠三角等发达地区共建园区,开展"飞地经济"合作,承接产业转移。

表5-5　　山西省各地级市重点打造的"一市两（园）区"

地级市	开发区
太原市	太原汾河新区
大同市	大同经济技术开发区（国家级）、左云经济技术开发区
朔州市	朔州经济开发区、怀仁经济技术开发区
忻州市	忻州经济开发区、原平经济技术开发区
吕梁市	孝义经济开发区、汾阳杏花村经济技术开发区
阳泉市	阳泉经济开发区、平定经济技术开发区
晋中市	太原汾河新区、介休经济技术开发区
长治市	长治高新技术产业开发区（国家级）、长治经济技术开发区
晋城市	晋城经济技术开发区（国家级）、高平经济技术开发区
临汾市	临汾经济开发区、侯马经济开发区
运城市	运城经济开发区、永济经济技术开发区

注：太原市和晋中市重点打造建议设立的汾河新区,汾河新区包括的主要开发区在此未列出。

为促进开发区高效快速发展,要确保做到以下几点。第一,将开发区的设立、扩区纳入城镇总体规划和城镇体系规划,在新一轮土地利用总体规划调整和空间规划编制中为开发区发展留足空间,新增建设用地最大限度向开发区倾斜。第二,明确开发区财税管理体制,对满足条件的开发区实行一级财政,不断加大地方政府财政的支持力度。第三,加强开发区经济管理职能,因地制宜精简或剥离开发区行政和社会管理职能。第四,创新开发区基础设施投融资模式,逐步扩大开发区建设发展专项资金规模,支持开发区基础设施、公共服务平台、产业转型升级、重大投资项目建设。同时改变由政府投资开发建设基础设施和公共服务平台的单一模式,引导社会资本参与开发区基础设施和公共服务平台建设。第五,优化营商环境,推动试点开发区在实行企业投资项目承诺制无审批管理的基础上,进一步优化办事流程、简化办事环节,实行网上申报、联网审查、网上办理。第六,建立科学的用人机制和人才引进机制,选优配强开发区管委会班子,科学设置开发区管委会内设机构,创新开发区人事和薪酬制度,着力引进省外人才。

五、推动城镇组群发展,合力促进经济转型

平(遥)孝(义)汾(阳)介(休)灵(石)城镇组群,包括吕梁的孝义市、汾阳市和晋中的平遥县、介休市、灵石县,是太原都市圈的重要组成部分,也是太原盆地城镇密集区南部人口与产业集聚区域。平(遥)孝(义)汾(阳)介(休)灵(石)城镇组群区位条件优越,依托丰富的煤、铝、铁、石膏等矿产资源和文化旅游资源,初步形成了焦化、冶金、新型材料产业基地、白酒生产基地和以晋商文化为特色的旅游经济区。孝义市、灵石县、介休市是山西省资源型经济转型过程中的战略性区域。另外,在山西省国家资源型经济转型综合配套改革试验区建设中,孝义市是首个国家重点扶持的资源型转型发展试点市,孝义市、灵石县、介休市被确定为山西省综合改革试验先行试点和扩权强县试点。平遥、孝义、汾阳、介休、灵石虽然地域相连,文化基础相近,资源、产业之间的互补性和关联性强,但是由于分属于晋中市和吕梁市,缺乏整合协调发展机制,中心极化效应弱、产业结构趋同,区域经济发展一体化效应远未发挥出来。

在资源型经济转型过程中,应推进城镇组群内产业分工与合作进程,实现跨县域整合与优化配置资源,尽可能获得最大经济效益,提升区域整体竞争力,以内涵方式拓展区域发展新空间。把推进孝(义)汾(阳)介(休)核心区一体化发展作为带动区域整体发展的重要突破口,积极培育区域性中心城市,增强辐射力和集聚力。加快规划衔接和基础设施一体化建设,消除行政壁垒,促进生产要素和人口跨行政区充分流动。以市场为导向,加强产业分工与协作,提高企业间协作配套能力,增强创新能力;加快淘汰落后产能,推动煤炭、焦化、冶金、电力等传统产业绿色、低碳、循环发展,延伸产业链条,提升产业层次和技术水平;以优势产业和骨干企业为龙头,加强与区外合作,引进优质资本和先进技术,壮大金属深加工、机械装备装配及其零部件、食品饮料等优势产业,共同培育战略性新兴产业;推进旅游、文化、现代物流、金融

和信息服务业的深度合作。按照企业集中布局、产业集群发展、资源集约利用的要求，以交通干线为依托，以园区为载体，以企业为龙头，以项目为抓手，加速产业向园区聚集，实行资源要素统筹配置，促进产业空间的战略性调整。阳（泉）盂（县）平（定）、忻（府）定（襄）原（平）、离（石）柳（林）中（阳）等城市组群虽然发展基础和发展条件不如平（遥）孝（义）汾（阳）介（休）灵（石），但也可参照此发展模式拓展发展新空间，合力推动资源型经济转型。

六、加强与区外合作，向外拓展发展新空间

在供给侧改革大背景下，着力从对外开放的经济体系中寻找自我发展的动力与资源理应是山西省资源型经济转型区域突破的重要思路。处于山西省北部和南部门户的大同、长治、晋城、运城、临汾等地区，应以构建开放型经济格局和经济体系为抓手，在加强与区外合作中拓展发展新空间，促进资源型经济转型升级。

大同靠近京津冀地区，应加快推进"乌（兰察布）大（同）张（家口）"长城金三角区域合作，抱团融入京津冀。根据《大同市深度融入京津冀协同发展规划》，加强顶层设计，拓展与京津冀合作领域，探索建立合作机制，实现联动发展。以构建开放型能源新格局和融入型能源经济新体系为抓手，增加向京津冀地区的清洁能源供应，参与京津冀电力市场化交易，支持京津冀企业与大同电力企业开展合作，扩大电力外送规模。加大招商引资力度，抓住京津冀发达地区部分产业梯度转移的机遇，主动承接北京非首都功能疏解，按照"引进一个龙头企业，形成一个产业集群"的思路，瞄准重大项目、战略投资和关键技术，着力引进具有产业带动能力的大企业集团项目。鼓励与京津冀地区探索跨区域共建园区的投资开发和运营管理模式，加强与京津冀地区基础设施互联互通。

长治、晋城、临汾、运城等地区则要加快构建跨区域快速交通通道，优化省际相邻城市产业分工协作，融入中原城市群、关中平原城市群以及晋陕豫黄河金三角区域，深度开展与中原城市群和关中平原城市群的协作发展，不断探索建立产业、交通、旅游等领域的协调机制一体化战略。一要完善交通网络体系。突破行政区划，统筹公路、铁路、航空等协调发展，强化高速公路和铁路的规划建设，加快运城—晋城快速铁路建设，加快与河南省洛阳市、焦作市等

城市客运专线的对接和规划建设，着力完善交通网络体系，形成跨区域多路径高品质的现代交通网络。二要强化能源领域的开发合作。发挥能矿资源禀赋优势，坚持循环经济发展理念，在严格按照国家规划控制煤电建设规模的前提下，重点发展煤电、煤化工、煤层气等优势产业，强化能源领域的开发合作，鼓励跨区域能源领域的产销合作，加快煤炭基地转型升级。三要培育战略性新兴产业基地。联合中原城市群主要城市，发挥运城市、长治市等城市创新优势和国家高技术产业基地引领带动作用，瞄准技术前沿和产业变革方向，突破产业链的关键技术，形成生物医药、新材料、新能源等战略性新兴产业基地。

为确保太原汾河新区设立、开发区整合扩区、城镇组群发展等工作顺利开展，以推动山西省资源型经济转型，应注重适时发挥地方政府的引领作用，在充分认识市场规律和区域发展规律的基础上，制定区域发展战略和政策，及时摆脱"路径依赖"的困境，引导形成区域发展新格局；加强战略性区域基础设施建设，以战略性区域的重点城市或城镇组群为节点，增强对内对外的物理连接性，加速生产要素的自由流动，为战略性区域参与国内分工和形成新的增长极创造条件；推动跨行政区域的分工合作，以构建促进资源要素跨区域流动机制、跨区域公共事务治理协调机制、利益共享机制为突破口，消除制约跨区域合作的制度性障碍，有效克服行政分割对战略性区域形成的约束，尽可能避免以往"诸侯经济"所造成的效率损失；加快推进经济社会、土地利用和环境规划之间的协调一致，构建不同地区之间、增长极与腹地之间的规划协调机制，推动实施更大空间尺度的规划。

参考文献

[1] 郭文炯. 山西省三大地带人口与经济集中化特征分析 [J]. 太原师范学院学报（自然科学版），2003，2（1）：69-73.

[2] 侯永志，张永生等. 支撑未来中国经济增长的新战略区域研究 [M]. 北京：中国发展出版社，2015.

[3] 山西省商务厅. 山西省开发区总体发展规划（暨山西省开发区"十三五"发展规划）[Z]. 2016.

[4] 世界银行. 2009年世界发展报告：重塑世界经济地理 [M]. 北京：清华大学出版社，2009.

[5] 肖金成. 将新区培育为区域发展新型经济增长极 [J]. 区域经济评论，2017（1）：43-45.

第六章
山西省资源型经济转型的创新突破

山西省经济增长的传统动力正逐步衰减，如何深入实施创新驱动发展战略，加快形成以创新为重要引领和支撑的经济体系和发展模式，培育转型发展新动力，实现经济转型发展新旧动能的转换，是山西省资源型经济转型的核心问题之一。

一、创新发展是山西省资源型经济转型的重要突破口

山西省的资源型经济转型发展，需要通过体制、机制、政策及相关领域的综合配套改革，积极延长产业链，大力发展新兴产业和替代产业，改变当前单一的资源型产业结构，实现产业结构高级化，创造新的经济增长点，真正摆脱对资源的依赖性，提升经济发展质量和效益，提升可持续发展能力。

（一）创新是山西省发展摆脱资源依赖的必然选择

一般来说，根据驱动力来源经济发展可以分为四个阶段，即生产要素驱动发展阶段、投资驱动发展阶段、创新驱动发展阶段、财富驱动发展阶段。当一个国家和地区经济发展进入到工业化中后期和中高收入水平阶段时，随着发展基础和约束条件的变化，必须适时推进经济发展方式由要素驱动、投资驱动向创新驱动转变，否则就会导致发展停滞、中断甚至倒退（王建康，2016）。山西省经济发展整体上已经进入工业化中期阶段，但仍处于生产要素驱动与投资驱动并重的发展阶段，资源依赖特征明显，现有的资源难以支撑经济的持续增长，面临着严重的要素瓶颈制约。在这种情况下，用"拼投资、拼资源、拼环境"的老办法，走"高投入、高消耗、高污染"的老路子，越来

越行不通（杨晶，2015）。发展方式转变最根本的是要实现由主要依靠物质资源消耗向主要依靠科技进步、劳动者素质提高、管理创新的转变（刘旭青，2013），创新发展成为不二选择（杨晶，2015）。创新是要素的新组合，也就是利用知识、技术、企业组织制度和商业模式等无形要素对现有的资本、劳动力、物质资源等有形要素进行新组合，以创新的知识和技术改造物质资本、创新管理，提高物质资源的生产率，从而形成对物质资源的节约和替代。显然，创新驱动可以在减少物质资源投入的基础上实现经济增长（洪银兴，2013）。对于山西省而言，经济社会发展要摆脱资源依赖，破除要素瓶颈的制约，创新就成为其必然选择。

（二）创新是山西省构建现代产业新体系的需要

着力构建具有持续竞争力和支撑力的现代产业新体系，是山西省转型发展的必由之路。目前山西省产业结构还处于低水平状态，传统产业占有极大比重，新兴产业比重较低，很多战略性新兴产业附加值不高，竞争力较弱，核心技术受制于人，总体上处在产业链、价值链的中低端，转型升级的能力弱，缺乏国际竞争力。根据迈克尔·波特的竞争优势理论，国家及区域的竞争力在于其产业创新与升级的能力。在全球化、信息化、网络化的条件下，推动产业转型升级，构建现代产业新体系，归根结底要落实在创新发展上，最根本的是要发挥科技创新的牵动作用，需要依靠科技和产业创新发展新兴产业，提高产业的国际竞争力（洪银兴，2013；杨晶，2015）。创新可以有效促进产业结构的高度化、合理化和可持续发展，对构建现代产业体系具有重要的推动作用（刘旭青，2013）。只有依靠创新驱动，转变发展方式，才有希望破解当前困境，发展才会健康持久，才可能实现保持中高速增长、迈向中高端水平的目标（杨晶，2015）。

（三）创新有利于促进山西省经济发展质量和效益的提升

随着经济发展水平的提高，创新已经从驱动经济发展的一种方式成为经济发展的核心，并扩散到整个经济体系，从而改变了经济发展方式。现代经济增长的主要动力来自资本、技术、人力资本和经济制度。新经济增长理论认为一国经济增长主要取决于它的知识积累、技术进步和人力资本的水平，正是技术水平的不同导致了经济增长质量和效益的差异。知识投入能够改变其他要素投入所带来的边际效益递减，实现边际收益递增。以创新驱动发展，把推动发展的立足点转到提高质量和效益上来，是破解当今中国发展中面临的深层次矛盾、实现发展方式转变的本质要求（刘旭青，2013）。山西省许多产品处于价值链的低端，由此产生高产值低收益问题。要改变这种状况只能是转变发展方式，依靠创新驱动，依靠原创性自主创新技术增加产品和服务的附加值，提高产品的品牌价值（洪银兴，2013）。同时，发展依然是我国目前的第一要务，保持经济运行在合理区间也要靠创新。当前，我国经济增长进入新常态，各省区都要实现"调速不减势、量增质更优"的目标，山西省也不例外。最根本的是要通过创新，提升劳动者素质和资源要素利用效率，使传统产业焕发生机，使新兴产业蓬勃发展（杨晶，2015）。

（四）创新是山西省建设生态文明的必由之路

山西省素有"煤铁之乡"之誉，地处黄土高原东部生态脆弱带，自然环境脆弱，生态承载力低。随着近年来资源掠夺性开采、工业污染与产业结构不合理，加之自然地理环境复杂，导致20世纪90年代末期山西省成为全国污染最严重的省份之一，SO_2、化学需氧量、固体废弃物、烟粉尘、废水等污染物排放总量均排在全国各省（自治区、直辖市）的前列。生态环境恶化造成了一系列的负面影响，加剧了自然灾害发生的频率和强度，干旱、冰雹、暴雨、霜冻、干热风、大风、地表裂缝、塌陷、沉降等自然灾害频繁，农业生产条件趋于恶化；长期以来片面发展以煤炭为主的资源型经济，造成产业结构失衡、粗放、低效，制约了产业结构的优化与升级；由于高耗水工业比重高、农业与生活用水浪费惊人等，使水资源供需矛盾日益尖锐（安树伟，郭文炯，安祥生等，2018）。资源型经济发展的深层次矛盾日益突出，严重制约了山西省经济的可持续发展（李志强，2015）。从提高可持续发展能力方面考虑，控制环境污染、减少碳排放以及修复被破坏的生态，不是一般的控制和放慢工业化进程，而是要依靠科技创新发展绿色技术，开发低碳技术、能源清洁化技术、发展循环经济、发展环保产业。显然，创新的绿色技术得到广泛采用，就可以实现绿色低碳生产（洪银兴，2013）。因此，可以说创新是山西省实现可持续发展的必由之路。

二、山西省创新发展现状及存在问题

(一) 创新发展现状

近年来,伴随着对外开放程度的提高以及中共山西省委、山西省人民政府对创新发展强有力的支持与引导,山西省经济发展由主要依靠增加物质资源消耗逐渐向主要依靠科技进步和创新转变,创新驱动发展取得了明显成效(刘元春,2017)。

1. 创新能力明显提升

在经济下行压力持续加大的严峻形势下,山西省科技支出仍保持了较大幅度增长。2016年全省一般公共预算科学技术支出增长3.2%,省本级一般预算科学技术支出增长34.4%,全省R&D经费与地区生产总值比值由2010年的0.98%提高到2016年的1.03%。[①] 2010~2016年,山西省工业企业科技活动投入经费(R&D)与地区生产总值比值由0.98%提高到1.03%,投入额稳定在全国各省(自治区、直辖市)第16~20位。

科技创新人力资源投入增加,人才队伍建设取得较大进展。2016年财政共安排平台基地和人才专项资金10557万元。2010~2014年,山西省研发人员总数由4.63万人上升至4.9万人,呈缓慢增长趋势。截至2016年,全省共有两院院士4名、国家杰出青年科学基金获得者15名、国家级创新团队1个、省级科技创新团队50个。2016年全省R&D人员全时当量48955人·年,万人R&D人员全时当量13.42人·年;企业R&D人员全时当量35775人·年,企业R&D人员占就业人员比重为0.21%。

科技创新活动能力增强。近年来,研发活动与成果数量增长较快,专利申请授权数、有效专利数、有效发明专利数、SCI收录论文数年均增长率都在100%以上。2016年末,全省共有国家级科研院所9个、省属科研机构95个、县以上部门所属自然科学研究与开发机构180个、国家级国际科技合作基地11个、省级国家科技合作基地35个。

---

① 如无特殊说明,本章数据均根据调研资料整理。

2. 高新技术产业发展迅速

高新技术产业是技术、知识专利高度集约的产业，与区域创新能力密切相关。山西省高新技术产业规模逐年扩大，高新技术产业在第三产业所占比重逐年上升，2015年末高新技术产业增加值达到1500亿元，比上年增长30%（陈云霞，闫磊，2016）。高新技术企业数量不断增加，截至2017年11月底，山西省高新技术企业数达到936个。特别是太原市通过实施"科技小巨人"企业成长计划，仅2015年全市就新增高新技术企业107个，高新技术企业销售额占规模以上工业企业的29.0%。

3. 创新环境有所改善

近年来，山西省积极响应"大众创新、万众创业"，先后出台了《国家创新驱动发展战略山西行动计划》《山西省关于贯彻落实〈国家创新驱动发展战略纲要〉的实施方案》等政策，逐步建立起创新政策支撑体系。同时，山西省积极促成创新服务平台的建立，如研发服务平台、科技成果转化服务平台、科技中介服务机构、科技资源开放共享服务平台等，努力保障创新渠道畅通。2015年全省开发区共有科技孵化器80个，建筑面积224万平方米，孵化企业1885个。开发区内国家级科技企业孵化器6个，占全省的60%。此外，全社会对大众创新创业的认识有所提高，创新创业的意识进一步增强。

（二）存在问题

经过多年的探索、实践与努力，山西省创新发展取得了初步成效。同时需要看到，从要素驱动、投资驱动到创新驱动是经济发展的客观规律，山西省创新驱动发展总体上仍处在起步阶段，还存在一些薄弱环节，主要体现在以下方面。

1. 创新能力不足

2015年山西省创新能力综合排名居全国各省（自治区、直辖市）第25位，其中知识创造、知识获取、企业创新、创新环境及创新绩效的排名均在20位之后，尤其是知识创造能力排名31位。2014年山西省规模以上工业企业有研发活动的只占7.99%，建立研发机构的企业只占5.43%，明显低于全国12.62%的平均水平（邹文卿，段美宇，2016）。山西省不仅创新型企业的数量少，而且创新基础差、自主创新能力不足，具有自主知识产权的核心技术匮乏。

2. 高层次领军人才匮乏

从全国范围来看，山西省现有研究开发领军人才、技术骨干及复合型人才、国家有突出贡献的中青年专家等高层次创新人才仍然匮乏。在晋工作的院士只有4名，享受国务院政府特殊津贴的高层次专家仅占全国的1.0%左右。山西省23所本科高校只有博士生导师714人，国家杰出青年科学基金获得者15人，仅占全国的0.47%。山西省高校院士、国家杰出青年科学基金获得者、长江学者、中组部"千人计划"等高层次学科领军人才的总数只能达到一所"985"大学的1/3左右。全国113个国家创新团队中山西省只有1个，且现有研发人才主要集中于煤基低碳行业，非煤产业人才更少。

3. 高新技术产业化水平较低

山西省每年登记科技成果约400项左右，不足全国总数的1%。2015年技术成果市场化指数为35.11%，低于全国45.65个百分点，排全国各省（自治区、直辖市）第17位、中部六省第3位。高新技术产业化效益指数为46.37%，虽然比上年提高10.12个百分点，增幅居全国各省（自治区、直辖市）第3位，但仍低于全国平均水平14.36个百分点，居全国各省（自治区、直辖市）末位。近五年来，中国科学院山西煤炭化学研究所已经以及正在转化的能源化工和新材料类科技成果有36项，在省内转化的只有10项，仅占27.8%；在研发前期就投资跟踪的仅4项。2014年山西省技术交易金额排全国各省（自治区、直辖市）第17位，大批专利问世后被束之高阁，难以完成产业化对接。

三、山西省创新发展的制约因素

（一）创新体系不完善

1. 高水平创新平台和载体缺乏

创新平台和载体是聚集创新资源、开展创新活动的重要支撑。总体来看，山西省规模以上工业企业建有研发机构的比例偏低，具有产业特色的高水平研发机构数量偏少。数据显示，截至2016年末，中国科学院系统直属的112个研究院（所）中山西省只有1个；在国家已认定的397家国家重点实验室中山西省只有3个；全国现有332个国家工程（技术）研究中心，山西省仍未实现零的突破；山西省现有国家级企业技术中心26个，仅占全国的2.93%；国家自主创新示范区全国有14个，山西省目前尚未建立。

2. 科技研发投入强度偏低

研发投入强度是反映一个国家和地区科技投入水平的核心指标。2014年山西省R&D经费投入占地区生产总值的比重只有1.19%，明显低于全国2.05%的平均水平，R&D经费投入排全国各省（自治区、直辖市）第20位，2016年这一比例仅为1.03%。从中部六省的情况来看，山西省R&D经费投入强度居中部各省第5位（张爱权，2017）。

3. 科研管理体制机制不完善

山西省目前的科研管理体制机制不完善，主要表现为：政府职能转变不力，与市场的关系处理不明晰，市场配置资源的决定性作用和更好发挥政府作用的机制没有建立起来；科技评价和激励机制不能适应经济社会发展需求，评价标准单一，突出数量指标忽视质量和潜力；高校科研体制亟须改革，考评机制落后，办学特色不明显，对产业支撑作用较弱，科研人员研究方向轻需求和问题导向，与经济社会发展需求相脱节；科技与金融结合不紧密，科技资源共享的体制机制仍不完善（邹文卿，段美宇，2016）。

4. 创新文化环境尚未形成

宽容的文化氛围有利于创新冲动的不断产生，有利于创新源泉的不断涌现（郝艳霞，籍雪梅等，2005）。鼓励创新、支持探索要允许失败、宽容失败，要彻底改变短期行为对创新的极大伤害，改变"成王败寇"这一文化习俗对创新的束缚。同时，开放、平等的文化环境有利于新创意的诞生。学术思想需要海纳百川，让各种有益的学术思想充分交流、互相碰撞。同行之间、不同产业之间、产业界与高校、科研院所之间都需要经常进行广泛的交流。然而，由于地理因素及开放水平的影响，山西省传统的思维模式仍然根深蒂固，创新文化环境尚未形成（梁晓霞，2015）。

（二）市场化水平低

市场化水平是推动地区创新能力不断提升的重要因素（周兴，张鹏，2014）。一般而言，市场化程度较高的地区经济自由度和开放度较高，市场机制能够充分发挥作用，资源配置较为合理，对经济发展具有积极的促进作用；反之，市场化水平低则会制约经济发展（樊纲，王小鲁，2013）。区域的市场化程度对提高区域创新能力的促进作用显著，不断提高的区域市场化程度是进行创新活动的基础条件（党文娟，康继军，徐磊，2013）。市场化程度较高的地区资本供给相对充足、研发投入相对较高、科研人员比例较高，资源配置效率和劳动力知识水平均相对较高，对提升发明类原始创新以及非发明类创新能力具有积极作用，有利于加速经济发展、改变经济增长路径（左勇华，黄吉焱，2017）。随着市场化改革的深化，市场化水平的提高会促进制造业集聚，发挥知识溢出的正向作用，推动创新产出的增长。

山西省市场化程度偏低，对转变经济增长方式、提高经济发展质量以及实现经济创新发展均产生了较强的制约作用。根据王小鲁、樊纲、余静文（2016）的研究，山西省目前的市场化水平较低。他们构建了一个由五个方面指数组成的市场化指数，包括政府与市场的关系、非国有经济的发展、产品市场的发育程度、要素市场的发育程度、市场中介组织的发育和市场的法制环境。2008~2014年，山西省市场化总指数评分由4.37升至5.27，市场化水平有所提升。然而就全国范围来看，2014年山西省市场化总指标评分及各方面指标评分排名在中国大陆31个省（自治区、直辖市）中均在21位之后。其中，政府与市场的关系居第24位、非国有经济发展居第25位、产品市场的发育程度居第23位、要素市场发育程度居第21位、市场中介组织发育和市场的法治环境居第22位。

（三）企业经营环境较差

企业是创新发展的微观主体，企业活力与创新绩效密切相关（郑烨，吴建南，张攀，2017），而企业发展活力则与企业经营环境密切相关。企业组织被视为开放的系统，与环境处在不断的互动过程中，环境的变化能导致投入、转变过程以及产出三个方面的变化，这些变化又会进一步改变组织环境，影响企业发展活力（伊恩·沃辛顿，克里斯·布里顿，2011）。进一步优化营商环境，可以持续激发市场活力和社会创造力。优化营商环境就是解放生产力、提高综合竞争力。

企业环境有外部环境和内部环境之分（伊恩·沃辛顿，克里斯·布里顿，2011）。企业经营环境即指影响企业发展的外部因素。除影响市场化水平的政府行政管理、中介组织和技术服务等相关因素之外，企业经营环境还涉及与企业经营密切相关的特定法治环境、企业的税费负担、金融服务、人力资源供应、基础设施条件、企业经营的社会环境等多种因素。企业经营环境可通过企业经营环境指数进行测度（王小鲁，余静文，樊纲，2013）。

进一步优化营商环境，是建设现代化经济体系、促进高质量发展的重要基础，也是政府提供公共服务的重要内容。近年来，山西省按照党中央、国务院部署，大力改善营商环境，取得积极进展，但仍有不少"短板"。根据王小鲁、余静文、樊纲（2013）的研究，山西省的企业经营环境在2006年、2008年、2010年和2012年的全国各省（自治区、直辖市）排名分别为第21位、第30位、第17位和第26位，波动较大，4年中有3年处于下游位置。从分项排名情况来看，2011~2012年，除基础设施条件排名有所上升外，政府行政管理、企业经营的法治环境、金融服务、人力资源供应、中介组织和技术服务、企业经营的社会环境排名均有所下降。其中，政府行政管理、中介组织和技术服务及企业经营的社会环境评分分值出现绝对下降现象。2016年山西省企业经营环境指数居全国各省（自治区、直辖市）第29位（王小鲁，樊纲，马光荣，2017）。这表明，相对于其他省份来说，山西省的企业经营环境变得越来越差。经营环境变差，会对企业创新活力产生重要的制约作用，从而影响到创新发展的绩效。

四、山西省创新发展的主要方向

（一）提升优势领域原始创新能力

经过多年积累，特别是近年来创新驱动发展战略的实施，山西省在装备制造、电子信息、节能环保、新材料和新能源、生物医药、煤层气、特色农产品等行业的部分领域技术创新能力处于全国领先水平，并且形成了一定的产业基础。在装备制造业方面，拥有9个国家级企业技术中心、64个省级企业技术中心、7个省级行业技术中心。大型矿用挖掘机、大功率井下智能千万吨级煤炭综采成套设备、核电环行起重机、大轴重大功率交流传动货运电力机车、井下煤层气钻机等产品技术达到国际领先或先进水平。300吨以上大型冶金起重机、全系列矿用挖掘机、轧辊油膜轴承、动车车轮车轴和轮对等一批特色产品在国内市场占有率达到80%~90%。在新材料产业方面，太原钢铁集团有限公司的不锈钢研发能力全国领先，产能产量全球第一，高性能特殊钢在高速铁路、核电等多个领域占有重要地位。煤系高岭土、碳纤维、玄武岩纤维、煤基润滑油基础油等煤化工新材料技术居全国前列。在节能环保产业方面，在循环流化床锅炉、煤粉锅炉、锅炉燃烧器、新能源汽车、乏风[①]发电、低温余热发电、高炉煤气发电、煤层气利用等领域具有较强技术创新实力和一定生产规模，甲醇燃料和甲醇汽车研发推广处于国内领先水平。太阳能光伏产业链已涵盖太阳能电池成套生产装备、多（单）晶硅太阳能电池组件制造、光伏产业主要原辅材料生产以及光伏电站的设计建设与运营。风电产业已经涵盖风机制造、风电场的设计、建设及运营。在信息技术产业方面，拥有省级企业技术中心17个；新型显示成套装备、微组装基板及工艺装备、微光器件、轨道交通车辆运行安全监测系统、新型车载方舱、便携式卫星通信系统、GPS北斗二代芯片、光纤电流传感器、网络安全、电磁防御、微电子组装、高清安防监控、物联网、虹膜生物识别等具有一定研发实力，部分产品已形成一定生产能力。在煤基高新技术产业方面，省内众多企业、高校、科研院所积累了一大批已经实施或即将突破的先进技术。在煤层气产业方面，拥有"国家能源煤与煤层气共采技术重点实验室""煤与煤层气共采山西省重点实验室""煤炭生物气化山西省重点实验室"，掌握了煤层气抽采、储存、运输等关键技术，形成了煤层气勘探、生产、运输、销售、利用一体化产业格局。在医药产业方面，拥有1个国家级企业技术中心、18个省级企业技术中心；81家医药企业领取了新版GMP证书150张。全省医药企业拥有1930个品种7155个批号的药品生产许可证。在特色农产品及深加工产业方面，拥有2个国家级荞麦试验站、3个国家级农业科技园区、13个省级农业科技园区；小杂粮和特色食用油料作物研究在国内处于先进行列。要依托这些领域现有技术与产业基础，深化科技体制改革，加强优势领域科学研究与开发，提升原始创新能力和创新发展质量。

---

① 又称"煤矿风排瓦斯"，指甲烷浓度低于0.75%的煤矿瓦斯。

（二）加大科技成果转化力度

促进科技成果转化、加速科技成果产业化，已经成为世界各国科技政策的新趋势。据报道，我国科技成果转化率不足30%，与先进国家水平（60%~70%）差距巨大。山西省要加大体制机制创新，采取政府引导、税收杠杆等方式，激励企业和社会力量加大科技成果转化投入；落实科研成果使用、处置和收益管理自主权下放政策；引入科研成果市场化定价机制，探索免除单位领导在科技成果定价中因科技成果转化后续价值变化产生的决策责任机制。

以科技成果转化为导向，建设科技创新开放体系。立足山西省资源优势和产业基础，积极对接京津冀协同发展、长江经济带等区域发展战略，推动环渤海地区科技创新协同发展，加强与国内外发达地区的创新合作与交流，加强部、省、市、县（区）会商协同创新推进机制，构建互利合作、开放共赢的创新局面。通过省部会商等有效渠道，争取国家及有关部委对山西省科技成果转化的更大支持，加强与国内外知名高等院校、科研院所、企业的合作与交流，鼓励和支持其在晋建立成果转移中心或研发、成果转化基地，开展科技创新活动。

推动军工与民用技术双向转化。山西省布局有大量的军工企业，多个军工企业拥有很好的科技成果，其市场转化前景广阔。主动加强与军工科研单位、军工企业集团的对接和合作，在符合国家安全保密规定的前提下，积极引进军工领域的新技术、新产品、新工艺，推动军工科技成果向民用转化。加强山西省与国家国防科技工业局的战略合作，在燃气发电、高铁轮对、光伏发电设备制造及遥感遥测技术应用等重点领域凝练形成军民科技融合创新发展任务，促进形成商业发展模式，形成互利共赢良好局面。积极参与组建山西省军民结合工业技术研究院和山西省军民结合信息中心。在军工科技资源丰富、军民结合产业发达的地区，建设一批军民融合科技创新示范基地（山西省人民政府，2016）。

（三）推进大众创业与万众创新

大众创业、万众创新是实施创新驱动发展战略的重要途径。推进大众创业、万众创新，首要任务是营造良好的"双创"环境。一方面，要推动科技创新与大众创业、万众创新有机结合，充分发扬晋商"敢为人先、追求创新、百折不挠"的创业精神，实施三晋创业行动计划，培育创新创业文化沃土，完善创新创业服务体系，健全创新创业投融资体系，加强科技创新普及教育，营造全社会创新创业的浓厚氛围；努力把科技和人民群众的创造力在更大范围、更深程度、更高层次上融合起来，不仅要努力突破核心关键技术，更要通过大众创业、万众创新将科技成果转化为现实生产力。另一方面，持续推进"双创""众创""众筹""众扶"等新型创业模式，加快工业化和信息化深度融合，把数字化、网络化、智能化、绿色化作为提升产业竞争力的技术基点，推进各领域新兴技术跨界创新，构建结构合理、先进管用、开放兼容、自主可控的现代产业技术体系，搭建大众创业、万众创新的技术平台，为众创空间提供低成本、全方位和专业化服务。其次是鼓励新创办企业和现有企业的创业创新。一方面，大力推动初创企业不断涌现和规模化发展。大量研究表明，初创企业是创新的源泉，历史上许多重大技术和发明的商业化都是由这些企业完成的。同时，初创企业也是就业增加的引擎。正是那些创业者不断创造出新的产品和服务，深刻改变了我们的生产和生活方式，创造了大量的就业机会。另一方面，大力推进现有企业特别是大企业的创业创新。大企业由于具备人才、技术、品牌、市场等优势，是创新发展的核心力量，在推进大众创业、万众创新中具有举足轻重的地位，不仅表现为大企业可以通过收购中小企业使创新产品快速实现商业化，还表现为大企业本身可以培育、孵化出许多小企业。

（四）加快发展"四新"经济

"四新"经济（新技术、新模式、新业态和新产业）是指在新一代信息技术革命、新工业革命以及制造业与服务业融合发展背景下，以市场为导向，以技术、应用和模式创新为内核并相互融合的新型经济形态（李耀新，2015）。新一轮产业经济体系以信息化与制造业、服务业的融合及跨界协同创新作为重点，通过一系列创新活动，促使"新技术、新模式、新业态、新产业"不断涌现，促进生产模式的变革和新业态的发展。新技术、新模式、新业态和新产业之间是渐次递进、相互影响的。新技术催生了新的商业模式并促进了现有经营模式的改变，如云制造模式（平台模式）、智慧生产模式、跨界生产服务模式、大规模定制模式。这些新的商业模式是技术与市场的结合，消除了技术对市场的"隔层"效应，带来了畅通的市场信息，从而帮助创新企业实现更多的盈利。盈利所带来的雄厚的资金能够保证技术创新投入的增加和研发的成功率，带动本土创新能力的提升。创新能力提升所带来的新产品和新技术，又能够进一步增强新商业模式在市场上的市场势力。所以技术创新和新商业模式是相互影响、相互促进的。新的商业模式极大地影响了现有的业态和产业发展，新商业模式的大规模出现形成了新的业态，如网购、3D 打印产品、智能汽车、打车软件等，新业态的规模化发展或不足形成了新产业，改变了传统产业的发展路径和产业竞争力（赵君丽，吴建环，2015）。在此背景下，山西省单纯依靠资源开发、土地扩张、增加投资和扩大规模带动经济发展的传统模式已不可持续，以科技进步推动经济增长、促进生产要素和资源的高效利用，加快发展"四新"经济，必将成为山西省实现新旧动能转化的重要途径和推动山西省经济创新发展的必然选择。

五、山西省创新发展的重点任务

（一）加强区域创新体系建设

1. 搭建科技创新平台

着力构建以企业为主体、市场为导向、产学研相结合、政府引导扶持、全社会参与的技术创新体系。高校、科研院所、中介机构以及政府、金融机构等应与企业一起构建分工协作、有机结合的创新链，形成有地域特色的协同创新体系。鼓励有条件的地区以其所在地高校、科研院所为依托建立重点实验室、工程（技术）研究中心、企业技术中心、科技基础条件平台、众创空间、科技企业孵化器等公共科技创新平台。同时加强科技资源平台共享，向社会提供科技资源共享服务，建设以科技中介机构为主体的社会化、网络化的科技服务体系。

2. 完善科技管理体制机制

一是深化改革创新，形成充满活力的科技运行体制。要着力改革和创新科研经费使用和管理方式，让经费为人的创造性活动服务，而不是让人的创造性活动为经费服务，充分释放科研潜力。二是创建灵活宽松的科研管理体制，引导培育一批具有全球影响力的科技创新中心，建设若干具有强大带动力的创新型城市和区域创新中心。要建立科技创新资源合理流动的体制机制，促进创新资源高效配置和综合集成；建立政府作用与市场机制有机结合的体制机制，让市场充分发挥决定性作用，政府充分发挥引导、调控、支持等作用；建立科技创新的协同机制，以解决科技资源配置行政化、封闭低效、研发和成果转化效率不高等问题；建立科学的创新评价机制，使科技人员的积极性、主动性、创造性充分发挥出来。

3. 加强人才队伍建设和管理

一是注重创新人才的培养。政府要加强科技创新人才队伍建设，制订和完善科技创新人才的遴选、使用和培育计划，加快建设科技创新领军人才和高技能人才队伍，完善高端创新人才和产业技能人才"二元支撑"的人才培养体系，注重培养一线创新人才和青年科技人才，提高山西省创新管理水平和效能。各高校和科研院所要注重对在校大学生以及科研人员的创造性教育，通过改善教育的软、硬条件，开展创新实践活动，培养创新意识和能力。二是加大优秀人才的引进力度。以政府主导与单位自主相结合、服从需要与突出重点相结合、不求所有与但求有用相结合、人才引进与智力引进相结合为原则，大力吸引国内外优秀人才来晋工作，尤其是具有高级专业技术职称人员、高级专家学者以及山西省经济和社会发展急需的特殊人才。相关政府部门与用人单位应协同为来晋工作的优秀人才解决其配偶工作安置、子女入学入托等问题。同时应设立山西省人才引进与开发专项资金，用于优秀人才的科研、生活补助，奖励和人才培养开发等。三是完善创新人才激励机制。山西省人民政府应当制定并落实以增加知识价值为导向的分配政策，通过稳定提高基本工资、加大绩效工资分配激励力度、落实科技成果转化奖励等激励措施，使科研人员收入与岗位职责、工作业绩、实际贡献紧密联系，实现"智有所值、劳有所得"。四是加强知识产权保护。开展知识产权创造、运用、保护和管理的系统化服务，推行科技成果处置收益和股权期权激励制度，让各类主体、不同岗位的创新人才都能在科技成果产业化过程中得到合理回报，保护科技创新人才的积极性。

（二）提高市场化水平

1. 深化行政管理体制改革

转变政府职能，促进政府职能市场化改革，将政府从市场的管理者转变为市场的治理者。突出政府参与市场经济管理过程中的政府服务效用，降低政府在市场自主决策的行政作用，发挥政府在市场经济中平衡各种相关利益主体的协调作用（汤宇威，2016）。大力促进体制改革，进一步推进简政放权、放管结合和优化服务的改革，全面落实国务院关于深化行政审批制度改革的各项要求，破除智力创造—技术创新—产品孵化等体制障碍。尝试将现行的部分政府职能市场化，既能预防和减少腐败，又可以释放一部分职能给企业，促进市场化水平提升。继续减政放权，全面实施市场准入负面清单制度，在全国推行外商投资企业商务备案和工商登记"单一窗口、单一表格"，有效降低政府行政成本，增加政府的公信力和公正性，提高政府运行效率，盘活市场经济，充分释放改革红利，加快经济结构调整，推进政府购买服务方式发展，大力构建服务型政府（任永健，付鹏鸿，2015）。

2. 加大非国有经济扶持力度

非国有经济主体是我国市场经济主体的中坚力量，在市场经济建设中发挥着越来越重要的作用。但是在山西省资源型、基础型、公共型等产品领域中，国有经济固有的显性及隐性壁垒依然强大，对非国有经济主体的进入及引入竞争机制而言仍然存在一定困难。一方面，合理放宽非国有经济主体在一些市场领域的准入要求，引入适当竞争，对原有封闭领域提升市场竞争力、推进市场化建设进程、打通有序竞争的市场脉络具有重要意义。在自然垄断及相对垄断行业中（比如能源行业）引入非国有经济主体，可促进煤炭等产能过剩行业的升级改造和转型，也有利于国有资本的有序退出。另一方面，进一步加强对非国有经济的金融信贷支持。通过山西省非国有企业的信用评价体系，在公证客观的基础上对符合标准的企业放宽贷款限制；合法利用民间自有资本，拓宽非国有经济资金获取渠道（宋月明，2016）。

3. 完善要素市场体系

多年来，山西省利用资本市场发展本省经济，推进企业融资、上市、挂牌、兼并重组，优化产业结构，取得了显著成绩。但总体上看，资本市场发展仍较滞后，制约了其功能发挥（山西省人民政府办公厅，2015）。为加快山西省多层次资本市场发展，激发金融支持山西省实体经济发展的内生活力，应做到以下几点：一是要大力支持企业股改。山西省企业规范性差，普遍存在股权结构单一、经营管理机制不健全、缺乏有效自律机制等问题。加快山西省多层次资本市场发展，首要问题就是解决企业股改。二是要扩大股权债券融资规模。鼓励支持企业运用公司债、企业债、中小企业集合债、中小企业私募债、非金融企业债务融资工具等品种扩大融资规模，提高债券融资比例。在股权融资方面，大力鼓励和支持资产规模较大、盈利水平较高的后备企业在主板上市；鼓励和支持具有发展潜力的后备特色企业和高新技术企业在中小企业板上市；鼓励和支持符合战略性新兴产业发展方向的后备企业在创业板上市。三是财政奖励上市。为支持企业参与资本市场的积极性，山西省应对企业在多层次资本市场上市给予专项财政奖励。进一步清理规范各项专项资金及转移支付资金，减少财政资金对竞争性领域项目和企业的直接投入。通过私募股权投资的方式，支持初创期、早中期的中小企业和农业产业化企业发展。

4. 健全市场相关法律法规体系建设

市场法律体系的健全与完善是扩大与保护市场经济体制改革成果的基石。市场化建设的顺利推进和市场有序竞争环境的提升，有赖于市场相关法律法规体系建设的加强。山西省整体法治环境建设水平滞后于市场经济建设，造成了市场化进程中不公平、不合理、非竞争等一系列非市场行为与现象的出现，这些现象对于资源配置效率、生产者与消费者权益、社会公共利益等方面造成了损害，在一定程度上阻碍了市场化进程的快速推进，降低了市场化水平的整体提升速度。在经济发展进入新常态的背景下，保障市场公平有序竞争环境的法律法规体系建设显得更为迫切。随着山西省市场化建设水平的不断提升，商品生产模式、营销渠道、购买方式也随之呈现多元化的特点，生产者、消费者、生产行为、消费行为等概念，在原有市场化法律法规体系基础上应该得到进一步明确，并针对新形式、新现象重新进行适用范畴的界定。对于扰乱正常市场秩序、涉及不正当竞争、垄断经营、侵害生产者、劳动者和消费者权益的新形式与新现象，应及时对相关法律条文进行增补，以尽量确保争议或违法行为发生时能够做到有法可依，落实法律责任及相应惩处力度。同时，加大知识产权保护力度，严格依法平等保护各类产权。

（三）进一步优化营商环境

针对市场和企业反映的突出问题，借鉴国际经验，以深化"放管服"改革为抓手，硬环境要继续改善，更要在软环境建设上不断有新突破，抓紧建立营商环境评价机制，打造国际化、法治化营商环境。

1. 降低企业的税收负担水平

以简政减税减费为重点进一步优化营商环境。对企业开办、纳税、施工许可、水电气报装、不动产登记等事项大幅精简审批、压缩办理时间。进一步清理取消经营服务性收费和行业协会商会收费，降低通关环节费用。第一，合理调整税制结构、降低企业税收负担。通过降低企业间接税的比重，提高直接税的比重，增强税收制度的公平性。同时，调整流转税的内部结构，加快实施"营改增"制度，使得增值税的链条趋于完整，公平税负。第二，规范非税收入体制，降低企业非税收负担。要对非税收入体制进行有效管理，特别是制止乱收费的现象，取消各种不合理收费，构建合理非税收入体系，企业才能从税负之痛中走出来。第三，优化财政支出结构，降低企业税负感。通过切实规范财政支出结构，增强企业、公民的直接受益，使得政府对一般社会公共产品、公共服务的供应总量与经济发展水平相适应。第四，完善税收征管措施，促进税收公平。通过运用现代信息技术，准确获取纳税人有关信息以及建立税收风险管理体制，有效提高税收稽征的效率。同时，开展纳税服务工作，提高纳税人的纳税遵从度也是未来税收征管工作的努力方向（罗帅，2014）。

2. 改善融资环境

深化金融业供给侧体制改革，创新银企合作模式，实现由银行主导的信贷模式向以直接融资为主的股权投资模式转型，增加金融供给主体，发展互联网金融等普惠性金融组织，加快构建多层次资本市场体系。大力鼓励企业在"新三板"、区域性股权交易市场等多层次资本市场挂牌融资，推动符合条件的挂牌企业向更高层次的交易市场转板。加大政府对在不同交易市场挂牌企业的奖励力度，调动企业直接融资的积极性。推动风险投资发展，大力发展天使投资、创业投资、产业投资及各类私募股权投资和公募基金，为不同成长阶段的企业提供全生命周期的股权融资服务。

3. 营造企业创新氛围

改善创新文化环境，营造一种宽松、包容、开放的创新文化氛围。大力发扬敢闯敢试、勇于创新，追求成功、宽容失败，开放包容、崇尚竞争，富有激情、力戒浮躁的创新精神，要鼓励创新、宣传创新、推动创新，在全社会营造更加浓厚的创新氛围。建立有效的激励机制，在科研经费、待遇、立项和评价体系等方面，为创新者创造坚持下去的条件，发挥他们的创造能力。吸收借鉴国际及国内其他先进省份的文化创新发展理念，形成开放兼容的文化氛围。

营造宽松的研发环境。支持企业自主布局创新研发，扩大企业及科研人员研究选题选择权，完善以创新质量和学术贡献为核心的评价机制，建立容错机制,鼓励自由探索、挑战未知。首先,新观点、新想法是企业创新活动的重要表现,应鼓励企业、个人勇于提出新的观点、新的想法,对于可行性高、具有开发条件的创意构思和创新项目给予支持、提供客观的信息反馈与评估,提高全社会创新动机。其次,支持创新、鼓励冒险、容忍失败。企业创新风险的存在和对未来收益的不确定性,往往会限制企业的创新行为。应明确支持创新,恰当地处理鼓励冒险与审慎态度的关系。对于经济主体在探索和创新过程中出现的失误,应予以理解、信任和支持。

健全约束和惩戒失信行为机制,加强诚信社会建设。加快推进社会信用体系建设,加强信用信息公开和共享,依法依规运用信用激励和约束手段,构建政府、社会共同参与的跨地区、跨部门、跨领域的守信联合激励和失信联合惩戒机制,加快建立以信用承诺、信息公示为特点的新型监管机制,制定失信守信黑红名单及管理办法并向社会公布,促进市场主体依法诚信经营,维护市场正常秩序,营造诚信社会环境。市场监管部门应根据监管对象的信用记录和信用评价分类,注重运用大数据手段,完善事中事后监管措施,为市场主体提供便利化服务,优化诚信企业行政监管安排。鼓励有关部门和单位开发"税易贷""信易贷""信易债"等守信激励产品,引导金融机构和商业销售机构等市场服务机构参考使用市场主体信用信息、信用积分和信用评价结果,对诚信市场主体给予优惠和便利,使守信者在市场中获得更多机会和实惠。各级人民政府有关部门应将诚信市场主体优良信用信息及时在政府网站和"信用中国"网站进行公示,在会展、银企对接等活动中重点推介诚信企业,让信用成为市场配置资源的重要考量因素。①

参考文献

[1] 安树伟,郭文炯,安祥生等. 山西经济地理 [M]. 北京:经济管理出版社,2018.

[2] 王建康. 创新驱动视角下东北地区经济增长方式转变研究 [D]. 长春:东北师范大学,2016.

[3] 杨晶. 加快实施创新驱动发展战略奋力打造经济发展新引擎 [J]. 行政管理改革,2015 (10):5-10.

[4] 刘旭青. 创新驱动:转变经济发展方式的战略选择 [J]. 社科纵横,

---

① 国务院. 关于建立完善守信联合激励和失信联合惩戒制度 加快推进社会诚信建设的指导意见 [Z]. 2016.

2013, 28 (7): 47-49.

[5] 洪银兴. 论创新驱动经济发展战略 [J]. 经济学家, 2013 (1): 5-11.

[6] 李志强. 山西资源型经济转型发展报告 [M]. 北京: 社会科学文献出版社, 2015.

[7] 陈云霞, 闫磊, 马玉萍. "十三五"时期山西省高新技术产业发展现状分析 [J]. 江苏科技信息, 2016 (12): 4-5.

[8] 邹文卿, 段美宇. 创新性省份目标下山西省科技研发现状与政策建议 [J]. 山西科技, 2016, 31 (5): 7-11.

[9] 周兴, 张鹏. 市场化进程对技术进步与创新的影响——基于中国省级面板数据的实证分析 [J]. 上海经济研究, 2014 (2): 71-81.

[10] 郑烨, 吴建南, 张攀. 简政放权、企业活力与企业创新绩效 [J]. 科学学研究, 2017, 35 (11): 1737-1749.

[11] 刘元春. 从区域空间视角下来看看新动能 [EB/OL]. http://www.sohu.com/a/206734875_619341, 2017-11-26.

[12] 张爱权. 创新驱动: 山西资源型经济转型发展的内生动力 [J]. 中共山西省委党校学报, 2017, 40 (4): 54-57.

[13] 郝艳霞, 籍雪梅, 齐泽旭等. 营造良好的社会环境促进科技创新 [J]. 中共石家庄市委党校学报, 2005, 7 (12): 41-42.

[14] 梁晓霞. 山西省科技创新能力评价及提升研究 [D]. 太原: 中北大学, 2015.

[15] 党文娟, 康继军, 徐磊. 我国市场化发育程度对区域创新能力的影响力研究——基于不均衡发展视角 [J]. 云南财经大学学报, 2013 (4): 93-99.

[16] 左勇华, 黄吉焱. 不同FDI进入方式对区域创新能力影响研究——基于市场化程度差异视角 [J]. 科技管理研究, 2017 (6): 85-91.

[17] [英] 伊恩·沃辛顿, 克里斯·布里顿. 企业环境 (第四版) [M]. 北京: 经济管理出版社, 2011.

[18] 王小鲁, 余静雯, 樊纲. 中国分省企业经营环境指数2013年报告 [M]. 北京: 中信出版社, 2013.

[19] 王小鲁, 樊纲, 马光荣. 中国分省企业经营环境指数2017年报告 [M]. 北京: 社会科学文献出版社, 2017.

[20] 顾远东, 彭纪生. 组织创新氛围对员工创新行为的影响: 创新自我

效能感的中介作用 [J]. 南开管理评论, 2010 (1): 30-41.

[21] 刘云, 石金涛. 组织创新气氛与激励偏好对员工创新行为的交互效应研究 [J]. 管理世界, 2009 (10): 88-101.

[22] 宋月明. 市场化水平对区域经济发展的影响研究 [D]. 大连: 东北财经大学, 2016.

[23] 任永健, 付鹏鸿. 提高市场化水平激发新常态活力——黑龙江省市场化水平比较分析 [J]. 统计与咨询, 2015 (5): 23-25.

[24] 罗帅. 我国企业税收负担水平实证研究——基于成都市工商企业税收负担问卷调查的分析 [D]. 成都: 西南财经大学, 2014.

[25] 汤宇威. 海南经济特区市场化水平测度和评价 [D]. 海口: 海南大学, 2016.

第七章
山西省落实国家"一带一路"倡议的突破口

"一带一路"倡议是中国对于未来国内区域发展和对外开放格局、国际政治经济秩序的长远战略谋划（邹磊，2015）。"一带一路"沿线各国资源禀赋各异、经济互补性较强、彼此合作潜力和空间很大。"一带一路"倡议有利于加快中国与这些国家之间的经济融合，形成新的长期增长动力（肖金成，2015）。自 2015 年 3 月国家发展和改革委员会、外交部、商务部联合发布《推动共建丝绸之路经济带和 21 世纪海上丝绸之路的愿景与行动》以来，全国各地开始积极对接。中共山西省委、山西省人民政府高度重视，在机制建立、规划制定等方面做了大量卓有成效的工作，2015 年 9 月，《山西省参与建设丝绸之路经济带和 21 世纪海上丝绸之路实施方案》出台。随后各地级市出台了相应的实施方案，并付诸积极行动，取得了初步成效。根据国家商务部统计，近年来山西省在"一带一路"沿线 65 个国家共设立企业 88 家，涉及采掘业、加工业、建筑业、服务业等多个产业（温丽琴，卢进勇，2016）。与过去相比，2016 年山西省与"一带一路"沿线国家（地区）贸易额、对外投资额大幅增长，省际通道、内陆口岸建设等基础设施联通平台进一步完善，"山西品牌中华行"和"山西品牌丝路行"活动深入开展，文化、教育等领域合作交流不断深入。伴随着国家"一带一路"建设的大力推进，国际产能和装备制造合作进入实施阶段，为山西省采矿业、煤化工、装备制造业、电力、冶金等优势富余产能"走出去"提供了新的市场机遇。如何进一步落实国家"一带一路"倡议，为经济发展提供新的动力，对山西省资源型经济转型发展具有重要意义。

专栏 7-1

国家"一带一路"倡议

1. 总体思路

秉承"和平合作、开放包容、互学互鉴、互利共赢"理念,以"五通"(政策沟通、设施联通、贸易畅通、资金融通、民心相通)为主要内容,全方位推进务实合作,打造政治互信、经济融合、文化包容的利益共同体、责任共同体和命运共同体。

2. 合作重点内容

政策沟通。以高层互访为引领,加强政府间合作,着力推进双多边合作,积极构建多层次政府间政策交流机制和联动机制,加强政策对话和协商,深化经济合作,增进政治互信,达成合作新共识。

设施联通。沿线各国应加强基础设施建设规划、技术标准体系的对接,共同推进国际骨干通道建设,逐步形成连接亚洲各次区域以及亚非欧之间的基础设施网络。重点围绕交通基础设施、能源基础设施、通信基础设施三个方面加强合作。

投资贸易。各方应着力研究解决投资贸易便利化问题,消除投资和贸易壁垒,构建良好的营商环境,共同商建自由贸易区,激发释放合作潜力,探索投资合作新模式,树立投资合作新典范,做大做好合作"蛋糕"。

资金融通。要深化金融合作,推进亚洲货币稳定体系、投融资体系和信用体系建设。扩大沿线国家双边本币互换、结算的范围和规模。推动亚洲债券市场的开放和发展。共同推进亚洲基础设施投资银行、金砖国家开发银行筹建,有关各方就建立上海多边合作组织融资机构开展磋商,加快丝路基金组建。

人文交流合作。加强教育文化、旅游、医疗卫生、科技、公共外交等方面的合作。

3. 积极构建合作机制

加强双边合作。开展多层次、多渠道沟通磋商,推动双边关系全面发展。推动签署合作备忘录或合作规划,建设一批双边合作示范项目。建立完善双边联合工作机制,研究推进"一带一路"建设的实施方案、行动路线图。充分发挥现有联委会、混委会、协委会、指导委员会、管理委员会等双边机制作用,协调推动合作项目实施。

强化多边合作机制作用。在国际级别上,发挥上海合作组织(SCO)、中国—东盟"10+1"、亚太经合组织（APEC）、亚欧会议（ASEM）、亚洲合作对话（ACD）、亚信会议（CICA）、中阿合作论坛、中国—海合会战略对话、大湄公河次区域（GMS）经济合作、中亚区域经济合作（CAREC）等现有多边合作机制作用，相关国家加强沟通，让更多国家和地区参与"一带一路"建设。在各国区域、次区域级别上，继续发挥沿线各国区域、次区域相关国际论坛、展会以及博鳌亚洲论坛、中国—东盟博览会、中国—亚欧博览会、欧亚经济论坛、中国国际投资贸易洽谈会，以及中国—南亚博览会、中国—阿拉伯博览会、中国西部国际博览会、中国—俄罗斯博览会、前海合作论坛等平台的建设性作用。

文化合作。支持沿线国家地方、民间挖掘"一带一路"历史文化遗产，联合举办专项投资、贸易、文化交流活动，办好丝绸之路（敦煌）国际文化博览会、丝绸之路国际电影节和图书展。倡议建立"一带一路"国际高峰论坛。

资料来源：对接国家愿景方案　找准丝绸之路经济带陕西契入点［EB/OL］. 陕西省信息中心. http：//www.sei.gov.cn/ShowArticle.asp? ArticleID=252917，2015-06-12.

一、落实"一带一路"倡议对山西省资源型经济转型的意义

（一）有利于消化山西省过剩产能

长期以来，山西省逐步形成了以能源原材料为主的经济结构，"重工业过重、轻工业过轻"（安树伟，闫程莉，2017）。由于市场供求等条件的变化，目前山西省以采矿业、煤化工、电力、冶金等为代表的资源型产业产能过剩问题突出。这种不合理的经济结构严重影响了山西省经济的快速增长与稳定发展。如何有效化解过剩产能，是山西省转型发展过程中急需解决的重大问题。而山西省一些产业的过剩产能可能正好是"一带一路"沿线国家和地区所需要的（刘兆征，2016）。伴随着国家"一带一路"建设的大力推进，国际产能合作进入实施阶段，山西省这些传统优势过剩产能转移到其他需要这些产能的国家或地区，不仅能使山西省过剩产能减少，还能扬长避短，不断提高自身的创新能力，促进山西省经济结构调整和优化（赵娟，2016）。

（二）有助于增强山西省产业发展新动能

山西省与"一带一路"沿线的中亚等国具有天然优势互补的条件。中亚等国虽有非常丰富的自然资源，但工业不够发达，而山西省是以能源和原材料工业为主体的省份，工业基础雄厚，能源开采技术成熟，双方在机械制造和能源开采等方面的合作机会将很多（赵娟，2016）。目前，"一带一路"沿线国家的互联互通基础设施落后，骨干通道有很多缺失路段，部分通道道路等级低，通而不畅。而基础设施建设恰好是"一带一路"建设的优先领域，推动基础设施的互联互通和国际大通道建设是"一带一路"的重要内容。这为山西省积极开展对外投资、工程承包以及相关产品和设备的出口带来了机遇（刘兆征，2016）。随着"一带一路"建设的不断推进，沿线国家或和地区产业不断升级，山西省必将会扩大重型机械、能源开采设备、零件和材料的出口（刘兆征，2016）。以装备制造业为代表的产业发展，将会促使山西省经济发展动力由传统增长点转向新的增长点，为山西省经济发展提供新动力。

（三）有利于山西省拓展发展新空间

"一带一路"倡议涉及丝绸之路沿线的众多国家和地区，国家鼓励围绕政策沟通、设施联通、贸易畅通、资金融通、民心相通等方面进行合作，积极构建合作机制，搭建合作平台，各个国家和地区区域合作必将不断深化，这将会为中国企业发展走出去铺平道路。积极融入"一带一路"建设，必将会使山西省企业"走出去"更加容易，将为山西省的对外开放和发展提供更多新的市场机遇，为山西省经济的再次腾飞带来前所未有的发展空间（赵娟，2016）。山西省某些产品出口在一些发达国家受限，但可能在"一带一路"沿线国家和地区就能绕开这些壁垒，为占有更多的国际市场提供便利（刘兆征，2016）。同时，山西省因为要素成本上升而失去竞争力的一些产业、产品，由于"一带一路"沿线某些国家和地区较低的要素成本，从而使山西省这些失去竞争力的产业重现生机（刘兆征，2016）。

二、山西省落实国家"一带一路"倡议的优势

(一) 区位优势

山西省地处中国中部,西面毗邻"丝绸之路"的起点陕西,东面、东南面和河北、河南相连,是国内重载铁路最密集、最发达的省份之一。途经山西省境内的中南部铁路通道线、青(岛)银(川)线、侯(马)月(山)线、(北)京包(头)线、新(乡)菏(泽)兖(州)日(照)线和神(木)黄(骅港)线,使山西省成为连接天津港、青岛港、黄骅港、日照港以及在建的董家口港南下"21世纪海上丝绸之路"的大通道。目前,东起连云港、西达兰州的陇海铁路运力紧张,从山东日照经过山西省腹地到达陕西西安的"第二陇海线"发挥了重要的作用(刘兆征,2016)。独特的地理区位、通行能力较大的铁路运输能力,使山西省在某种程度上可能成为北方沿海地区进入"丝绸之路经济带"的桥梁和纽带,成为中国东部对接"一带一路"的重要枢纽。

(二) 产业优势

山西省是资源大省,有焦化、装备制造、钢铁、有色、电力、煤化工等传统优势产业,在参与"一带一路"建设中具有一定的产业优势(赵丽芳,霍衍桥,2017)。

1. 装备制造业

近年来,山西省装备制造业总体上表现出了稳中有增的发展趋势,伴随着经济总量、生产效益的逐渐增长,产业体系不断完善。一方面山西省装备制造业是山西省主要的出口行业。2016年山西省机器、机械器具、电气设备及其零件业以及车辆、航空器、船舶及有关运输设备业出口额达到山西省出口额的69.45%。从出口角度来说,山西省的这两个行业在全国具有一定的比较优势,2016年的出口区位商为1.47。另一方面山西省装备制造业具有较强的竞争优势。目前,山西省的轨道交通装备制造业的制造链已初具规模,四大龙头企业在其行业领域都掌握着核心技术。太原钢铁集团有限公司的不锈钢产能居全国

之首，它所生产的重点产品批量进入石油、化工、铁路等新兴行业，铁路行业用钢、车轴钢、耐热钢等品种远销海外；太原重工股份有限公司依靠自主技术生产轮对集成品和高速轮轴，2015年其国家级的技术中心在全国1098家国家认证企业技术中心中排名第2位，其子公司可以生产高速动车和城轨车辆相关附属部件。此外，它还是国内唯一的轮对维修基地。隶属中国北车股份有限公司的永济电器公司引进法国、德国等四个国家知名企业的先进技术，生产用于轨道交通、工程机械电机、船舶、工矿轨道车等方面的产品，占据了国内70%的市场份额，并出口到40多个国家和地区；中国北车集团大同电力机车有限公司通过了相关独联体有关国家认证，拥有世界一流的大功率交流传动电力机车研发制造平台，不断获得海内外巨额订单。在"一带一路"背景下，沿线国家正处于基础设施大开发的阶段，各种需求亟待满足，轨道交通等装备制造业作为基础设施投资的重点必将有很大的市场前景（赵丽芳，霍衍桥，2017）。

2. 冶金行业

在山西省冶金行业中，钢铁、铜、铝等产业积累了一定规模。山西省将打造太原、吕梁、临汾、运城、晋东南五大千万吨级钢铁基地，布局了运城和太原铜产业基地。同时，将大力发展铝、镁产业，大力扶持铝产业链配套的大型企业集团、配套镁合金深加工产品生产的大型企业集团（廉靖，2017），这必将会大大提升冶金行业的竞争力。

3. 煤炭采掘及煤化工

作为煤炭资源大省，山西省在煤炭开采、煤机制造、煤炭科研等领域具备相当的基础和实力，如山西焦煤集团有限责任公司、大同煤矿集团公司等焦化企业立足深加工，现已成功引导省内其他企业做强了几个产品链。"一带一路"所涉及的65个国家和地区，不少中亚、西亚国家属于资源、能源富集地区，同时很多国家对于煤炭的需求量比较高。山西省在煤炭采掘及煤化工产业对接"一带一路"倡议中应大有可为（廉靖，2017）。

4. 特色农业及农副产品加工业

山西省农业和农副产品加工业也颇具特色，在食品加工、中药材加工、生物制品、规模种养以及玉米、小杂粮、干鲜果等农畜产品加工等领域与国外都有交流合作，已成功开展了一系列项目的合作与交流，合作前景广阔（廉靖，

2017）。

（三）历史和文化旅游资源优势

1. 历史文化源远流长

"一千年文明看北京、三千年文明看陕西、五千年文明看山西"。山西省在汉朝和唐朝即是古代"丝绸之路"的承接带，在北魏时期是古代"丝绸之路"的重心。"万里茶路"兴盛于清中期，以山西省商人为主力，贯通俄罗斯、蒙古等欧亚多个国家，是历史上继"丝绸之路"之后又一条连接欧亚大陆的陆上国际通道，在贸易史上具有重要地位（刘兆征，2016）。"一带一路"沿线国家多由古时的"丝绸之路"国家发展而来，都拥有着一定的文化底蕴，并对其他国家的文化有着浓厚兴趣。相对于国内其他省份，山西省的文化底蕴更能够对"一带一路"沿线国家产生吸引力，特别是晋商文化。早在宋代，晋商便已出现在历史舞台上，明清时达到了鼎盛，虽然20世纪初在战争的影响下逐渐衰落，但其留下的宝贵物质和精神文化，在当今的新形势下更是与"一带一路"有着千丝万缕的关系（赵丽芳，霍衍桥，2017）。

2. 文化旅游资源丰富

文化旅游已经成为当今旅游业发展的主要推动力，而山西省的文化旅游资源非常丰富。山西省是华夏文明的发祥地，三晋大地有丰厚的文化底蕴，有举世闻名的文化资源。山西省现有世界文化遗产3处（云冈石窟、平遥古城、五台山），国家重点文物保护单位452处，居全国各省（自治区、直辖市）第一位；国家大遗址保护项目4处、国家级历史文化名城6座（大同、平遥、祁县、代县、新绛、太原）、历史文化名镇7个（赵丽芳，霍衍桥，2017）。其中，五台山是中国四大佛教圣地之一、云冈石窟是全国四大石窟之一。另外还有被誉为海内外古槐后裔"根"的洪洞大槐树、被传为文明始祖的商尧陶唐氏诞生、建都之地的尧都；有奔腾汹涌、中华民族精神象征的壶口瀑布；曾是对蒙古、俄罗斯贸易主要口岸的碛口古镇等著名旅游景点（刘兆征，2016）。

三、山西省落实国家"一带一路"倡议的制约因素

2015年3月,《推动共建丝绸之路经济带和21世纪海上丝绸之路的愿景与行动》发布,山西省没有被明确纳入国家"一带一路"沿线省份的名录中,面临"缺席"国家规划的尴尬情况。

(一)对外直接投资经验不足

山西省对外直接投资起步晚、规模小,投资经验缺乏,还处于学习摸索阶段,开展国际经营能力较弱。山西省对外直接投资在全国相对滞后,2016年山西省对外直接投资额为23.3亿美元,仅占全国的1.19%;2014年山西省对外直接投资金额在全国各省(自治区、直辖市)排名第28名,仅优于西藏、青海和宁夏。同时,山西省企业对外投资合作的动机不强,对外直接投资模式也比较单一,而且多以现汇方式出资,加重了企业资金负担(温丽琴,卢进勇,2016)。企业"走出去"经验的不足可能会严重制约山西省参与"一带一路"建设的成效。

(二)部分主导产业国际竞争力不强

山西省虽然是煤炭大省,但是近年来矿产品的国际竞争力逐步下降;光学、医疗设备及精密仪器设备虽有逐步改善的趋势,但整体竞争力较弱;化工和纺织服装的国际竞争力相对较强,但其并非山西省主导产业;机械及运输设备产品国际竞争力由弱转强,仍有很大的提升空间(温丽琴,卢进勇,2016)。

(三)扩大产业投资面临着多元风险

中国社会科学院世界政治经济研究所发布的"2015年度中国海外投资国家风险评级"报告指出:"一带一路"沿线国家仅新加坡为低风险,其他国家以中等风险级别为主。涉及的风险主要有政治风险、法律风险、宗教风险、融资风险、经济风险等(温丽琴,卢进勇,2016)。一旦应对这些风险不力,将

会在相当程度上制约山西省"走出去"的进程与成效。

四、山西省落实国家"一带一路"倡议的重点任务

山西省虽然没有被国家明确纳入"一带一路"倡议之中,但纳入了通关一体化改革中,同时借助独特的优势,依然大有可为。未来,应不断解放思想,从配角做起,主动参与,坚持有所为有所不为,扬长避短,突出重点,错位发展,发挥区位和产业优势,以人文交流为基础,以经贸合作为先导,以产能合作为突破口,加强基础设施和体制机制建设,最大限度激发企业活力,加大与国内具有"一带一路"合作平台地区的联系,主动融入中蒙俄经济走廊、新亚欧大陆桥经济走廊、中国—中亚—西亚经济走廊和海上战略支点等建设,借力发展、统筹协调、循序渐进、以点带面,扎实推进参与进程。

(一)着力完善交通网络

积极打通对外连接通道。加快省内国家高速公路、铁路扩能改造,加快国家高速公路、高速公路出省通道及地方高速公路建设(安树伟,郭文炯,安祥生等,2018)。畅通省际出口和区域大通道,构建山西省与周边省份以及至京津冀等的快速通道,促进山西省与京津冀、中原城市群、关中平原城市群以及中西部广大地区的人员与货物流动。近期,要加快大(同)张(家口)、太(原)焦(作)、原(平)大(同)忻(州)保(定)、运(城)三(门峡)等高速铁路项目建设。完善铁路煤运通道建设,加快建设蒙西—华中地区煤运通道、和顺—邢台等铁路项目(安树伟,郭文炯,安祥生等,2018)。

加快省内东西贯通的通道建设。山西表里山河,受到"两山夹一水"地貌特征的影响,经济发展主要轴线以南北纵贯的(大)同蒲(风陵渡)铁路、大(同)运(城)高速公路、大(同)西(安)客运专线为主。在行政区经济的作用下,省内交通线也形成了以太原为中心的纵贯南北的通道为主,而省内东西向的交通联系通道相对偏弱。我国北方客货运输主导方向是东西方向,在省内交通已经得到根本改善的状况下,鉴于山西省承东启西的地理位置,以及"东引西进"的对外开放战略(黄桦,2012),未来要加快全省东西贯通的通道建设,基本形成快速、便捷、高效、安全、绿色的现代综合交通运输体

系，为经济社会发展提供强有力的运输保障（安树伟，郭文炯，安祥生等，2017）。

（二）积极推进大通关体系建设

1. 全面深化和推进通关一体化和检验检疫区域一体化

按照海关总署的部署，2015年5月1日，山西省与山东省、河南省等9省（自治区、直辖市）被纳入"丝绸之路经济带"区域通关一体化改革板块。山西省应以此为契机，全面深化和推进通关一体化，逐步推行区域检验检疫一体化，促进国际互联互通，重点加强信息互换、监管互认、执法互助方面的协作交流，打通山西省企业贯穿"丝绸之路经济带"的通关高速路，大力推进国际贸易便利化，提高通关便利化水平（韩枫，2015）；继续支持太原中鼎物流园铁路港运营，积极推进大同航空、运城航空口岸开放，加强山西省三个航空口岸（大同、运城、五台山机场航空口岸）、一个铁路口岸（太原铁路口岸）建设（廉靖，2017）。

2. 稳步推动贸易平台建设

强化对接中东贸易平台。依托中东贸易平台，加强中东贸易平台山西运营中心建设，积极对接中东贸易，加快在印度、巴基斯坦建立海外山西商城步伐，推动山西企业"走出去"，拓展海外市场（范珉菲，2017）。

积极发挥香港特区的贸易平台作用。目前山西省优势产业"走出去"开展国际产能合作的愿望强烈，企业对金融、会计、法律等知识和信息需要强烈，而这些正是香港的优势所在。截至2016年末，山西省共备案在香港投资企业有30多家，其中涉及煤炭、工程机械、石油设备、不锈钢等货物贸易以及融资租赁等行业。以这些企业为先导，积极发挥香港金融、物流、基建投融资和贸易枢纽的角色，利用香港作为"走出去"和寻觅投资机会的平台，拓展国外市场。

（三）大力推动产能合作创新

山西省作为我国重要的能源工业基地，在煤炭、钢铁、水泥、焦化、机械制造、电力、化工等领域具有产能优势，在境外开展多种形式的产能合作潜力巨大。山西省参与"一带一路"建设，既要引进东南"21世纪海上丝绸之路"沿线发达地区的产能，同时要向西去产能。

1. 优先促进装备制造业"走出去"

轨道交通装备业是山西省的出口优势产业，应全力发展与高速列车配套的电机、车轴、车轮、轮对等关键零部件，借助装备制造业发展良好的态势，加快产业转型升级，快速走出国门（温丽琴，卢进勇，2016）。

2. 鼓励煤电及相关产业对外直接投资

鼓励煤电企业和新能源企业利用技术优势"走出去"（温丽琴，卢进勇，2016），同时着眼于山西省煤炭业发展短板，加快技术引进。在开采技术、清洁技术、高效利用等关键领域，引进国外先进的生产设备，提升全省煤炭在采掘、运输等领域的自动化水平，并实现高效燃烧和污染控制，提升煤炭附加值，延伸产业链。在现代煤层气、新型煤化工及其相关的装备制造业等未来发展的重点领域加强自主创新，将山西省从粗放的资源生产基地转变为新能源加工和集散中心（廉靖，2017）。

3. 推进化工、纺织等行业的对外直接投资

虽然山西省化工和纺织服装产业规模不大，但是其产品具有一定的国际竞争力。可以选择竞争程度适中的国家、联合国际经验丰富的国内相关企业或携手当地相关企业进行投资合作，逐步"走出去"。对于有技术的农业企业，可以选择合适的国家发展种植业，寻找新出路、新市场（温丽琴，卢进勇，2016）。

4. 加快国际合作产业园建设

以开发区形式开展产能合作，根据山西省企业的发展水平和投资能力，实行有计划、有目的的产业转移（胡凤雅，2017）。充分利用山西省优势，推行"一园两地"合作模式。积极推进晋非合作区建设，鼓励企业在印度尼西亚建设采煤—焦化—发电—钢铁一体化循环工业园区，支持企业在哈萨克斯坦等中亚国家投资能源矿产，打造资源深加工工业园。

（四）积极促进文化旅游合作与贸易

1. 深化国际旅游合作

"一带一路"沿线国家和山西省都具有丰富的文化旅游资源，通过"山西品牌丝路行"等活动，加强旅行社国际合作，在鼓励旅游业发展的沿线国家设立机构或选择代理机构，积极宣传让更多国外旅行社和游客了解山西省文化旅游资源（温丽琴，卢进勇，2016）。积极与"丝绸之路经济带"沿线国家签订旅游合作框架协议、合作备忘录，共同举办国际旅游展会，拓展境外旅游宣传渠道，吸引更多外国游客来晋旅游。

2. 打造特色旅游品牌

推进旅游体制改革，完善对住宿、交通、购物等旅游相关方面的规范管理，营造良好的旅游环境，加快建设一批设世界知名、全国一流的旅游目的地（赵娟，2016）。支持符合条件的市、县（区）创建国家级旅游业改革创新先行区和国家全域旅游示范区。支持建设旅游国际合作示范区，打造特色旅游品牌，增强山西旅游品牌国际竞争力。

3. 推进智慧旅游系统建设

完善省级旅游运行监测指挥中心软硬件建设，实现旅游日常监管调度及应急指挥数字化、网络化。加强旅游服务信息互联互通，利用社交媒体平台宣传山西，构建山西旅游海外宣传推介网络。

4. 继续扩大文化交流与贸易

依托"丝绸之路经济带"沿线国家和地区的中国文化交流中心，建立文化交流合作机制，互办文化节、文化周，密切双边文化交流和贸易（廉靖，2017）。加大对重点文化产品、生产企业和贸易基地的扶持力度，鼓励创作开发展示山西底蕴的文化产品，支持更多优质文化产品和服务以商业运作方式进入境外市场。积极承办国际性、全国性重大会议、文艺演出、展览和赛事，不断提高服务水平。促进优质文化资源整合，建立山西省文化出口重点企业、项目名录和产品数据库，引导山西文化形成品牌，向规模化、综合化、特色化方向发展（廉靖，2017）。

（五）加强环保和生态领域合作，创新对外投资方式

"一带一路"沿线的阿拉伯国家水资源缺乏，近年来这些国家也越来越注重与环境和生态相关的项目投资和行业发展，未来将更加需要发电、供水、污水处理、大气治理等项目，对国际先进技术、项目管理经验以及国外资本的需求也会更加强烈（赵倩，李静，2015）。借助中国努力打造的"绿色丝绸之路"为主题的合作平台，积极在生态文明建设、环境保护、污染防治、生态修复、循环经济等领域加强国际合作。培育具有自主知识产权、拥有自主品牌、掌握核心技术、市场竞争力强的环保龙头企业，加强与阿拉伯国家的环保生态合作。鼓励有条件的地区、企业与国外合作共建生态产业园。

从国内企业在国外投资模式来看，经历了跨国并购、境外经贸合作区、PPP模式等。山西省也曾承办了晋非经贸合作区的建设。近年来，山西省借助"一带一路"倡议的机会大力开展了对外直接投资，在"一带一路"沿线国家新设立企业20多家。山西"走出去"经验不足，可以先学习选择现有的适宜山西企业的产业投资合作模式，随着经验的积累，在总结经验教训的基础上创新针对不同产业创新适宜的对外投资合作模式（温丽琴，卢进勇，2016）。

（六）强力推进中国（山西）自由贸易试验区申报与建设

精心组织，推进中国（山西）自由贸易试验区申报工作。相关部门要各司其职，密切配合，积极争取国家支持，力争早日申报成功。以中国（山西）自由贸易试验区建设为突破口，加快复制推广全国自由贸易试验区改革试点经验，营造良好的营商环境，打造内陆地区对外开放新高地。

五、山西省落实国家"一带一路"倡议的保障措施

（一）推进保障服务平台建设

建立"一带一路"专业智库。可考虑由省主要智库机构牵头，进一步整合国内外智力资源，对沿线各国发展、需求、风险做定期分析，为企业"走出去"提供区域和行业选择的建议。建立风险预警机制，及时对相关企业进

行预警。在对外投资中帮助企业与当地政府、市场、企业做好战略、项目对接及可行性研究，尽可能降低对外投资风险。合理利用现有多边规则防范投资风险、解决投资纠纷，投资前做好投资规划和风险预案，建设期加强当地沟通和风险排查，运营期坚持全面风险管理、做好项目风险控制（李锋，2017）。

进一步简政放权，着力构建对外开放新格局的窗口和平台。制定优惠政策，激发企业特别是民营企业活力、激发企业家积极性和创造力。建立健全重点工程、重大项目和重要事项审批"绿色通道"，为企业"走出去"提供便利化服务。重点培育几个具有国际竞争力的跨国公司，实现一批优势产能和装备制造企业开展国际合作。

加快推进"一带一路"语言服务及大数据平台建设，推进山西省"一带一路"网站建设。完善"一带一路"建设境外安全保障工作体系和机制，不断加强双边投资协定建设。建立山西企业"走出去"联席会议。

（二）合理利用各种基金

一方面，要引导和支持省内企业积极对接丝路基金。加强与丝路基金、中非发展基金、中国—拉美基金的联系，争取国际金融组织支持，建立信息共享机制和项目库共建机制，为山西企业"走出去"提供多形式多渠道金融服务。另一方面，设立山西省"一带一路"产业基金。可考虑由省财政出资，吸引有关金融机构及社会资本参与建立基金，按照政府引导、市场运作、试点先行、风险可控的原则运作，主要用于投资符合国家"一带一路"倡议的项目。同时，编制参与建设"一带一路"重点合作国别目录和重点产业目录，以国际友好城市、地方政府合作为平台，充分利用华侨华人独特优势，鼓励参与"一带一路"建设。

（三）鼓励科技创新

围绕山西出口优势产业，鼓励科技创新，将山西具有的产业优势延伸到山西省的研究院所、高校和企业中去，通过科研人员把宝贵的经验等转化为科学技术，从而为山西省"一带一路"建设中各个领域的发展提供技术和人才支撑。着力打造山西高新工业园区和科技创新城，吸引国内外高科技技术人才入晋，加快山西省高新技术产业发展。鼓励和支持民营企业和个人的自主创新，完善相关创新机制，营造全省创新的良好氛围（赵娟，2016）。

参考文献

[1] 邹磊. 中国"一带一路"战略的政治经济学 [M]. 上海：上海人民出版社, 2015.

[2] 温丽琴, 卢进勇. "一带一路"战略与山西对外投资产业布局 [J]. 国际经济合作, 2016 (3)：91-95.

[3] 刘兆征. 抢抓"一带一路"战略机遇提高我省开放发展水平 [J]. 前进, 2016 (1)：29-32.

[4] 赵丽芳, 霍衍桥. 山西外贸参与"一带一路"战略的优势与对策 [J]. 山西高等学校社会科学学报, 2017, 29 (9)：64-69.

[5] 廉靖. "一带一路"战略背景下山西"承东启西"的发展之路 [J]. 现代工业经济和信息化, 2017 (11)：3-5.

[6] 安树伟, 郭文炯, 安祥生等. 山西经济地理 [M]. 北京：经济管理出版社, 2018.

[7] 韩枫. "一带一路"战略对山西经济发展前景影响分析 [J]. 科技创新与生产力, 2015 (12)：12-15.

[8] 范珉菲. 中东贸易平台助晋企海外淘金 [J]. 先锋队, 2017 (6)：34.

[9] 胡凤雅. "中国制造2025"与"印度国家制造政策"的战略对接研究 [J]. 经济体制改革, 2017 (5)：162-167.

[10] 赵娟. 试论"一带一路"与山西对外开放 [J]. 吕梁学院学报, 2016 (3)：49-52.

[11] 赵倩, 李静. 中阿环保市场潜力巨大 [N]. 经济参考报, 2015-9-21 (7).

[12] 李锋. "一带一路"背景下中国能矿行业海外投资的机遇、风险与对策 [J]. 管理现代化, 2017 (5)：98-100.

[13] 安树伟, 闫程莉. 山西经济发展的功能定位与战略思路 [J]. 经济问题, 2017 (10)：1-7.

[14] 黄桦. 新形势下山西区域经济发展战略研究 [J]. 经济问题, 2012 (12)：125-128.

第八章
山西省资源型经济的绿色转型

党的十九大报告提出："要积极推进人与自然和谐共生的现代化，加快生态文明体制改革，建设美丽中国。"在绿色发展的前提下，能源资源和生态环境作为稀缺资源，既对经济发展起到驱动作用，也对经济发展具有制约作用，这种驱动和约束即为"绿色驱动"和"绿色约束"。由于重工业在经济结构中比例较大，经过改革开放40年的高强度资源开发以及对环境的污染和破坏，山西省经济社会的可持续发展面临越来越突出的资源环境制约，绿色约束日益明显。因此，积极探索资源型经济转型之路，必须面对当前突出的生态环境问题，走出一条适合省情的绿色转型发展与生态文明建设道路。下文对山西省现实的资源与环境进行了客观评述，分析山西省资源型经济转型所面临的绿色约束，并提出相应对策。

一、山西省资源型经济绿色转型的重要性

随着我国经济社会的不断深入发展，生态文明建设的地位和作用日益凸显，"绿水青山胜过金山银山"越来越成为中国社会的共识。党中央、国务院也高度重视生态文明建设，指出加快推进生态文明建设是加快转变经济发展方式、提高发展质量和效益的内在要求，是坚持以人为本、促进社会和谐的必然选择，是全面建成小康社会、实现中华民族伟大复兴中国梦的时代抉择，是积极应对气候变化、维护全球生态安全的重大举措。绿色已成为发展的"硬约束"。

长期以来，山西省"一煤独大"的发展模式，给环境和资源带来众多问题，同时资源与环境反作用于经济社会发展，绿色约束力增强。加快山西省资源型经济转型，就是要认清"绿色约束"，增强"绿色驱动"，在资源环境可

持续前提下保持经济的绿色、稳步和持续增长。

山西省资源型经济转型是当下第一要务,成功的转型就是要在经济稳步增长、人民幸福生活的同时,最大限度地发挥生态环境的价值,打造"美丽山西";就是要走重视质量和效益的内涵式发展道路,也是生态环境与经济发展双赢的道路、绿色低碳高效的发展道路。因此,山西省资源型经济转型成功与否,经济发展是否步入科学发展道路,其前提是对山西省绿色约束的把握,保证其转型发展是在科学、合理、安全的生态资源与空间之上的可持续的发展。

二、山西省资源型经济绿色转型的进展与困境

在生态文明建设、区域协同发展战略指导下,下文从能源、资源和环境方面,分析山西省资源型经济绿色转型取得的进展,以及所面临的困境。

(一) 转型进展

近年来,国家逐步加大了对山西省生态文明建设的支持力度,特别是2010年设立山西省国家资源型经济转型综合配套改革试验区以来,大力推动转型发展、跨越发展和绿色发展,力图将山西省建设成为我国中西部地区的一个重要增长极和全国资源型经济转型示范区。山西省在生态建设、环境治理和发展循环经济等方面都取得了一定的成就。

1. 环境治理初见成效

山西省各级政府加大对工业污染治理、生态环境保护的投资,工业污染治理完成投资占工业增加值的比重高于全国平均水平(图8-1)。2016年省级环保资金投入9.16亿元,有力地保障了污染防治行动计划的实施。山西省环境污染的势头得到一定遏制,生态环境得到一定的改善。

2016年山西省大气环境良好率为68%,均高于北京(54%)、天津(62%)、河北(47%)。2011~2016年,山西省废水废气中主要污染物的排放量整体上呈逐年降低趋势(表8-1)。2015年化学需氧量、氨氮、二氧化硫、氮氧化物、烟(粉)尘削减比例分别达20.2%、15.5%、22.11%、25.0%、15.8%,超额完成"十二五"规划的目标任务。

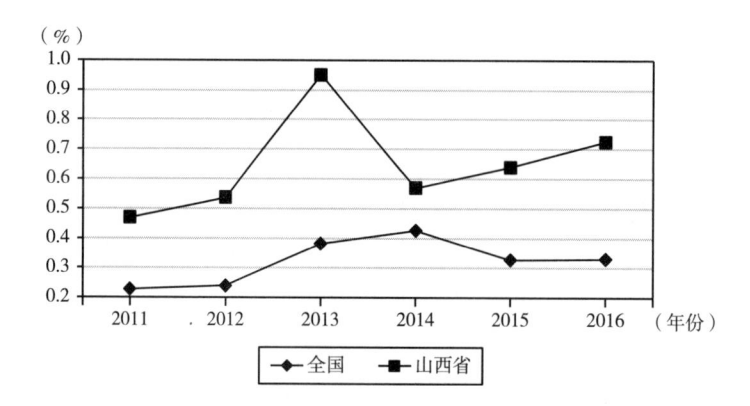

图 8-1　2011~2016 年山西省工业污染完成投资占工业增加值的比重

资料来源：根据《山西统计年鉴》（相关年份）及《中国统计年鉴》（相关年份）整理。

表 8-1　2011~2016 年山西省废水废气中主要污染物的排放量

主要污染物排放量	2011 年	2012 年	2013 年	2014 年	2015 年	2016 年
化学需氧量（万吨）	48.96	47.68	46.13	44.13	40.51	22.71
氨氮（万吨）	5.91	5.69	5.53	5.37	5.01	3.26
二氧化硫（吨）	139.91	130.18	125.54	120.82	112.06	68.64
氮氧化物（吨）	128.60	124.40	115.78	106.99	93.08	67.28
烟（粉）尘（吨）	112.99	107.09	102.67	150.68	144.89	68.15

资料来源：《山西统计年鉴》（相关年份）。

2016 年山西省共建成自然保护区 46 个，其中国家级自然保护区 7 个、省级自然保护区 39 个。自然保护区面积达 110 万公顷（其中国家级自然保护区面积 11.7 万公顷），占全省国土面积的 7.4%；累计治理水土流失面积 5.85 万平方千米，水土流失治理度达到 54%；矿区土地复垦率超过 50%。

环境治理能取得成效主要得益于以下四个方面：一是规划先行。各级政府对重点领域进行一系列规划以指导环境治理工作的展开。如《山西省"十三五"环境保护规划》《山西省土地利用总体规划（2006~2020 年）》《山西省矿产资源总体规划（2008~2015 年）》《山西省"十三五"节能环保产业发展规划》。除此之外，还制定了《太原市生物多样性和湿地保护规划》，为环境治理、生态保护工作打下了良好基础。二是通过实行部门联动、区域限批、末位淘汰、自动监控、奖惩问责等一系列管理手段，对污染企业实施关停，对高能耗项目进行限制发展和淘汰落后产能。2017年，山西省在完成既定任务（关闭18座煤矿、退出产能1740万吨）后，另外关闭煤矿9座，退出产能525万吨。三是植树造林。先后开展了天然林资源保护、退耕还林、"三北"防护林体系建设、京津风沙源治理等工程，启动了森林生态效益补偿制度，植树造林面积和果园面积逐年扩大，森林资源面积和蓄积量持续增长，极大地改善了全省生态环境。四是在全国率先建立了煤炭开采生态补偿机制，矿山生态环境恢复治理全面铺开，创建国家和省级生态示范县、乡镇和生态村共900多个。

2. 传统资源利用的技术优势明显

在山西省长期经济发展过程中，煤炭等矿产资源的开发有力地支撑了山西省经济的发展。截至2015年底，全省开发矿产资源65种，主要为煤炭、煤层气、铁矿、铝土矿、铜矿、金矿、水泥用灰岩、芒硝等；共有各类矿山近六千座，其中部、省两级发证矿山1700座。2016年全省原煤产量8.16亿吨，比2015年减少14.4%；煤层气产量43.2亿立方米，比2015年增长5.3%；氧化铝产量1414.1万吨，比上年增长10.8%；原铝产量86.8万吨，比2015年增长43.6%；水泥产量为3595.4万吨，比2015年增长3.4%；生铁产量3641.1万吨，比2015年增长1.9%。近五年来，采选业在山西省的国民经济体系中占有举足轻重的地位，采选业年增加值占工业增加值的比重最高达到66.1%，占山西省地区生产总值的比重最高达到34.2%，就业人数长期占工业就业人数的40%以上。

在长期的矿产资源开发利用过程中，山西省具备了一定的比较优势。矿产资源节约与综合利用水平明显提高，煤炭、铁矿、铝土矿等主要矿种开采回采率以及煤层气利用率基本实现了规划目标（表8-2）。能源加工转换效率明显高于全国平均水平（图8-2）。能源加工转换效率是保持地区生产总值增长同时降低能源消费量和污染排放的重要途径，随着能源加工转换效率的提高，能源等生产要素之外的技术要素对地区生产总值的贡献会越来越大（王晓珍，孔莉芳，2009）。

表8-2　　　山西省矿产资源节约与综合利用主要指标完成情况　　　单位：%

指　标	上轮规划目标	完成情况
煤炭开采回采率	85/80/75（薄/中厚/厚）	80.37/80.06/81.68（薄/中厚/厚）
铁矿开采回采率	85	95.35/81.87（地下/露天）

续表

指　　标	上轮规划目标	完成情况
铝土矿开采回采率	78	78.78/75.64（地下/露天）
煤层气利用率	70	82.6
煤炭矿井井下瓦斯利用率	—	31.17

资料来源：《山西省矿产资源总体规划（2016~2020）》。

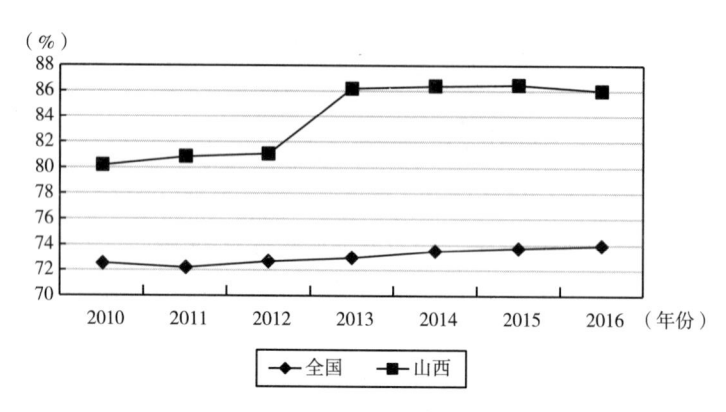

图8-2　2010~2016年山西省能源加工转换效率

资料来源：《山西统计年鉴》（相关年份）、《中国统计年鉴》（相关年份）。

山西省煤炭行业的能源加工转换装置和生产工艺相对先进，管理水平较高。2017年底，山西省转型综改重大标杆工程——山西潞安矿业（集团）有限责任公司高硫煤清洁利用一体化项目投产生产的煤基高端合成油，对煤炭进行高效清洁转化利用，让劣质煤变废为宝，延长了煤炭开采利用生命周期，这反映了山西省在长期的能源利用过程中的科技积累。在未来一段时间，煤炭依然是山西省、甚至全国的重要能源，煤炭加工转换方面相对比较成熟的技术将是山西省的优势。

3. 循环经济发展迅速

近年来，山西省积极发展循环经济，为调整产业结构、转变发展方式、建设生态文明、促进可持续发展发挥了重要作用，在发展循环经济的道路上取得了一系列成效，主要包括：循环经济试点示范工作全面展开，全省多个城市被列为国家循环经济标准化城市建设试点市，同时积极布局省级循环经济试点建设；工业固废利用领域逐渐拓宽，综合利用效率显著提升；循环经济重点领域建设成效显著，太原、大同、晋城等国家级试点城市再生资源重点品种的回收率超过60%；科技创新能力不断增强，以主导产业和优势领域为主攻方向，研发推广了一批减量化、再利用、资源化、资源替代、共生链接、系统集成等方面的实用技术；形成了一批发展循环经济的典型模式（安树伟，郭文炯，安祥生等，2018）。

（二）绿色转型困境

长期以来，山西省的能源、资源与生态环境是经济发展的坚强后盾和有力支撑，但是能源、资源并不是取之不尽、用之不竭的，生态环境也并不是可以无限容纳污染排放的。随着长期经济发展过程中对资源与环境的索取，资源与环境越来越难以有效支撑经济的快速发展，经济转型发展也不得不面对更多约束和困境。

1. 发展阶段的局限性

资源环境在促进地区经济发展的同时，往往也受制于一个地区经济的发展水平。经济发展起初以牺牲资源环境为代价，随着经济增长，进入一个新的阶段，经济发展反哺资源环境，二者相互促进，协调发展。通常通过城镇化阶段和工业化发展阶段衡量一个地区的经济发展水平。2000~2017年山西省城镇化率由35.9%提升至57.3%，按照城镇化水平划分标准，[①] 目前正处于城镇化加速发展阶段。但是当城镇化率超过50.0%以后，城镇化率的增长速度将逐渐减缓。根据相关学者的研究，可从经济发展水平、产业结构、工业结构、就业结构和空间结构等多方面评价山西省工业化水平（表8-3）。

表8-3　　　　　　　　工业化不同阶段的标志值

人均GDP	工业化阶段				后工业化阶段
	前工业化阶段	工业化初期	工业化中期	工业化后期	
2010年美元	827~1654	1654~3308	3308~6615	6615~12398	12398以上
三次产业增加值比重（产业结构）	A>I	A>20%，A<I	A<20%，I>S	A<10%，I<S	A<10%，I<S

[①] 城镇化水平可以分为三个阶段：城镇化水平在30%以下为城镇化初级阶段，30%~70%为快速发展阶段，70%以上为成熟阶段。

续表

人均GDP	工业化阶段				后工业化阶段
	前工业化阶段	工业化初期	工业化中期	工业化后期	
制造业增加值占总商品增加值比重（工业结构）	20%以下	20%~40%	40%~50%	50%~60%	60%以上
人口城镇化率（空间结构）	30%以下	30%~50%	50%~60%	60%~75%	75%以上
第一产业就业人员比重（就业结构）	60%以上	45%~60%	30%~45%	10%~30%	10%以下

注：表中A为农业，I为工业，S为服务业。
资料来源：黄群慧、李芳芳等. 工业化蓝皮书：中国工业化进程报告（1995~2015）[M]. 北京：社会科学文献出版社，2017.28.

从经济发展水平看，2016年山西省人均地区生产总值（按当年平均汇率计算）为5314.88美元（相当于2010年4673美元），处于工业化的中期阶段；从产业结构看，2016年山西省三次产业比重为6.0∶38.3∶55.7，第二产业已经超过第一产业，第一产业增加值的比重小于10%，且工业比重小于服务业比重，具有由工业化后期向后工业化阶段转变的特征。需要说明的是，2011年以来由于宏观经济形势的影响，山西省工业增加值占地区生产总值比重大幅度下降，2011~2016年由52.5%下降到31.5%，平均每年下降3.5个百分点，但这种下降不是正常的产业结构演替现象，不能由此得出山西省已经处于后工业化阶段的结论。从工业结构看，2016年全省制造业增加值1413.2亿元，占总商品增加值（相当于第二产业和第三产业增加值之和）的比重为12.0%，处于前工业化阶段。从空间结构上看，2016年全省城镇化率为56.2%，处于工业化中期阶段。从就业结构上看，2016年全省第一产业从业人员为670.5万人，占从业人员总数的35.6%，处于工业化中期阶段。总的来说，目前山西省仍处于工业化中期阶段。

工业内部结构变化通常可以分为三个阶段：重工业化阶段、高加工度化阶段和技术集约化阶段。在以原材料工业为重心的工业发展时期，工业化处于初期阶段；当工业结构转向以加工装配工业为中心向高加工度化阶段迅速推进时，工业化进入中期阶段；当工业结构转向技术集约阶段，技术密集型产业对工业增长起主要支撑作用时，工业化便到了后期阶段。从2015年全省工业增产值结构来看，居前三位的行业依次为煤炭开采和洗选业，电力、热力生产和供应业，黑色金属冶炼和压延加工业，这三个行业都属于原材料工业。因此，从工业内部结构来看，山西省还处于重工业化阶段（安树伟，郭文炯，安祥生等，2018）。

城镇化水平和工业化发展阶段决定了山西省经济发展水平相对较低，资源依赖度相对较高。经济结构中主导产业单一，经济发展受市场冲击较大，产品以初级产品为主，经济发展具有高污染、高能耗、低技术含量等特点。尽管单位地区生产总值能耗逐年下降，但能耗仍然较高。2016年山西省单位地区生产总值能耗为1.45吨标准煤/万元，是全国平均值的两倍。较高的单位地区生产总值能耗给当地的就业增收、生态环境保护带来了巨大的压力（图8-3）。

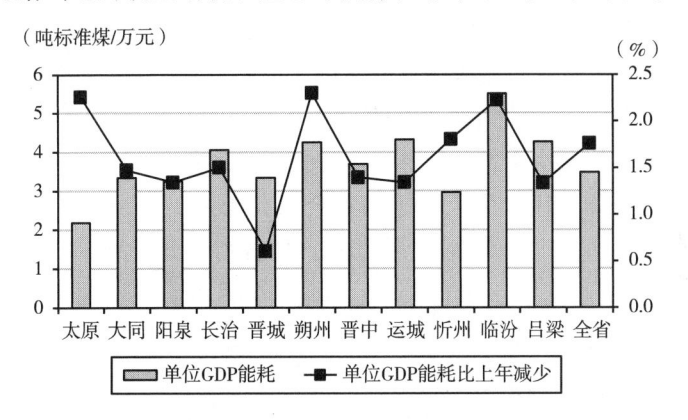

图8-3 2016年山西省各地级市单位地区生产总值能耗及与上年比较

资料来源：《山西统计年鉴（2017）》。

山西省经济发展的高资源消耗与高环境代价特征，使得经济总量的持续增长是建立在资源红利、环境红利基础上，是以资源约束趋紧、环境污染严重、生态系统退化为代价的不可持续的发展路径。

2. 资源的稀缺性

（1）水资源短缺

山西省降水偏少，水资源短缺，水资源总量仅占全国的0.4%。2016年全省水资源总量93.95亿立方米，人均365.1立方米/人，[①] 属极度缺水地区；[②] 山西省人均用水量205.6立方米/人，相当于全国平均水平的46.9%。各地级市中有至少六成水资源不足，其中太原市、运城市实际用水量已经远远超过水

[①] 2016年全国人均水资源量为2354.9立方米/人。
[②] 按照玛琳·弗肯马克（Malin Falkenmark）的水稀缺指标，年人均淡水量少于1700立方米就属于存在水资源缺乏状况，500~1000立方米之间为严重缺水，500立方米以下为极度缺水，其社会生活和经济发展将会受到直接威胁。

资源总量。

究其原因，除了山西省地处内陆山区、降水较少等自然原因外，也与地下水位下降、水资源污染等有关。首先，地下水被严重超采与破坏。山西省自1993年开始实施"引黄入晋"工程，但是面对高昂的"引黄"造价，廉价的地下水成为企业用水的首选。地下水的无序滥采，再加上采煤采矿对地下水系的严重破坏，使得全省19处岩溶大泉大部分衰减，小泉小水基本断流，地下水位一降再降。其次，水资源的污染也加剧了水资源危机。矿坑污染地下水、工业"三废"入河排污，使河流水体普遍受到污染。山西省未受污染的地表水越来越少，地下水水位越来越低，可供人类使用的各类水量越来越少。

水资源短缺成为制约山西生态安全与社会发展的重要原因。2011年水利部批准将山西省列为水生态系统保护与修复试点省份（2011～2016年）。2016年《第十二届全国人民代表大会第四次会议关于国民经济和社会发展第十三个五年规划纲要的决议（草案）》中增加山西省为"开展京津冀晋等区域地下水修复试点"，节约用水、杜绝水源污染成为山西省实现资源转型、经济发展的重点工程。

（2）土地集约利用要求迫切

山西省山地多、平川少，其中土石山区面积约5.59万平方千米，丘陵面积约6.98万平方千米，平原面积仅约3.09万平方千米，分别占全省土地总面积的35.7%、44.6%和19.7%。城市适宜建设用地较少，人口分布和土地承载力的不均衡正缘于此。

土地资源是生产、生活空间的重要载体，其所能容纳的人口规模和经济规模是有限的。尽管总人口较少，但是山西省土地资源并不充裕，未来人口将主要集聚于六大盆地之中。进一步优化空间布局，通过建设工业园区高效集约地使用土地，提高土地承载力，是山西省资源型经济绿色转型的重要方面。

3. 用水结构不合理

山西省产业间用水比例不协调。山西省实际用水主要包括农业用水、工业用水、生活用水和生态用水四类，2016年这四种水之比为61.4∶18.7∶16.7∶3.2。2006～2016年，农业用水量占总用水量的比重相对稳定，平均达57%以上，2015年开始有增加的趋势；工业用水比重较低，十年来一直低于25%，低于全国平均水平并有降低的趋势。

2006～2016年，山西省万元地区生产总值用水量整体呈下降趋势，这与科技进步带动生产效率不断提高有关，2015年开始万元地区生产总值用水量略有增加。万元工业增加值用水量总体下降，万元农业增加值用水量远高于万元工业增加值用水量和万元地区生产总值用水量，说明农业用水效率低下（表8-4）。

表8-4　　　　　2006~2016年山西省单位地区生产总值、
工农业增加值的用水量　　　　　　　单位：立方米

年　份	万元地区生产总值用水量	万元工业增加值用水量	万元农业增加值用水量
2006	61.9	121.5	955.4
2007	46.0	97.5	830.4
2008	34.8	77.8	774.1
2009	29.9	76.5	720.5
2010	27.0	69.3	685.0
2011	23.9	66.0	676.6
2012	25.7	60.6	612.0
2013	25.5	58.2	581.8
2014	25.9	55.9	526.6
2015	31.4	57.7	575.9
2016	33.7	56.8	575.7

资料来源：根据《山西统计年鉴（2017）》整理。

农业用水比重过高，工业用水比重偏低，水资源配置不合理反映出的是产业结构不合理。由于第二产业对水资源的依赖性小于第一产业和第三产业，目前山西省水资源约束尚未形成对第二产业明显的调整压力。但是第二产业中采矿业、铝产业单位水耗巨大，因此第二产业内部产业结构调整压力较大。山西省农业发展速度缓慢，用水量大，用水效率不高，用水量比重与增加值比重间的弹性系数较小，在水资源约束下农业具有较大的调整压力。农作物播种结构和有效灌溉面积均会影响农业水耗，随着农作物播种结构的调整，灌溉等农业生产技术不断进步，农业用水量仍有很大节水空间和调整余地。第三产业对水资源的依赖程度高于第二产业，略低于第一产业。

水资源短缺会制约经济增长，不同产业间水资源的分配也会影响经济协调发展，山西省水资源对产业结构调整已产生倒逼机制（苏伟洲，王成璋，杜念霜，2015）。随着国家及省政府对环境的关注逐渐提高、相关政策的制定和实施以及相应技术水平的不断提升，产业用水结构重心逐步由农业、采矿、钢铁、化工等低端耗水产业向服务产业、技术密集型产业转移，通过产业结构调整与水资源利用效率提升来缓解山西省水资源压力，促进水资源与经济的可持续发展。

4. 资源优势不甚乐观

经济增长对资源和能源具有较强的依赖性，尤其是山西省正处于资源型经济转型初期和工业化中期阶段，对能源的需求与消耗更是与日俱增。山西省作为能源大省具有天然的比较优势，目前已发现矿产118种，查明资源储量的矿产61种，煤炭、铝土矿、铁矿基础储量均列全国前茅（表8-5）。

表8-5　　　　2016年山西省主要能源、黑色金属矿产基础储量

矿产资源	全国	山西省	全国排名	山西/全国（%）
天然气（亿立方米）	54365.5	413.8	10	0.8
煤炭（亿吨）	2492.3	916.2	1	36.8
铁矿（亿吨）	201.2	16.5	5	8.2
锰矿（亿吨）	31033.6	20.1	15	0.1
铜矿（万吨）	2621.0	149.2	7	5.7
铝土矿（万吨）	100955.3	14205.5	4	14.1
硫铁矿（万吨）	127809.0	1058.1	15	0.8
磷矿（万吨）	32.4	0.2	11	0.5
高岭土（万吨）	69285.1	160.2	14	0.2

资料来源：根据《中国统计年鉴（2017）》整理。

尽管如此，山西省能源、矿产资源总量和质量在国际市场上的竞争力并不强。在世界范围内我国能源与矿产资源储量低，如铝土矿占世界总资源量不足5%，且品相较差。煤炭资源人均可采储量仅为世界平均水平的一半，用于规模建设的资源供给能力不足。按目前开采水平，世界煤炭剩余储量可供开采192年，而我国仅可供开采110年。加之国内能源结构调整、产能过剩、供给侧改革以及国内外矿产品需求放缓等因素影响，山西省能源与资源优势并不容乐观。

山西省生产和消费的主要能源为煤炭、焦炭和火电，第二产业尤其是重工业是能源消耗的主力，也是经济转型、降低能耗的主战场。受能源结构调整影响，山西省近几年焦炭、火电等主要能源生产量大幅下降；而天然气、光伏、风能等新兴清洁能源所占市场份额尚小，尚不能有效支撑产业结构的平稳转型。

5. 煤炭产业欠下的"历史账"

煤炭产业给山西带来辉煌的同时，也留下了沉重的历史包袱。一是对地下水的破坏。根据《山西省煤炭开采对水资源的破坏影响及评价》，山西省每挖1吨煤损耗2.48吨地下水。如果按每年挖8.0亿吨煤计算，山西省每年约有19.84亿立方米的地下水资源遭到破坏，这相当于山西省引黄入晋工程的年引水量的1.65倍。2016年山西省划定地下水超采区面积10609平方千米，占全省面积的6.8%，其中严重超采区面积1848平方千米。二是生态环境损失严重。山西省由于地貌、气候、土壤的复杂多样，使得生物多样性较为丰富，但由于煤炭开采造成植被破坏、水土流失、地表沉陷，甚至引发地质灾害，生态环境损失严重，森林覆盖率降低、湿地面积减少、水土流失严重，景观格局破碎，不少物种处于极危、濒危、易危与近危状态。山西省也成为水土流失较为严重、生物多样性最为危险的区域之一。山西省矿区面积累计达8000平方千米，采空区面积达5000平方千米，每年约新增采空塌陷面积100多平方千米，引起严重地质灾害的区域近3000平方千米，"不适合人类居住的村庄"超过700个，因采矿引发的地质灾害占全年灾害的70%。截至2015年，山西省由煤炭开采导致生态环境经济损失至少达770亿元，预计到2020年煤炭开采导致生态环境经济损失至少达850亿元。三是环境污染严重。煤烟型空气污染普遍且严重，另外煤炭产业也是水污染的主要原因。工业废水排放最多的五个行业废水排放量约占全省工业废水排放量的3/4，其中四个行业是煤化工行业。长期堆放的矸石中的有害成分通过径流、淋溶和大气飘尘，严重破坏了周围的土地、水域和大气；且煤矸石中混有的残留煤富含有机质和可燃硫，长期堆放会自燃，产生大量SO_2、CO_2、H_2S及苯并芘等有害气体，导致矿区大气质量严重恶化，呼吸道疾病流行，部分污染严重的矿区甚至引发工人呼吸中毒昏迷乃至死亡的恶性事故。时至今日，山西省采暖期大气污染问题尤其突出，地表水水质优良断面比例低于全国平均水平，煤矸石堆积量超过10亿吨，每年还新增5000万吨，煤炭行业带来的历史性遗留问题尚需解决。

6. 能源的去产能与增产能不相协调

煤炭及其转化成的二次能源依旧是山西省能源生产和消费的主体，山西省最主要能源产品为焦炭和火力发电（表8-6）。2016年焦炭生产量占全国生产量的20.61%，火力发电占全国5.4%。2016年山西省终端能源消费主要由原煤、洗精煤及其他洗煤、焦炭、石油制品、电力和天然气煤气及其他构成，所占比例分别为26%、2%、13%、7%、33%、19%。煤炭及其转化的二次能源消费比重最高，石油制品比重最低，天然气及光伏、风能、水能等清洁能源的生产与消费比重几乎可以忽略不计。

表8-6　　　　　　　　　　2015年山西省主要能源产品生产量

项目	能源生产量			发电量（亿千瓦小时）		
	焦炭（万吨）	汽油（万吨）	天然气（亿立方米）	总量	水力	火力
产量	8040.00	0.34	43.08	2449.00	29.26	2319.77
消费量	2083.45	208.48	64.92	1737.21	—	—

资料来源：《山西统计年鉴（2017）》。

为保护生态环境，减少煤炭带来的环境污染，山西省不断调整能源结构，传统能源的生产与消费量不断减少。焦炭生产量降幅最高达18.76%，火电生产量降幅最高达9.7%，2010~2016年能源生产和消费弹性系数整体上呈逐年下降趋势（表8-7）。在山西省人民政府发布的《关于分解下达2017年煤炭行业化解过剩产能新增加目标任务的通知》中，2017年山西省共退出煤炭产能2265万吨，关闭退出9座煤矿。规划到2020年，有序退出煤炭过剩产能1亿吨以上。

表8-7　　　　　2010~2016年山西省和全国能源弹性系数　　　　　单位：%

年份	能源生产弹性系数		能源消费弹性系数	
	全国	山西省	全国	山西省
2010	0.86	1.78	0.69	0.57
2011	0.95	1.22	0.77	0.70
2012	0.40	0.49	0.49	0.55
2013	0.28	0.63	0.47	0.54
2014	0.12	-0.66	0.29	0.10
2015	—	1.27	0.14	-0.78
2016	—	-3.57	0.21	0.02

数据来源：《中国统计年鉴（2017）》和《山西统计年鉴（2017）》。

产量是实际生产数量，产能是生产能力。去产能去的是落后产能，是"减法"。为维持社会经济的正常运行，还需要做"加法"，增加替代能源——清洁能源供应，增加先进产能。但是与去产能相比，先进产能的增加比例不相协调。新增的天然气、光伏、风能、水电等清洁能源在山西省能源生产和消费中比重低，规模较小，与去产能不相匹配，尚不能完全满足去产能后社会需求，部分城市的供暖等民生问题突出。因此，山西省煤化工之外的新能源、新材料等尚属新兴产业，亟待扶持与规模化发展，能源结构尚需进一步调整。

7. 环境污染形势严峻，市政设施不完整

山西省环境污染问题依然严峻。水环境方面，2016年全省地表水水质属中度污染。按照《地表水环境质量标准》（GB3838-2002）进行评价，监测的100个断面中，水质优良（Ⅰ~Ⅲ类）的断面48个，占监测断面总数的48.0%，该比例低于全国平均水平；重度污染（劣Ⅴ类）水体的断面28个，占28.0%，高于全国平均水平。汾河中下游污染严重，城市黑臭水体大量存在。工业废水排放量最多的行业依次是化工、煤炭采选、电力、焦化、冶金，五大行业废水排放量约占全省工业废水排放量的3/4（山西省人民政府，2016）。

大气方面，主要污染物为PM10、二氧化硫、臭氧和PM2.5（表8-8）。由于山西省能源消费以煤炭为主，化石原料的燃烧和工业污染排放仍是造成大气污染的主要原因。采暖期大气污染问题尤其突出，传统煤烟型污染与臭氧、挥发性有机物（VOCS）等新型环境污染问题叠加。

表8-8　　　　2016年山西省及11个地级市大气环境质量指标

城　市	细颗粒物（PM2.5）年平均浓度（微克/立方米）	可吸入颗粒物（PM10）年平均浓度（微克/立方米）	二氧化硫年平均浓度（微克/立方米）	二氧化氮年平均浓度（微克/立方米）	一氧化碳日均值第95百分位浓度（毫克/立方米）	臭氧（O_3）日最大8小时第90百分位浓度（微克/立方米）
太原	66	125	68	46	3.3	140
大同	37	78	48	29	2.7	134
阳泉	63	131	62	48	2.7	168
长治	69	114	61	40	3.7	155
晋城	62	111	70	40	4.1	128
朔州	57	97	67	33	2.0	160
晋中	62	109	88	36	3.1	142
运城	65	108	67	36	4.0	110

续表

城　市	大气环境质量					
	细颗粒物（PM2.5）年平均浓度（微克/立方米）	可吸入颗粒物（PM10）年平均浓度（微克/立方米）	二氧化硫年平均浓度（微克/立方米）	二氧化氮年平均浓度（微克/立方米）	一氧化碳日均值第95百分位浓度（毫克/立方米）	臭氧（O_3）日最大8小时第90百分位浓度（微克/立方米）
忻州	56	103	49	39	3.5	138
临汾	74	120	83	34	5.0	136
吕梁	49	98	62	25	3.1	106
山西	60	109	66	37	3.4	138

资料来源：《山西统计年鉴（2017）》。

固体废物方面，山西省一般工业固体废物综合利用率较低（表8－9），煤矸石、粉煤灰、冶炼渣等固体废物历史堆存总量仍然较大。全省约1.94%的土壤调查点位已受到不同程度的污染，工矿业废弃地问题突出。2016年煤矸石废弃物处理率达60%，尚未达到"十二五"规划目标的80%（山西省环境保护厅，2017）。

表8－9　　　2016年山西省固体废物综合利用率及其比较

地　区	一般工业固体废物综合利用率（%）	危险废物综合利用率（%）
全国	59.5	52.8
北京	86.2	46.4
天津	99.0	20.5
河北	55.5	78.0
山西	48.3	60.5
内蒙古	45.9	29.0
陕西	76.8	43.3
河南	73.6	28.1

资料来源：《中国统计年鉴（2017）》。

与严峻的环境问题相比，山西省污水处理、垃圾处理设施配套不完整，监督防控不到位，尤其是各工业园区环保设施建设不完整，污水垃圾处理设施尚在规划中。污染防治设施配套落后于生产生活，致使环境污染加剧。由于监督防控不到位，还有部分工业企业未安装或不正常运行污染治理设施，私自违法排污，致使土壤、水资源、大气等受到污染。

三、资源环境约束下的山西省产业转型与城市发展

（一）资源环境约束下的产业转型

根据产业能耗和污染排放特点，确定优先发展、选择性发展、适度发展和阶段性发展等产业发展类型。低能耗、低污染的第三产业，废弃资源综合利用业，烟草制品业，仪器仪表制造业等可优先发展；对于高能耗、低污染的制造业，如建筑业，批发、零售业和住宿、餐饮业等产业，根据山西省产业基础和能源状况，有重点地选择性发展；对于低能耗、高污染的制革、造纸等产业，应适度发展；对于高能耗、高污染的采矿业，医药制造业，有色金属冶炼及压延加工业，电力，化工等产业，根据现有基础和优势，列为阶段性的支柱产业，未来有可能退出市场，或者产量有所下降（表8-10）。

表8-10　　　　山西省资源型经济绿色转型的产业分类

绿色类型	产业	发展类型
低能耗、低污染	文旅产业（文化产业、旅游产业） 废弃资源综合利用业 烟草制品业 仪器仪表制造业 家具制造业 文教体育用品制造业 燃气生产和供应业	优先发展
高能耗、低污染	水的生产和供应业 木材加工及木、竹、藤、棕、草制品业 食品制造业 专用设备制造业 电气机械及器材制造业 通信设备、计算机及其他电子设备制造业 汽车制造业 通用设备制造业 农副食品加工业 金属制品业 建筑业 批发、零售业和住宿、餐饮业 交通运输、仓储和邮政业	选择性发展

续表

绿色类型	产业类型	发展类型
低能耗、高污染	皮革、毛皮、羽毛及其制品和制鞋业 纺织服装、服饰业 印刷业和记录媒介的复制 造纸及纸制品业	适度发展
高能耗、高污染	有色、黑色金属矿采选业 酒、饮料和精制茶制造业 非金属矿采选业 化学纤维制造业 医药制造业 纺织业 煤炭开采和洗选业 有色金属冶炼及压延加工业 石油加工、炼焦及核燃料加工业 电力、热力的生产和供应业 非金属矿物制品业 化学原料及化学制品制造业 黑色金属冶炼及压延加工业	阶段性发展

（二）资源环境约束下的城市发展

山西省各城市面临的资源环境约束不尽相同。（1）太原市、运城市面临的水资源约束大，其次是临汾市、朔州市和大同市。（2）太原市、阳泉市土地资源约束较大。（3）晋中市、临汾市环境质量差；其次为太原市、阳泉市、长治市、晋城市、朔州市、运城市、吕梁市；大同市、忻州市环境质量较好。（4）忻州市、晋城市、运城市、临汾市、晋中市生物多样性丰富，生态环境基底条件好。（5）运城市农业、工业水耗高，长治市、吕梁市工业水耗高，晋城市、朔州市、忻州市、临汾市农业水耗高，这些城市面临产业节水压力。（6）忻州市、临汾市、运城市、吕梁市工业能耗高（图8-4、表8-11）。

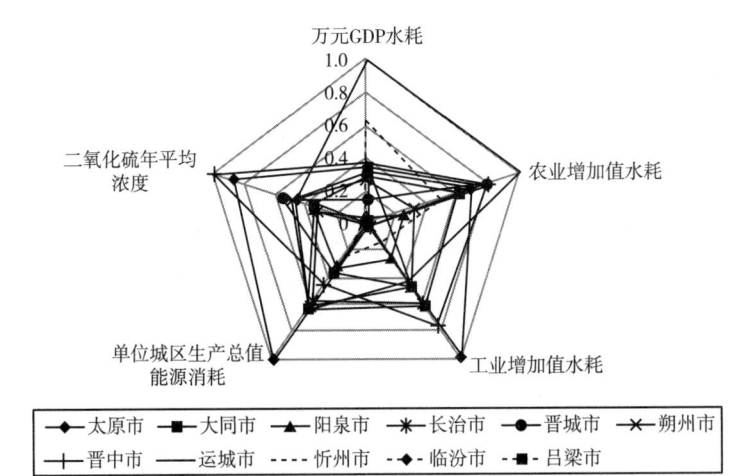

图 8-4　山西省各城市绿色发展情况图示

表 8-11　　　　　　　　　山西省各城市主要的绿色约束

城市	绿色约束		约束类型
	资源环境	资源利用	
太原	水资源约束大，环境质量一般	低水耗，低能耗	水、土地资源约束
大同	存在水资源约束，生态敏感，环境质量较好	较高水耗，低能耗	水、生态约束
阳泉	生态敏感，环境质量一般，生物多样性低	低水耗，低能耗	生态、土地约束
长治	环境质量一般	低水耗，工业高水耗，低能耗	工业节水
晋城	环境质量一般，生物多样性较丰富	低水耗，农业较高水耗，低能耗	农业节水
朔州	存在水资源约束，环境质量一般，生物多样性低	中水耗，农业高水耗，低能耗	水资源约束，工农业节水
晋中	环境质量较差，生物多样性较丰富	中水耗，低能耗	环境约束，产业节水
运城	水资源约束大，环境质量一般，生物多样性丰富	高水耗，农业、工业双高水耗，中能耗	水资源约束，产业节水
忻州	环境质量较好，生物多样性丰富	高水耗，农业高水耗，高能耗	节水、节能压力，生态约束
临汾	存在水资源约束，环境质量较差，生物多样性丰富	中水耗，农业高水耗，中能耗	水资源约束，环境约束，节水压力
吕梁	环境质量一般	中水耗，工业高水耗，中能耗	节水、节能压力

四、山西省资源型经济绿色转型的突破口

山西省作为典型的资源型省份，生态环境十分脆弱，资源、能源并不丰裕，资源与环境在促进山西省经济发展的同时，也产生了很大的约束作用。山西省应告别破坏型的"环境红利"，创造建设型的"环境红利"，在追求经济稳步增长的同时实现人民安居乐业、生态山清水秀。这就要求山西省在绿色约束的框架下，坚持环境保护优先、生态优先的发展理念，走低碳绿色的、内涵集约的绿色转型道路。

（一）努力跨越高污染、高能耗的发展阶段

绿色约束的产生是在经济发展过程中，对资源环境的过度使用所造成的，要破除绿色环境对资源型经济转型所产生的约束，就要从源头上杜绝对能源、资源的滥采滥用以及对生态环境的予取予夺。尽管工业化中期阶段客观存在"先污染、后治理"的发展路径，但是这种以环境为代价的发展路径并非不能跨越。目前山西省寻求资源型经济转型就是要寻求绿色突破、绿色跨越工业化阶段"先污染，后治理"的发展路径。

1. 科技创新培育新动能

当今社会是知识经济时代，科学技术是第一生产力，是经济发展的动能，也是突破绿色约束、建设生态文明的动力和支撑力。物联网技术、微电子技术、生物芯片技术等在节能减排、保护生态、低碳绿色等方面发挥越来越重要的作用，传统产业的转型升级、产业链各环节的节能降耗、新经济的培育，无不需要科技的支撑。加大 R&D 经费的投入，增大对科技创新的支持力度，不仅关乎资源与环境是否能长久支撑山西省经济稳步增长，同样也关乎山西省生态文明建设的成败。

2. 强化传统能源技术优势，加大清洁能源比重

2050 年之前，中国能源消费仍然以煤炭为主是不可改变的事实，煤的低碳利用仍是能源改革的核心问题；大幅度减少温室气体排放主要依靠煤的清洁

低碳利用。因此，在山西省现有煤炭加工利用技术优势的基础上，应继续对煤炭能源的高端化、精细化利用技术，以及污染防治与节能减排共性关键技术研发，强力推进山西省煤炭能源的清洁高效利用，形成山西省能源的优势；重点推动煤基合成精细化学品项目和煤制甲醇、硝铵等多联产项目，以提高能源的综合利用效率，减少污染物排放，实现煤炭资源的就地转化；以促进资源循环利用为重点，建设一批技术水平高、带动性强的节能减排产业化示范基地，培育一批拥有自主知识产权和自主品牌、具有核心竞争力的煤炭加工利用企业，未来可借力国家"一带一路"倡议，输出山西省的煤炭清洁利用技术，以技术优势换取能源和市场。

山西省应优化能源结构，加大新能源、再生能源在生产生活中的应用。利用光伏、风能、地热、水能等新兴再生能源替代煤炭的使用。延长、深化新能源产业链条，从新能源生产、运输到利用，借助产业集群优势，探索光伏、风能等更大规模的利用。目前太原市出租车已全部使用新能源汽车，下一步要在更大范围内推广新能源的应用，如光伏路灯、新能源汽车、绿色建筑、地热供暖等，打造清洁、低碳的绿色城市。

3. 促进产业结构升级

加快产业结构的转换、优化与升级是提高山西省经济实力的关键所在，也是从根本上解决生态环境恶化、化解绿色约束的关键所在。山西省应遏制产能严重过剩行业的盲目扩张，加大落后产能淘汰力度，引导过剩产能有序退出，调整优化能源生产和消费结构，严控化石能源消费增量；根据产业能耗、污染特性，科学选择优先发展、适度发展产业；大力发展服务业和战略性新兴产业，加快兼并重组，优化产业布局；以发展潜力产品为突破口，通过择优扶强、重点培植，积极推广应用清洁生产等绿色技术，大力发展生态产业，改造提升传统产业。

第一产业实现科学种植、科学灌溉。在地下水超采区内逐步退出小麦种植。借鉴北京等先进地区经验，按照"以水定地"的原则，农业空间重新进行"节水型"布局，逐步实现滴灌、喷灌、小管出流等十几项节水技术的应用，提高灌溉系数。严格控制农业灌溉用井数量，不再增加农业机井数量。机井安装水表，实现计量收费。建立绿色农业功能区、节水示范区，调整优化种植结构，在供给有机绿色农产品的同时涵养水源、保护生物多样性，推进美丽田园建设。

第二产业要逐步实现产业结构的升级、工业的绿色发展。逐步优化能源结构,通过梯度淘汰落后产能,逐步减少工业生产及生活领域污染物排放;增进科技创新,改进清洁生产工艺,加快构建科技含量高、资源消耗低、环境污染少的绿色制造体系;全面推行循环生产方式,大力推进煤矸石等工业固体废弃物的综合利用,积极发展再制造。推进钢铁、有色、化工、建材等行业拓展产品制造、能源转换、废弃物处理—消纳及再资源化等行业功能,强化行业间横向耦合、生态链接、原料互供、资源共享,打造绿色制造体系。围绕传统机电产品、高端装备、在役装备等重点领域,实施高端、智能和在役再制造示范工程,打造若干再制造产业示范区。制定绿色产品标准,培育绿色示范企业,创建绿色产业示范园区。

第三产业主要集中在服务业和高新技术产业,服务业主要是环境友好型的文化产业、旅游产业。充分发挥第三产业对第一、第二产业的支撑作用,积极培育经济发展的科技动能,为第一、第二产业提供必要的技术支持和智力支持,促进产业发展和经济结构升级。

(二)加强环境保护,扩容绿色负荷

1. 节水开源

一是减少污染排放,增加水资源的可利用量。严格保护水环境,通过水污染防治、洪水管理等措施,从量和质的结合上保护水资源,减少水污染和水资源的无效流失,增加水资源的可利用量。二是继续推进引黄工程,保证各地级市正常的用水需求。继续进行地下水超采区综合治理,在各类地下水中,深层承压水尤须加强保护,其恢复需要上万年,是一种宝贵的不可再生资源,应加强地下水勘察评价与监测,封井要做好闭井处理和适时适地进行人工回灌。三是实施全民节水行动计划。通过多种宣传媒体和宣传方式,增强保护水资源的意识,普及节水技术,推广节水工艺,使节水成为全社会的自觉行动。坚持以水定产、以水定城,制定严格的产业准入标准,限制发展高污染、高水耗的低端制造业及传统产业;加快农业、工业、城镇节水改造,改革农业综合水价,开展节水综合改造示范。开展高效用水,发展节水型农业、节水增效减污型工业。四是积极开展"一水多用",尤其要多渠道利用再生水。五是积极探索海绵城市建设,考虑如何利用自然的力量排水、留水,建立自然积存、自然渗透、自然净化的"海绵城市"。

2. 完善污染防治设施建设

重点实施产业园区污水处理设施建设工程。根据园区产业污染物特征，采用针对性的污水处理工艺，对特殊工业污水分类、分质收集处理，同步建设污水收集管网与园区集中式污水处理厂，并根据园区发展及时完善。

完善城镇生活污水处理（含管网配套）、污泥处置设施建设工程及其配套管网建设、城镇生活垃圾填埋场及收运系统建设工程。根据产业发展特点，完善火电行业大气污染治理工程，实施医疗废物集中无害化处置设施建设工程。

继续推进大气污染防治设施的升级改造。根据《锅炉大气污染物排放标准》（GB13271-2014）要求，开展燃煤锅炉污染防治设施的提标改造。加快钢铁、焦化、水泥、有色等企业大气治理设施升级改造。钢铁行业完成脱硫除尘改造，冶金行业单台烧结面积大于180平方米以上的烧结机完成脱氮技术改造，焦化煤气实现精脱硫。水泥行业完成脱硝、除尘改造。对于煤炭、建材、铁合金、电石、冶金、有色、金属镁等产生生产性粉尘的行业，应在各扬尘点设置集尘装置，并配套高效除尘设施。

3. 强化生态修复与改善

《山西省"十三五"环境保护规划》提出，重点推进水资源、煤炭开发区、水土流失区的生态修复，兼顾"治标"与"治本"。"治本"重点实施地下水修复和节水节能、清洁生产等举措；"治标"主要开展生态补水、洪水利用、植被恢复和污水净化、循环经济四项工作，继续推进尾矿、煤矸石、粉煤灰等工程填充及生态填充利用，通过绿色发展等进行标本兼治、系统治理。

根据区域环境质量目标和主体功能区规划要求，坚持绿色发展、生态保护的原则，以保育自然生态安全、维护人居环境健康、保障农产品产地环境安全等为目标，根据生态环境共治共保的发展要求，统筹协调平衡跨行政区域的空间布局安排，划定限制开发的生态功能区，增强区域生态服务功能，构筑生态屏障，建设生态安全、碳循环平衡的景观生态格局。生态功能区包括禁止规模开发的生态保育区、限制开发的生态过渡区和生态重建区。依照生态基底特征，打造吕梁山、太行山绿色生态屏障，汾河、桑干河、沁河等蓝色生态廊道以及绿色宜居的生态新区（表8-12）。

表 8-12　　　　　　　　山西省生态功能区重点发展方向

类　型	生态保育区	生态过渡区	生态重建区
功能	生态安全、生物多样性保护	生态隔离，构筑生态廊道	生态型城市功能区
特征	生态敏感性和生物多样性特征突出	农田、生态和景观开发为主	城市功能为主
主要活动	实施强制性保护，禁止有损生态环境的生产建设活动，核心区域严格限制人类活动	发展适宜的生态产业，限制高污染高能耗产业发展	生态宜居前提下的生产生活活动
主要内容	自然保护区、自然遗产、风景名胜区、森林公园、地质公园、重要湿地（湿地公园）、重要水源地、泉域重点保护区等	河流、绿地、农田保护区等	生态产业园区、城市新区、高新技术产业园区、高教园区等
重点发展方向	吕梁—黄河国家公园、太行山国家、长城文化生态屏障区等	汾河绿色廊道、桑干河—御河生态廊道、沁河绿色廊道等	太原汾河新区、孝义—介休产业示范区、长治产业示范区等

资料来源：国家环境保护部，中国科学院．全国生态功能区划［Z］．2008.9-19.；国家环境保护部．全国生态脆弱区保护规划纲要［Z］．2008.；宇新晓，牛健植，关文彬等．景观生态学［M］．北京：高等教育出版社，2006.214-215.

4. 破除资源枯竭约束

资源开发一直是山西省经济发展的动力和支撑，也是山西省资源型经济转型的逻辑起点和突破口。然而无论是学术界的剩余输出理论、荷兰病模型、资源诅咒假说等理论，还是国内外资源型地区发展的实践，都证明资源型地区依赖简单的自然资源开发，既不能实现可持续发展，也不能提高当地居民的收入水平；甚至出现经济发展迟缓、环境污染破坏和治理绩效低下等显著特征，成为本地区经济发展的诅咒。资源型经济应尽早破除资源枯竭的约束，建立能支持本地区经济持续发展的支柱产业。

一是寻找替代能源。资源存量的有限性决定了资源开发具有一定的时限性。山西省应积极拓宽资源利用范围，通过国际资源代替国内资源、再生资源替代非再生资源、人文资源替代自然资源等途径，实现资源开发利用的多元化，逐步改善经济发展高度依赖本区自然资源的格局。

二是资源资本化。明晰自然资源完整的产权和科学合理的价格，将资源转化为资本，实现对资源的市场化优化配置和有效转换，突出体现资源的价值增值，实现其经济效益、社会效益的最大化。

三是资源技术化。技术进步是人类破解自然资源限制和约束的重要手段。

在现有技术优势基础上，不断创新科技，提高资源勘探、开发、加工的技术含量，扩展资源利用的深度和广度，加大资源开采、资源加工、废弃物回收等资源开发利用全程化的技术创新，促进传统资源产业的高新技术化，减少废弃物排放，提高资源利用的能力和效率（王必达，介小兵，高云虹等，2014）。

（三）释放绿色发展空间

山西省各地级市经济发展各异，生态环境、资源禀赋不同，所受到的绿色约束也不同。未来山西省生产、生活、生态空间应以优化和保护为主，重在提高利用效益，加强保护和整治，根据其资源与生态环境特点确定不同的发展方向。

一是保护生态环境，构建绿色发展空间。忻州市、晋城市、运城市、临汾市、晋中市生物多样性丰富，环境质量较好，生态空间潜力大，在产业选择、空间拓展上，尤其要注重以生态环境的保护为前提，低能耗、低污染产业成为这些地区的首选。其中临汾市、晋中市环境质量差，污染治理与生态修复是未来的工作重点。

二是统筹协调，释放绿色发展空间。太原市、阳泉市等地区生产、生活空间有限，产业用地资源不足，应坚守土地管理红线，着力于土地资源的集约利用，拓展"三生"空间。可通过推动特色产业园区的建设吸引容纳优质高端产业，淘汰转移低端的高污染、高能耗产业。太原市、大同市、朔州市、运城市、临汾市水资源相对短缺，应实行最严格的水资源管理制度，科学计算引黄工程引水量，做好引黄水的分配机制与管网联通工作，引导产业向节水型方向发展。

三是提高稀缺资源的利用效率，进一步优化绿色发展空间。通过节水节能提高资源环境的承载力，降低地区发展的绿色约束，真正实现经济发展的绿色增长。运城市、晋城市、朔州市、忻州市、临汾市应加快推广农业节水技术，做好农业节水工作；运城市、长治市、吕梁市应加快技术改造和循环利用，做好工业节水工作；忻州市、临汾市、运城市、吕梁市需加快产业升级，优化产业结构，以降低工业能耗。

（四）政策保障绿色转型

经济发展实现绿色转型、绿色发展不是一帆风顺的，危机和冲击在所难免，必须有所防范。山西省应根据中共中央、国务院《生态文明体制改革总体方案》，构建由自然资源资产产权制度、国土空间开发保护制度、空间规划体系、资源总量管理和全面节约制度、资源有偿使用和生态补偿制度、环境治理体系、环境治理和生态保护市场体系、生态文明绩效评价考核和责任追究制度等制度构成的产权清晰、多元参与、激励约束并重、系统完整的生态文明制度体系（中共中央，国务院，2015），以健全严格的政策制度约束引导拉动企业、政府、公众等利益相关者的行为，为山西省实现绿色转型、绿色发展保驾护航。

一是制定促进绿色发展的政策。联合国环境规划署指出，绿色经济不是增长的负担而是增长的引擎。环境投资能够对经济增长、均衡发展、扶贫减贫等作出贡献。山西省应将绿色经济理念贯穿经济发展政策的始末，推动绿色经济发展的刺激方案和政策措施实施，以应对环境污染、生态退化、资源枯竭、经济衰退的多重危机。具体来说，应制定财税优惠政策鼓励新能源、清洁生产、节能环保产业的发展；实施金融倾斜，利用政策性资金支持绿色产业、循环产业、环保产业发展；完善地方政府业绩考核标准制度，以生态环境质量和能源、矿产资源的可持续利用为重要评价标准；创新生态补偿机制，真正实现生态致富、生态获益。

二是建立自然资源资产产权制度。明确各类自然资源产权主体权利，加快自然资源资产交易平台建设，构建权责明确的自然资源产权体系，改进资源利益分配格局，提高资源利益格局的合理性。

三是完善并严守资源环境生态红线制度。强化能源消耗强度控制，做好能源消费总量管理，划定城镇、农业、生态空间以及生态保护红线、永久基本农田、城镇开发边界。继续实施水资源开发利用控制、用水效率控制和水功能区限制纳污三条红线管理。在重点生态功能区、生态环境敏感区和脆弱区等区域划定生态红线，建立资源环境承载能力监测预警机制。

四是健全环境污染治理、生态恢复和环境责任制度。加快推进排污权交易，支持和指导排污单位淘汰落后和过剩产能，建立排污权储备制度。积极探索排污权抵押融资，鼓励社会资本参与污染物减排和排污权交易。推广煤炭矿山生态环境恢复治理保证金制度经验，适时试点非煤矿山，探索建立全省生态环境恢复治理保证金制度。建立环境污染责任保险制度。选择部分高污染风险企业作为试点，鼓励企业参加环境污染责任保险，逐步推动建立环境污染强制责任保险制度。

五是积极探索环境保护与治理资金制度。探索建立环境保护基金、环境污染治理和生态恢复专项债券。积极整合政府现有的排污费、专项治理资金等环保财政资金，以财政投入为引导资金，探索设立政府和社会资本联合的环保基金、债券，为污染治理、生态恢复等提供资金支持。

六是完善生态补偿机制。积极向国家争取跨省河流所涉及下游区的横向补偿相关政策。鼓励生态受益地区与保护生态地区、流域下游与上游通过资金补偿、对口协作、产业转移、人才培训、共建园区、生态移民等方式建立横向补偿关系。建立反映市场供求、资源稀缺程度、生态价值、代际补偿的资源有偿使用制度和补偿制度。探索建立政府购买生态服务制度；完善环境改善与生态建设的奖励机制；试验开发权有偿转让，与先进城市共同开发的补偿转让机制等。

参考文献

[1] 安树伟，郭文炯，安祥生等．山西经济地理 [M]．北京：经济管理出版社，2018．324－355．

[2] 黄群慧，李芳芳等．工业化蓝皮书：中国工业化进程报告（1995～2015）[M]．北京：社会科学文献出版社，2017．

[3] 马妮．山西省生物多样性评价与保护对策研究 [D]．太原：山西大学，2011．

[4] 山西省国土资源厅．山西省矿产资源总体规划（2016～2020 年）[Z]．2016．

[5] 山西省环境保护厅．2016 年山西省环境状况公报 [Z]．2017．

[6] 山西省人民政府．山西省"十三五"环境保护规划 [Z]．2016．

[7] 苏伟洲，王成璋，杜念霜．水资源与产业结构关系及产业结构调整倒逼机制研究 [J]．科技进步与对策，2015，32 (6)：80－84．

[8] 王必达，介小兵，高云虹等．从资源依赖到创新驱动：我国资源枯竭性地区经济转型研究 [M]．北京：经济科学出版社，2014．

[9] 王晓珍，孔莉芳．我国能源加工转换效率与经济发展的关系分析及预测模型构建 [J]．中国矿业，2009，18 (9)：27－30．

[10] 中共中央，国务院．生态文明体制改革总体方案 [Z]．2015．

第九章
山西省资源型经济转型突破发展的支持政策

1992年以来，国家和山西省相继出台了一系列促进山西省经济结构调整和资源型经济转型的政策，实施成效显著，但也存在重点不突出、缺乏分类指导、体制机制不灵活和配套政策不完善等问题。有鉴于此，应从积极争取电解铝产能扩容指标、利用编制省级空间规划调整预留转型发展空间、积极争取中央财政资金支持、实施区域性税收优惠政策、积极规划建设太原汾河新区、理顺"自上而下"转型综改对接管理机构、提高新型产业领域的领导干部比例、加强转型发展的分类指导、着力打造转型园区、实施柔性的人才引进政策、加快转型导向的土地政策创新、增强转型的创新驱动力、调整优化行政区划、强化生态文明建设等方面调整现行政策，促使山西省打造"全国能源革命排头兵"，建成"资源型经济转型发展示范区"，提升山西省在全国经济发展格局中的战略地位。

一、山西省资源型经济转型的历程

新中国成立初期，国家就将煤炭开发和重型产业项目建设作为山西省工业化发展的重点。改革开放以来，党中央、国务院提出要把山西省建设成为"强大能源基地"，由此，山西省制定了一系列经济发展战略和政策，进入以建设能源基地为主题的快速发展阶段。1992年以来，山西省过度发展重工业的弊端不断显现，资源的过度开采和粗加工使生态环境不断恶化，经济发展水平逐步落后于全国和其他省市，随后山西省和国家分别制定了相应的政策措施，旨在调整优化经济结构，促进山西省资源型经济转型。1992年以来山西省资源型经济转型发展的历史进程，可以划分为四个阶段。

（一）第一阶段：地方政策主导下的能源重化工基地建设结构调整阶段（1992~1998年）

在这一阶段，以山西省出台的政策为主导，聚焦能源重化工基地建设的结构调整，旨在调整优化全省经济结构。20世纪90年代初期，山西省以煤炭采掘业为主导的经济开始落后于全国的发展水平，经济结构失衡越来越突出，面临铁路运力紧张、原煤产大于销、工业经济效益低、对外开放程度低等一系列问题，山西省开始重视结构调整问题（李乃华，胡积善，1992）。1992年山西省提出了调整工业发展的"14888"工程，①重点发展二次能源和煤炭深加工。1993年提出"三个基础、四个重点"的经济发展战略，即强化农业基础、基础工业、基础设施，搞好挖煤、输电、引水和修路四个重点建设。1996年进一步提出要加快培育四大战略带头产业，发展十大系列产品，把调整产业结构作为全省经济的"三件大事"之一来抓，并成立了相应领导机构和办事机构组织实施。1998年提出了以产业高级化为目标进行结构调整，大力培育优势产业、优势企业、优势产品和优秀企业家（安树伟，郭文炯，安祥生等，2018）。

为解决"煤多电少"的问题，山西省加大了电力投资力度，神头第二发电厂、柳林发电厂、太原第二热电厂四期工程、山西华通榆社电厂一期、阳城电厂等数十座大中型电厂均在这一时期开工建设或投产。1999年电力产业投资额在全省能源产业投资中的比重上升至61.9%，装机容量达到1180万千瓦，发电量增加到569.87亿千瓦·时，建成500千伏线路8条共824千米、110千伏以上线路1.3万千米，成为全国对外输电最多的省份，外调电力占全省电力总量的比例达到19.5%（安树伟，郭文炯，安祥生等，2018）。

（二）第二阶段：地方政策主导下的经济结构调整和资源型城市可持续发展阶段（1999~2009年）

在这一阶段，同样以山西省出台的政策为主导，聚焦经济结构调整和资源

---

① "14888"工程："1"指继续发展现有的重点支柱产业，即能源工业；"4"指培育冶金工业、机电工业、化学工业和轻纺食品工业，形成多元化的支柱产业体系；"8"指重点发展煤炭加工系列、煤化工系列、能源机械系列、铝及铝制品系列、钢铁系列、建材系列、食品系列、纺织系列8个产品链；"88"指做好88种重点产品的技术进步和产品创新。

型城市可持续发展问题，国家出台的支持政策数量少，且国家政策实施涵盖的范围小。

1999年10月，中共山西省委、山西省人民政府召开全省调整经济结构工作会议，首次提出振兴山西经济的关键是调整经济结构，提出以发展潜力产品为切入点，以培育"一增三优"① 为主攻方向的结构调整重要决策。随后几年的工作都紧紧围绕"经济结构调整"这一主线。2001年9月出台《中共山西省委、山西省人民政府关于进一步推进经济结构调整 实施"1311"规划的意见》，提出要在市场选择的基础上，集中抓好100个农业产业化龙头企业、30个战略性工业潜力产品、10个旅游景区和100个高新技术产业化项目。同年10月，省政府下发实施"1311"规划的五个配套措施，为"1311"规划的具体实施提供政策保障（表9-1）。2003年下半年，中共山西省委、山西省人民政府先后制定出台《关于实施行业结构调整的意见》《山西行业结构调整方案》和《山西行业结构调整实施办法》，延续了"1311"规划的行业结构调整，实施传统产业新型化、新兴产业规模化，把经济结构调整从产品引向行业，实现由产品调整向行业调整的深化。2004年8月做出把山西省建设成为新型能源和工业基地的战略决策。2006年出台《山西省人民政府关于优化产业结构培育优势产业的实施意见》。

表9-1 　　　　　　　　　山西省"1311"规划五大配套措施

文件名称	优惠政策
《山西省1311规划农业产业化经营龙头企业实施措施》	1. 省人民政府每年从涉农资金中筹集农业专项资金，用于支持当年所确定的百龙企业项目建设；各项政府资金在资金管理渠道不变的前提下统一使用方向，重点支持本年度确定的百龙企业 2. 从事种植业、养殖业和农产品加工的所得，比照财政部、国家税务总局《关于国有农口企事业单位征收企业所得税问题的通知》规定，暂免征收企业所得税 3. 建立企业风险基金的，企业可以按照税后利润5%~10%计提，各级财政应当给予支持 4. 积极参与国际竞争的，省人民政府有关部门应当按照国家外贸发展基金使用方向和条件给予支持 5. 对经营所需用地，有关部门应当优先安排、优先审批，其农用地转用、土地征用按照项目用地标准底限执行 6. 对生产经营活动所需水、电及运力有关单位应当优先保证 7. 在合同执行的生产基地可以直接收购自身加工所需的农产品

---

① 即新经济增长点，培育优势产业、优势企业、优势产品。

续表

文件名称	优惠政策
《山西省1311规划战略性工业潜力产品项目实施措施》	1. 省人民政府设立的省筹调产资金在资金管理渠道不变的前提下,应当按照统筹安排、专款专用的原则,确保用于支持工业潜力产品项目的省筹调产资金及时到位 2. 鼓励承担工业潜力产品项目的企业吸收国际大型跨国公司直接投资,建立多种形式的经济技术合作关系;支持企业发行企业债券;利用国际金融组织贷款以及外国政府贷款;支持企业争取国债专项资金和政策性贷款;支持企业股票上市或再融资,协调引进民间资金 3. 承担工业潜力产品项目的企业使用已取得划拨土地使用权的土地,经有关部门批准可以再延续三至五年 4. 建立省级领导协调联系制度和部门领导协调责任制度,协调解决工业潜力产品项目实施过程中的有关问题;有关部门对所承办的事项实行政策公开、内容公开、人员公开、结果公开,并承诺最长复答时限 5. 各级人民政府应当帮助承担工业潜力产品项目的国有企业剥离非经营性资产,减轻企业负担,增强企业竞争力 6. 鼓励承担工业潜力产品项目的企业打破所有制界限、个人身份界限和地域界限,向全国甚至海外公开招聘总经理等高级管理人才以及高技术人才
《山西省1311规划十大旅游景区实施措施》	1. 十大旅游景区的开发建设可以享受省级经济技术开发区的有关政策 2. 十大旅游景区所在地及相关的市(地)人民政府可以设立旅游产业发展协调机构,及时解决十大景区发展中存在的问题,共同培育旅游支柱产业的发展 3. 对十大旅游景区的政府导向性投入可以视当年财力状况逐年有所增加,十大旅游景区每年应当从旅游直接收入中提取不于于10%的建设资金,用于景区基础设施和服务设施的建设 4. 鼓励十大旅游景区组建股份制公司或者发展跨地区、跨行业、跨所有制的旅游企业集团,发展规模经营,提高企业的市场竞争能力 5. 鼓励十大旅游景区及相关景点实行所有权与经营权分离,通过租赁、承包、拍卖经营权等方式,吸引社会资金投入旅游产业 6. 加强十大旅游景区的海外宣传促销工作,允许十大旅游景区给予为本景区组织客源的国内外旅行商一定的资金奖励
《山西省1311规划高新技术产业化项目实施措施》	1. 县级以上人民政府对高新技术产业化项目可以通过贴息入股、资本金入股等方式予以支持 2. 鼓励非战略性国有资产变现后补充项目风险投资资金;利用推进高新技术产业化的优惠政策,吸引国内外风险投资机构及各类投资主体投向高新技术产业化项目 3. 高新技术成果作价出资作为注册资本的比例,由出资各方协议约定。成果完成人可以获得与之相当的股权收益,做出重大贡献的科技工作者可以通过干股和期股等形式参与分配 4. 政府资助的项目从实施之日起三年内,项目完成人根据成果价值占注册资本的比例,可以享有该比例60%的股权收益;之后三年,可以享有不低于该比例40%的股权收益 5. 对投资高新技术产业化项目的外资企业,在审批、登记、人员出入境等方面优先予以支持 6. 高新技术产业化项目可以按照有关规定免用于购置生产经营用房的交易费和产权登记费

续表

文件名称	优惠政策
《山西省1311规划项目省筹调产资金管理措施》	1. 省筹调产资金每年年初由省经济结构调整领导小组办公室提出年度来源建议,并在项目管理程序、资金运作渠道和部门各自职能不变的基础上,编制省筹调产资金使用计划和"1311"项目投资计划,列入全省固定资产投资计划 2. 省筹调产资金主要投入承担"1311"规划项目已落实50%以上资本金,已有银行贷款承诺的有限责任公司或者股份有限公司 3. 省筹调产资金由出资方按照有关规定和现行渠道委托相应的机构管理,由受托管理机构行使出资人权益

资料来源:《山西省1311规划农业产业化经营龙头企业实施措施》《山西省1311规划战略性工业潜力产品项目实施措施》《山西省1311规划十大旅游景区实施措施》《山西省1311规划高新技术产业化项目实施措施》和《山西省1311规划项目省筹调产资金管理措施》。

2006~2007年初,山西省经济发展政策由聚焦经济结构调整转向建设资源节约型社会、循环经济发展和煤炭工业可持续发展等问题,先后制定出台了《山西省建设资源节约型社会行动纲要》《山西省循环经济发展规划(2006~2010年)》和《山西省煤炭工业可持续发展政策措施试点工作总体实施方案》等。

在该阶段,国家对山西省转型发展的支持政策较少,仅在中部地区崛起规划和资源型城市可持续发展等政策中提及,并且政策涵盖的范围小。2006年4月,《中共中央、国务院关于促进中部地区崛起的若干意见》提出,要稳步推进山西省煤炭资源丰富地区的大型煤炭基地建设,搞好矿井设备更新和安全改造,大力发展煤矸石、煤层气、矿井水等资源的综合利用。2007年1月,《国务院办公厅关于中部六省比照实施振兴东北地区等老工业基地和西部大开发有关政策范围的通知》提出,山西省比照实施振兴东北地区等老工业基地有关政策的城市有太原、大同、阳泉、长治,比照实施西部大开发有关政策的县(市、区)有阳曲县、娄烦县、阳高县等50个县(市、区)。2007年12月,《国务院关于促进资源型城市可持续发展的若干意见》发布,该文件没有明确指出政策支持对象,为更好贯彻落实中央精神,2008年7月出台《山西省人民政府关于促进资源型城市可持续发展的实施意见》,在培育壮大接续替代产业、着力解决就业等社会问题、加强环境整治和生态保护以及加强资源勘查和矿业权管理等方面提出实施建议,并在财政、税收、金融等方面提出配套政策(山西省人民政府,2008)(表9-2)。

表 9-2　　山西省关于促进资源型城市可持续发展配套政策

政策类型	具体内容
财政政策	进一步加大省级财政对资源枯竭城市的一般性和专项转移支付力度；设立针对资源枯竭型城市的转移支付，增强基本公共服务保障能力，重点用于完善社会保障、教育卫生、环境保护、公共基础设施建设和专项贷款贴息方面
税收政策	落实税收优惠政策；贯彻落实国家资源税改革政策，完善资源税征收管理办法，增加资源开采地的地方财政收入
准备金制度	探索建立可持续发展准备金制度；由资源型企业在税前按一定比例提取可持续发展准备金，专门用于环境恢复与生态补偿、发展接续替代产业、解决企业历史遗留问题和企业关闭后的善后工作等
金融政策	鼓励设立促进资源型城市可持续发展专项贷款；专门安排一定规模的信贷资金用于支持资源型城市中小企业的发展，积极为资源型城市各类企业特别是中小企业提供金融服务；健全资源型城市中小企业信用担保体系，建立健全担保机构的风险补偿机制，完善担保机构税收优惠等支持政策，推进担保机构与金融机构的互利合作，加强对担保机构的指导和服务

资料来源：《山西省人民政府关于促进资源型城市可持续发展的实施意见》。

（三）第三阶段：国家战略主导下的资源型经济综合配套改革试验区阶段（2010~2016年）

在这一阶段，以国家战略为主导聚焦山西省国家资源型经济转型综合配套改革试验区建设。2010年12月，经国务院同意，国家发展和改革委员会批复同意设立"山西省国家资源型经济转型综合配套改革试验区"（以下简称"转型综改试验区"）。这是我国设立的第九个综合配套改革试验区，也是第一个全省域、全方位、系统性的国家级综合配套改革试验区。

为加快资源型经济转型综合配套改革试验区建设，山西省充分发挥"先行先试"的权利，基本按照"《总体方案》—《实施方案》—《年度行动计划》"的模式推进（安树伟，郭文炯，安祥生等，2018）。2011~2016年，先后制定出台《山西省国家资源型经济转型综合配套改革试验总体方案》《山西省国家资源型经济转型综合配套改革试验实施方案（2013~2015年）》《山西省国家资源型经济转型综合配套改革试验实施方案（2016~2020年）》等一系列政策。围绕《总体方案》和《实施方案（2013~2015年）》，山西省分别编制2013年、2014年和2015年各年度《山西省国家资源型经济转型综合配套改革试验行动计划》，详细列出每年需要突破的重点领域，为转型综改制订具体的时间表、路线图和任务书。

在该阶段,国家在山西省"转型综改试验区"的批复文件中,强调要在产业结构调整、技术创新、深化改革、推进"两型"社会[①]建设、城乡统筹五个与资源型经济转型密切相关的领域率先突破。山西省在《总体方案》中明确指出资源型经济转型的主要任务涉及产业转型、生态修复、城乡统筹、民生改善四大领域(国家发展和改革委员会,2012)。《总体方案》和《实施方案(2013~2015年)》出台的配套政策聚焦在创新完善产业转型促进机制、深化财税体制改革、改革完善土地管理制度、健全科技创新体制机制、加强金融创新和改革、完善资源能源节约和生态环境保护修复机制、改革创新城乡统筹体制机制、加快社会体制改革、推进行政管理和投资体制改革、加大开放力度十个领域,《实施方案(2016~2020年)》补充增加了推进供给侧结构性改革的指导意见(山西省发展和改革委员会,2013,2016),见表9-3。

表9-3　　　关于山西省建设国家资源型经济转型综合配套
改革试验区的相关政策

重点领域	《山西省国家资源型经济转型综合配套改革试验总体方案》	《山西省国家资源型经济转型综合配套改革试验实施方案(2013~2015年)》	《山西省国家资源型经济转型综合配套改革试验实施方案(2016~2020年)》
促进产业转型	理顺煤炭等资源开发利用的体制机制,建立资源型产业与非资源型产业均衡发展机制,健全接续替代产业发展推进机制,完善促进循环经济发展机制,优化企业所有制结构	理顺煤炭等矿产资源有偿获得开发利用体制;创新煤炭等矿产资源开发补偿、获利回馈收益分配体制;推进煤电体制改革;健全接续替代产业发展推进机制;深化煤层气管理体制改革;深化国有企业改革;建立衰退产业退出援助机制;创新园区管理体制;完善促进循环经济发展机制	推进国家新型综合能源基地建设;实施三大煤炭基地提质工程;推进三个千万千瓦级煤电外送基地建设;加快外送电通道建设

---

① 指资源节约型社会和环境友好型社会。

续表

重点领域	《山西省国家资源型经济转型综合配套改革试验总体方案》	《山西省国家资源型经济转型综合配套改革试验实施方案（2013~2015年）》	《山西省国家资源型经济转型综合配套改革试验实施方案（2016~2020年）》
深化财税体制改革	完善资源环境税收制度；按照"清费立税"的原则，将煤炭资源税由从量计征改为从价定率计征；统筹推进各类矿产资源税费制度综合改革；落实有利于资源综合利用和促进循环经济发展的税收政策；加大对转型的财政支持；中央财政对山西省水源保护和生态恢复给予支持，加大对社会保障、基础教育、公共卫生等民生项目的转移支付力度	深化资源税费制度改革；建立健全财力与事权相匹配的财政管理体制；改革和完善财政预算管理体制；推进国有资本经营预算管理体制改革	探索煤炭行业增值税制度改革；扩大固定资产加速折旧实施范围；完善政府预算体系；实行中期财政规划管理；建立政府综合财务报告制度；完善转移支付制度；建立与事权相适应的财政支出制度
完善土地管理制度	建立节约集约用地奖惩考核机制，实行单位地区生产总值新增建设用地考核制度；建立土地开发整治多元投入机制；深化城乡建设用地增减挂钩试点；开展工矿废弃地复星利用试点，存量建设用地的复垦与建设用地调整利用相挂钩；加快推进农村集体土地确权登记发证，逐步建立城乡统一的建设用地市场，规范开展农村集体经营性建设用地流转试点，完善和创新宅基地管理机制	深入推进用地管理改革；加快农村土地制度改革；推进土地审批制度改革；建立跨区域耕地占补平衡市场化机制；建立土地开发整治多元投入机制	深化城乡建设用地增减挂钩等改革试点；探索尾矿库节约集约用地管理新模式；开展重度盐碱未利用地转为建设用地改革试点；探索耕地占补平衡指标市场化改革；推进农村集体经营性建设用地入市改革；推进农村土地征收制度改革；推进农村宅基地制度改革；建立不动产登记制度
健全科技创新体制	大幅增加研发投入，设立政府科技创新引导基金，创建全省科技创新投融资服务平台；开展知识产权质押贷款、科技保险等业务；强化创新人才支撑；推进省重点大学进入中西部地区高等教育振兴计划，建设一批对资源型经济转型具有重要支撑作用的特色重点学科	深化科技投融资体制改革；建立企业研发费用提取积累机制	建立财政科技投入稳定增长机制；强化企业技术创新主体地位；健全科技成果转化促进机制；建立科技金融产业融合模式；完善创新人才集聚发展制度

— 225 —

续表

重点领域	《山西省国家资源型经济转型综合配套改革试验总体方案》	《山西省国家资源型经济转型综合配套改革试验实施方案（2013~2015年）》	《山西省国家资源型经济转型综合配套改革试验实施方案（2016~2020年）》
加强金融创新	打造金融创新高地；设立创业投资引导基金，探索组建有利于促进资源型经济转型的地方政府引导基金；发展"晋商金融"	健全利用多层次资本市场融资机制；创新金融机构资金投放激励机制；完善创业投资和股权投资发展促进机制；创新中小微企业融资扶持机制	健全企业上市扶持培育机制；发展区域股权交易市场；加快城市商业银行改革；推进农村信用社改革；健全地方金融监管体制；推进道路交通事故社会救助基金管理方式和煤矿风险抵押金保险化改革
生态修复	探索建立生态环境产权制度；建立完善矿山环境保护与恢复治理责任机制和补偿机制；健全资源节约机制；创新完善节能降耗、减排治污机制	建立健全生态环境保护与恢复治理补偿机制；完善资源开发与生态保护修复同步规划、同步实施机制；建立完善生态环境保护与修复治理责任机制；构建生态环境保护修复多元投入机制；实施主要污染物总量管理制度改革；推进污染者付全费制度改革；推进排污权有偿使用和市场化改革；深化资源性产品价格改革；推进集体林权制度配套改革；深化水资源有偿使用制度改革	完善资源环境生态红线制度；健全非煤矿山生态环境治理制度；完善生态环境保护管理和监管体制；建立环境污染责任保险制度；探索建立环境保护基金；发行环境污染治理专项债券；加快推进排污权交易；健全完善体现生态文明的考核制度；建立自然资源资产产权制度；深化资源性产品价格改革；推进水权制度改革；深化农村小型水利工程管理体制改革；推进国有林场改革
改革创新城乡统筹体制机制	建立健全城乡发展一体化制度；加快形成有利于城乡统筹的户籍制度	创新"五规合一"规划统筹协调机制；深化户籍制度改革；创新农业生产经营机制；探索公共资源在城乡之间均衡配置促进机制	推进实施市县规划"多规合一"；建立农业转移人口市民化成本分担机制；规范推进基础设施和公用事业特许经营；推进介休市、孝义市等国家新型城镇化综合试点；推进晋中、阳泉市国家中小城市综合改革试点；继续推进交通企业和高速公路资产债务重组改革以及高速公路建设运营管理体制改革；有序推进土地承包经营权流转；全面完成农村土地承包经营权确权登记颁证；深化农村集体资产产权制度改革；稳妥开展农村土地承包经营权抵押贷款试点；全面深化供销合作社综合改革

续表

重点领域	《山西省国家资源型经济转型综合配套改革试验总体方案》	《山西省国家资源型经济转型综合配套改革试验实施方案（2013~2015年）》	《山西省国家资源型经济转型综合配套改革试验实施方案（2016~2020年）》
社会体制改革	加快完善覆盖城乡的社会保障制度；改革公共服务供给制度	完善就业促进机制；构建城乡劳动者平等就业机制；推进收入分配制度改革；创新基本公共服务供给机制；推进社会保障体制改革；深化教育体制改革；深化医药卫生体制改革；深化文化体制改革；创新社会管理机制	完善促进就业创业政策；深化收入分配制度改革；推进城乡义务教育均衡发展；建立健全现代职业教育体系；深化考试招生制度改革；全面推进公立医院改革；建立健全分级诊疗制度、统一的城乡居民基本医疗保险制度、社会养老服务体系
行政管理和投资体制改革	优化行政管理体制；完善转型项目审批机制	深化政府机构改革；扩权强县，推进省直管县体制改革；深化行政审批制度改革	加强政府自身建设；深化商事制度改革；深化社会组织管理制度改革；继续推进事业单位分类改革；推进万家寨引黄工程体制改革；深化投资体制改革；科学调整行政区划；探索省直管县体制改革
扩大开放	"引进来"与"走出去"并举；积极推进贸易便利化；深化国内区域合作	—	推进对外贸易便利化；推进国内贸易流通现代化；进一步推进境外投资便利化；创新外资引进方式；推动开发区转型升级和创新发展
供给侧结构性改革	—	—	构建化解产能过剩长效机制；积极有效化解房地产库存；完善金融风险化解和防范机制；加快实施"革命兴煤"；深入推进电力体制改革；深化国有企业改革；推进大同煤矿集团有限责任公司、山西晋能集团有限公司国企改革试点；推进煤层气管理体制改革；完善民营经济发展促进机制

资料来源：《山西省国家资源型经济转型综合配套改革试验总体方案》《山西省国家资源型经济转型综合配套改革试验实施方案（2013~2015年）》《山西省国家资源型经济转型综合配套改革试验实施方案（2016~2020年）》。

（四）第四阶段：改革创新引领下国家主导的资源型经济转型发展新阶段（2017年至今）

在这一阶段，以全面深化改革为引领，国家支持山西省资源型经济转型发展政策已经进入全面系统深入实施的新阶段。

2017年6月习近平同志在考察山西时指出，山西省要以全面深化改革推动经济转型发展，要成为"全国能源革命排头兵"。2017年9月，《国务院关于支持山西省进一步深化改革促进资源型经济转型发展的意见》（以下简称《意见》）发布，这是国务院首次专门就一个省的经济转型发展给予全面指导和支持，标志着山西省资源型经济转型正式进入改革创新引领阶段。《意见》提出，山西省要以推进供给侧结构性改革为主线，围绕坚持改革引领、聚焦产业转型、突出生态优先、加强协同联动的基本原则，打造"能源革命排头兵"，建成"资源型经济转型发展示范区"，确立山西省在全国经济发展格局中的战略地位和作用（国务院，2017）。

为更好地贯彻落实《意见》，2017年9月出台《贯彻落实国务院支持山西省进一步深化改革促进资源型经济转型发展意见行动计划》，围绕打造能源革命排头兵、促进新旧动能接续转换、激发市场主体活力、增强内生发展动力、拓展转型升级新空间、建立美丽山西省六个领域的主要任务，将每个领域细分若干具体的推进举措（表9-4），全力保障山西省实现从"煤老大"到"全国能源革命排头兵"的历史性跨越（中共山西省委，山西省人民政府，2017）。

表9-4　关于支持山西省进一步深化改革促进资源型经济转型发展政策

重点领域	《国务院关于支持山西省进一步深化改革促进资源型经济转型发展的意见》	《贯彻落实国务院支持山西省进一步深化改革促进资源型经济转型发展意见行动计划》
打造能源革命排头兵	推进煤炭产能减量置换和减量重组，布局移动能源产业；推进煤炭消费等量和减量替代；能源体制改革，推进煤电结合、煤运结合、煤化结合；加快信息化与工业化深度融合；构建绿色制造体系，支持运城市建设铝镁合金产业基地，加快推进航空航天业的发展，积极打造文化旅游支柱产业；建立新兴产业培育扶持机制；完善传统产业转型升级政策体系	研究制定《山西省打造全国能源革命排头兵行动方案》；优化能源产业结构，重点布局煤炭深加工、煤层气转化等高端项目和新能源发电基地；结合电力市场需求变化，提高晋电外送能力；布局太阳能薄膜等移动能源产业；引导退出过剩产能、发展优质产能，推进煤炭产能减量置换和减量重组；开展煤炭消费等量、减量替代行动，推动焦化、煤化工等重点领域实施清洁生产技术改造；鼓励煤炭、电力、运输、煤化工等产业链上下游企业进行重组或交叉持股；重点发展新一代新兴产业和先进产品；开展"煤—电—铝—材"一体化改革试点，推动铝工业转型升级

续表

重点领域	《国务院关于支持山西省进一步深化改革促进资源型经济转型发展的意见》	《贯彻落实国务院支持山西省进一步深化改革促进资源型经济转型发展意见行动计划》
促进新旧功能接续转换	增强协同创新能力，鼓励实施企业技术创新重点项目计划，开展区域骨干企业创新转型试点，创建国家科技成果转移转化示范区；促进科技和金融结合，满足创新型企业的融资需求；打造创新创业平台，推进开发区创新发展；实施人才强省战略，深化干部人事制度改革	实施国家技术创新工程，加强国家自然科学基金、国家科技重大专项等项目的组织申报工作，积极推进国家科技创新基地建设；实施年度山西省企业技术创新重点项目计划，编制《山西省关于开展区域骨干企业创新转型试点的工作方案》《山西省国家科技成果转移转化示范区建设方案》，修订《山西省科技创新券实施管理办法（试行）》，加大财政支持引导力度，加强知识产权质押融资服务，鼓励金融机构创新金融产品，鼓励企业开展知识产权质押融资；鼓励探索高职院校与企业合作办学，开展现代学徒制试点；完善吸引人才的政策环境，探索人才引进新机制，继续推进人才激励措施；制定《山西省事业单位特设岗位设置管理试行办法》
激发市场主体活力	实施国有企业改革振兴计划，推动若干中大企业联合重组；更大范围和程度推行混合所有制改革，实行市场导向的选人用人和激励约束机制；加快解决厂办大集体、棚户区改造和企业办社会等历史遗留问题；促进民营经济健康发展	制定《山西省国有经济布局调整实施意见》，推动更多资源要素用于发展新兴产业；研究探索煤炭、电力、化工、冶金企业跨区域跨行业兼并重组，形成规模化、集约化、专业化大集团；积极推进混合所有制改革；引导民营企业参与山西省国有企业混合所有制改革，鼓励发展非公有资本控股的混合所有制企业；专项解决厂办大集体、棚户区改造和分离企业办社会职能等历史遗留问题；废除对非公有制经济各种形式的不合理规定
增强内生发展动力	深化"放管服"改革，创新财政金融支持转型升级方式；完善土地管理制度；推动城乡一体化发展，全面改善农村生产生活条件；加快资源型城市特别是资源枯竭城市转型，促进城矿协调发展，推进产城融合；集中力量脱贫攻坚	全面对标国内先进地区，健全精简高效的权责清单和负面清单制度，统一规范各类审批、监管、服务事项；完善产权保护制度，甄别纠正一批社会反映强烈的产权纠纷申诉案件；试点企业投资项目承诺制，探索建立以信用为核心的监管模式；完善政府守信践诺机制，建立健全政府失信责任追究制度及责任倒查机制；调整优化行政区划，解决设区的市"一市一区"等规模结构不合理问题；对山西省主导产业衰退严重的城市，比照实施资源枯竭城市财力转移支付政策；坚持最严格的耕地保护制度，严格划定永久基本农田，实行特殊保护；以吕梁山、燕山—太行山两个集中连片特困地区为重点，推进脱贫攻坚与生态治理

续表

重点领域	《国务院关于支持山西省进一步深化改革促进资源型经济转型发展的意见》	《贯彻落实国务院支持山西省进一步深化改革促进资源型经济转型发展意见行动计划》
拓展转型升级新空间	构建联接"一带一路"大通道；加强与京津冀协同发展战略衔接	编制《山西省融入"一带一路"综合物流基地和配送中心建设方案》，在物流基地建设具有海关、检验检疫等功能的铁路口岸，打造一批具有多式联运功能的大型综合物流基地；支持太原、大同建设全国性综合交通枢纽；加强与京津冀地区基础设施的互联互通；积极支持山西省复制推广自由贸易试验区等成熟改革试点经验；支持山西省与京津冀地区建立合作机制，实现联动发展；增加山西省向京津冀地区的清洁能源供应；支持山西省参与京津冀电力市场化交易
建设美丽山西省	加强资源开发地区生态保护修复治理，加大生态环境保护力度	加快推进国土综合整治，实施太行山、吕梁山生态保护修复工程，推进山水林田湖生态保护工程试点；积极引入社会资本参与生态修复建设，创新市场化生态修复机制；严格落实水资源管理制度；实施大规模植树造林，推进天然林资源保护，将符合条件的公益林纳入国家级公益林范围，享受森林生态效益补偿政策；组织实施节能重点工程，发展节能环保产业；全面推进节水型社会建设提高水资源利用效率和效益；推动山西省建立健全碳排放权交易机制；支持山西省大力发展循环经济，对产业园区进行循环化改造

资料来源：《国务院关于支持山西省进一步深化改革促进资源型经济转型发展的意见》《贯彻落实国务院支持山西省进一步深化改革促进资源型经济转型发展意见行动计划》。

综上所述，山西省资源型经济转型支持政策实施以来，表现出两个特点。第一，施策主体由地方政策主导转向国家战略主导。2010年之前，山西省资源型经济转型以省内政策为主导，政策着力点先后聚焦经济结构调整和资源型城市可持续发展。国家针对山西省资源型经济转型发展出台的支持政策数量少，涵盖范围小，仅在《中共中央、国务院关于促进中部地区崛起的若干意见》和《国务院办公厅关于中部六省比照实施振兴东北地区等老工业基地和西部大开发有关政策范围的通知》两份国家政策文件中有所提及。2010年山西省转型综改试验区获批后，山西省资源型经转型以国家战略为主导，2017年国务院首次针对山西省经济转型发展出台指导《意见》，支持重点聚焦资源型经济转型。第二，国家支持政策内容由"产业转型、生态修复、城乡统筹、民生保障"四大领域全覆盖转向"产业转型升级与生态文明体制改革"两大核心领域，明确提出以"深化改革、创新驱动"推动山西省资源型经济转型，在打造能源革命排头兵、促进新旧动能接续转换、激发市场主体活力、增强内发展动力、拓展转型升级新空间、建设美丽山西领域出台的配套政策措施更加细化深化。

二、山西省现行资源型经济转型政策实施绩效评价

（一）新兴产业投资比重提高

1999年以来，煤炭行业在山西省工业发展中的"抽水机"效应明显，吸引了大量的资金和人才。但随着2012年煤炭销售价格持续下滑，煤炭企业经济效益大幅度下降，山西省煤炭工业投资能力持续衰减，同时资源型经济转型发展也促使越来越多的资金由传统的煤炭产业流入新兴的"非煤"产业。1999~2016年，山西省煤炭、冶金、焦化和电力四大传统支柱产业投资占全部工业投资的比重由77%下降到41%，重点培育发展的装备制造、煤化工、新材料、食品等新兴产业投资比重由23%增长到59%（图9-1），工业结构转型升级步伐明显加快，经济增长的活力和动力进一步增强。

（二）资源型经济转型试点工作成效明显

一方面，为推进转型综改试验区试点工作，2012年山西省开展"一市两县"试点工作，即在每个地级市选择两个县开展转型综改试点。11个地级市进行不同的"先行先试"：太原市围绕省城生态环境大力实施五大工程和五项整治，大同市加快新兴产业集聚式发展，阳泉市着力建设特色生态新城，长治市建设上党"1+5"城镇群，晋城市以"气化晋城"为突破口探索低碳发展新路径，朔州市加快东部新区"四化一体"建设，忻州市建立储备、招商、落地、开工、服务和考核"六位一体"的项目推进机制，吕梁市以产业集聚、园区承载、循环经济为重点加快产业转型，运城市跨区域合作建设"黄河金

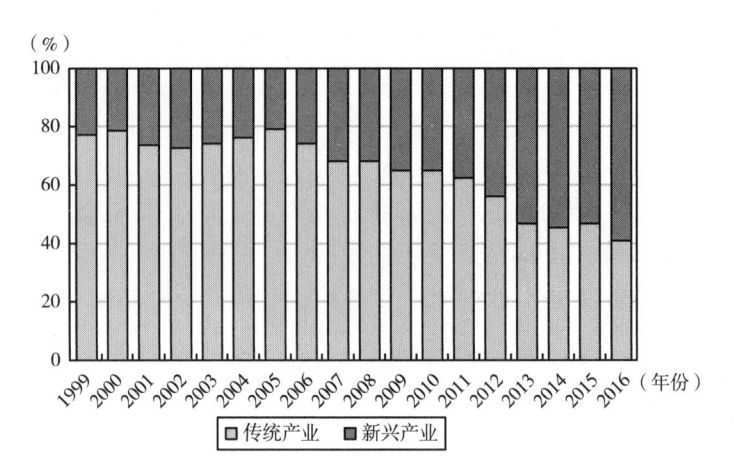

图 9-1　1999~2016 年山西省传统产业与新兴产业固定资产投资比重

资料来源：《山西统计年鉴（2017）》。

三角"，晋中市着力建设"108 综合发展廊带"，临汾市加快建设百里汾河生态经济带。11 个省级转型综改试点县（市、区）也根据自身特点先行先试：孝义市侧重探索资源枯竭型城市的可持续发展，平鲁区、灵石县、高平市侧重探索煤炭资源型经济转型，灵丘县、盐湖区侧重非煤资源型经济转型，侯马市、阳泉郊区、潞城市侧重探索城乡和城镇化发展，太原市尖草坪区、原平市侧重探索"两型"社会建设（李志强，2013）。另一方面，山西省全力推进循环经济试点工作，在原有 69 个循环经济试点单位的基础上，新选定 117 个省级试点企业和园区、20 个省级转型综改标杆项目，煤、焦、冶、电四大传统行业的循环经济发展特色模式初步形成；先后发布《山西省循环经济发展规划（2006~2010 年）》《山西省循环经济促进条例》，将循环经济发展纳入法治化轨道（李志强，2014）。

（三）重大领域转型改革取得新突破

一是用地制度改革深入推进。在露天采矿用地机制、矿业存量建设用地整合利用机制、城乡建设用地增减挂钩机制、土地"征转分离"机制、二次开发利用存量土地机制、建设用地利用效率考核机制、土地规划定期评估和适时修改机制等方面实现改革创新，极大促进了国土资源服务转型跨越发展。

二是行政审批制度改革逐步深化。贯彻落实国务院关于取消和下放 50 项行政审批项目等事项的决定,山西省进一步取消和下放一批行政审批项目,简政放权,不断深化行政管理体制改革,为转型升级提供制度保障。山西省人民政府取消行政审批项目 95 项,下放 48 项。山西省发展和改革委员会大幅调整投资审批事项和下放审批权限,调整审批事项 22 项,下放审批权限 8 项,随审批权下放的审批流程 2 项。大力实施煤焦公路销售体制改革,全部取消对相关企业的 21 项行政授权,全部取消煤焦公路运销 9 种票据,煤炭管理体制改革迈出坚实步伐。

三是生态环境逐步改善。推进生态治理,以汾河流域和大同矿区生态修复为龙头,对全省 11 条重点河流和国家规划的 18 个重点矿区的采煤沉陷区、采空区、水土流失区、煤矸石山,全面推进实施生态环境修复工程。深入推进循环经济试点工作,开展区域、行业、园区等不同层面试点,形成了山西焦煤集团有限责任公司、大同煤矿集团公司、太原钢铁集团有限公司等循环经济典型模式并深入推广。发布了《山西省循环经济标准体系》。

四是省部合作机制建设取得重大突破。与国家农业部、文化部、电力监管委员会、测绘地理信息局、国家气象局等在不同领域开展了省部合作。统筹联动工作机制基本形成,建立了部门沟通协作、上下联动工作机制,重点任务责任分工、联络、月度协调制度,综改信息沟通通报、重大新闻宣传、综改简报(专报)制度,综改任务考核制度等统筹联动工作机制。

五是金融创新取得新进展。山西省人民政府金融办公室与中国人民银行太原中心支行、山西银监局、山西证监局、山西保监局联合出台《关于金融支持山西经济结构调整和转型升级的指导意见》,重点支持新型能源、先进制造、现代服务业、战略性新兴产业,优先支持重点在建续建项目、转型综改重大标杆项目、城镇化建设项目。

六是产业转型成效初显。能源改革全面启动,加快煤电企业实施以股权为纽带的煤电联营,山西煤炭运销集团与山西国际电力集团合并重组成立山西晋能集团有限公司,全省 34 户主力火电企业中 26 户实现煤电联营,煤电一体化改革取得重大突破。成立中国(太原)煤炭交易中心,与新华社联合发布中国太原煤炭交易价格指数,国内首个反映产地煤炭市场价格的"太原指数"正式上线,煤炭交易机制和市场体系逐步健全(安树伟,郭文炯,安祥生等,2018)。

（四）转型工业布局由分散转向分散集聚并存

山西省以煤为主的工业布局在计划经济时期呈现出典型的原料指向性特征，山西省多数县（市、区）均有煤炭资源赋存，因此资源开采企业数量大，工业布局比较分散。经过 2008~2010 年的煤炭资源整合，山西省工业布局逐步突破传统模式的束缚，形成以市场指向为主、兼顾原料指向的布局特征，"多、小、散、乱"的产业格局发生根本性变化，由分散向分散集聚并存转变。同时山西省持续优化调整产业结构，不断延伸传统产业链条，促进非煤产业发展壮大，最终有望形成"以太原市为核心，通过'三圈'扩散辐射其余 10 个地级市，形成五个各具特色、相互补充、具有明显集聚效应块状经济"的"一核三圈五群"[①] 工业布局（山西省经济与信息化委员会，2014）。

三、山西省现行资源型经济转型政策存在的问题

1992 年以来，山西省开展加快经济结构调整的战略部署，2006 年以来，国家通过批复"山西省国家资源型经济转型综合配套改革试验区"和出台《国务院关于支持山西省进一步深化改革促进资源型经济转型发展的意见》，但仍存在重点不突出、缺乏分类指导、体制机制不灵活和配套政策不完善等问题。

（一）转型重点不突出

现行政策内容泛化，重点不突出。2012 年国家发展和改革委员会印发

---

① "一核"指太原核心区，包括太原市区、晋中市榆次区及娄烦、古交、阳曲、清徐，太原经济技术开发区、太原高新技术产业开发区、太原民营经济园区、太原不锈钢产业园区。"三圈"是指山西省承接产业转移扩散落点时遵循的三个梯度序列：第一圈层是太原核心区；第二圈层是太原边缘层，包括吕梁、晋中、阳泉、忻州等地；第三圈层是延伸拓展层，包括大同、朔州、临汾、运城、长治、晋城等地。"五群"是指五个主要经济块状地带的工业布局：一是太原核心区；二是中部块，包括晋中、吕梁、阳泉、忻州等区域；三是东南部块，包括长治、晋城两市；四是南部块，包括临汾、运城两市；五是北部块，包括大同、朔州等区域。

《山西省国家资源型经济转型综合配套改革试验总体方案》，围绕"产业转型、生态修复、城乡统筹、民生保障"四大领域，提出了"十二五"时期山西省资源型经济转型的主要任务。在四大重点领域任务中，城乡统筹和民生保障两大领域与资源型经济转型的相关性偏低，10项具体措施多数带有一定省内"普惠制"性质，内容过于宽泛，重点不突出。同时，国家财政资金有限，应集中到最需要扶持的产业转型和生态修复两大领域，而非"广撒胡椒面"，应努力提高资金利用效率。

（二）缺乏分类指导

现行政策缺乏对发展阶段的区分，存在"一刀切"现象，未能很好地体现区别对待、分类指导原则。第一，从山西全省层面而言，自1992年"调整经济结构"开始，山西省在工业化、城镇化、现代化发展进程中，所处的发展阶段不同，不同发展阶段转型突破口的选择也是不同的，相应的政策需求存在差别。《国务院关于支持山西省进一步深化改革促进资源型经济转型发展的意见》提出了2017~2020年和2021~2030年两个时间段的发展目标，但是现有山西省资源型经济转型的支持政策缺乏针对不同时期转型突破口的科学识别，缺乏与不同发展阶段相适应的突破口政策选择。第二，从山西省地级市层面而言，各地级市经济发展水平与发展阶段存在差异，面临的问题各不相同，以忻州、运城为代表的城市应以"发展"为主，以长治、大同为代表的城市应以"转型"为主，处于不同发展阶段的地级市对转型突破口的政策需求是不同的。然而，现有政策未能很好地考虑到地域差异性。

（三）体制机制不灵活

现有政策的体制机制不灵活，在一定程度上制约了政策的实施效果。第一，从转型综改管理机构设置而言，一方面"自上而下"转型综改对接管理机构尚未理顺。目前山西省将转型综改的管理职能设置在省委政策研究室，部分地级市层面尚未将此项工作转至市委政策研究室，多数县级层面尚未设置县委政策研究室，仍然由发改系统兼管；另一方面，部分县市转型综改工作人员的配备未完成，人员编制尚未落实。第二，从园区管理体制而言，山西转型综合改革示范区以及部分省（市）级经济技术开发区的管理体制尚未理顺。山西转型综合改革示范区由太原都市区内的太原高新技术产业开发区、太原经济技术开发区、太原武宿综合保税区、晋中经济技术开发区4个国家级开发区，太原工业园区、山西榆次工业园区、山西科技创新城3个省级开发区以及山西大学城、潇河产业园区，共9个产学研园区整合而成；但园区管理体制尚未理顺，尚未打破"一亩三分地"的思想，各自为战尚未形成合力。此外，受税收政策影响，部分省级经济技术开发区的管理机构建设较为滞后。第三，人才引进机制缺乏弹性。受发展阶段和环境的制约，同等条件下与其他中部地区省份相比，山西省的人才引进政策竞争力不强，现有人才引进政策过于强调"留下来"，缺乏弹性。

（四）配套政策不完善

现行配套政策尚不完善，一方面，国家与省级协调机制不健全，沟通渠道不畅通。部分政策省级层面无法协调，需要国家层面加大支持力度，比如电解铝指标扩容、煤—电—铝—材产能置换、建设用地指标等政策需要与国家各部委协调。另一方面，不少政策与现行法律法规相抵触，虽然在文件中采取了先行先试的方式，但在省内土地占补平衡、政策资金、产业扶持、税收优惠等领域，试点配套政策的含金量不高，一些政策落实性较差。

四、山西省资源型经济转型政策调整方向

（一）拟从国家争取的政策

1. 适度向国家相关部门争取电解铝产能扩容指标

为延长山西省铝加工产业链条，《国务院关于支持山西省进一步深化改革促进资源型经济转型发展的意见》指出，山西省要"开展'煤—电—铝—材'一体化改革试点，推动铝工业转型升级"。结合山西省实际情况，电解铝产能指标短缺是制约"煤—电—铝—材"一体化的重要瓶颈。因此，建议山西省在国家政策允许的范围内，适度向国家发展和改革委员会、工业和信息化部等国家相关部门争取电解铝产能扩容指标，支持传统铝工业转型升级。

2. 利用编制省级空间规划机遇，调整预留转型发展空间

目前全国共有9个省（自治区、直辖市）列入省级空间规划试点，随后省级空间规划将在全国其余省（自治区、直辖市）全面铺开。山西省要充分利用编制省级空间规划的机遇，县级及以上行政部门要高度重视，各级领导要主动学习省级空间规划的目的和内容，在明确划定城镇、农业、生态空间及生态保护红线、永久基本农田、城镇开发边界的过程中，调整预留转型发展所需的空间。

3. 积极争取中央财政资金支持山西省资源型经济转型

第一，对山西省主导产业衰退严重的城市以及矛盾突出、财政困难的重点采煤沉陷区，积极争取享受资源枯竭型城市财力转移支付政策。第二，中央预算内投资在山西省农村旅游公路建设、生态建设、扶贫开发和社会事业等方面，比照西部地区补助标准执行。第三，争取中央财政对厂办大集体改革的资金支持，用于接续职工社会保险关系、解除劳动关系经济补偿等改革支出。第四，积极向国家发展和改革委员会争取独立工矿区各类资金及政策支持，推动霍州市资源枯竭型城市转型发展。第五，积极争取国家中央预算内专项资金，支持长治国家老工业城市和资源型城市产业转型升级示范区建设。

4. 实施区域性税收优惠政策

一是提高增值税的地方分享比例。为促进资源型经济转型发展，建议在实行统一增值税政策的基础上，对资源型地区实行增值税区域性优惠，向国家相关部门争取适当提高山西省资源型地区增值税的地方分享比例，由按税收缴纳地分享增值税的50%提高到60%，市县占地方分享增值税的比例由70%提高到80%，国家、省级、地市级、县级增值税分享比例由50.0∶15.0∶7.5∶27.5调整到40∶12∶16∶32，以缓解地方财力紧张状况。二是针对接续替代产业实施企业所得税优惠。建议参照西部大开发税收优惠政策，针对山西省资源型经济转型期间新上的非煤企业项目，到2030年底前减按15%的税率计征企业所得税；推进企业所得税由同一税务机关监管和同一区域合并纳税。三是合理扩大税收抵扣政策。对煤炭等资源性企业所得税税前抵扣政策明确放宽，建议将资源型企业产业扶贫支出、支持地方基础设施建设支出、新兴产业投入等实行所得税税前抵扣，把有限的税收收入留在地方，用以支持地方经济社会发展。

5. 积极规划建设太原汾河新区

按照国家发展和改革委员会制定的《新区设立审核办法》和《新区设立审核办法实施细则》，山西省应积极规划建设太原汾河新区，适时申报国家级新区。太原汾河新区以山西转型综合改革示范区为基础，新区北至（北）京昆（明）高速、东至榆（次）祁（县）高速、南至潇河、西至汾河。

借鉴其他国家级新区的发展经验，汾河新区按照"初创期模式—发展期模式—建成期模式"不断升级。初创期，采取领导小组（开发办公室）模式，成立以省委书记为组长，省长、省委副书记、常务副省长分别任副组长的汾河新区规划建设领导小组，负责决定新区规划建设的重大方针政策、重大决策、重大事项的指导、协调和督促落实，统筹解决新区规划建设中的重大问题，协调各开发主体的利益关系，充分调动全省资源支持新区开发建设。设立汾河新区建设领导小组办公室，负责日常工作。在发展期，建议成立太原汾河新区党工委和管委会。太原汾河新区党工委、管委会是中共山西省委、山西省人民政府派出的正厅级机构、新区规划建设领导小组日常办事机构，承担领导小组办公室职责，行使部分市级管理权限。管委会主要承担新区经济职能，负责编制实施新区各类发展规划、组织新区重大基础设施建设、研究制定新区招商引资和投融资政策、统筹安排财政专项资金、统计新区主要经济指标等职责。在成熟期，经过若干年努力，新区由功能区转变为行政区，全面负责经济社会管理事务。在整个初创期和建设发展期，新区不设立新的行政区，按照"行政区划不变、统计口径不变、分配格局不变"的原则与晋中市榆次区构建发展共享体关系。管委会职能仅局限于新区经济职能，行政与社会事务仍实行"属地管理"。新区包含的街道和镇在行政归属、统计口径、收益分配方面都保持原先格局不变。新区范围内已经建立的属于太原市、晋中市直接管理的经济功能区管委会划归新区管委会管理，为新区直属机构。其他经济功能区管委会隶属关系保持不变。新区主要负责重大政策、重大制度、重大事项的制定与决策，主导新区规划建设、高端产业发展及投资促进等工作。乡镇（街道）主要负责优化政务服务环境、增强便民利民功能、提升基层治理能力，重点做好公共服务、公共管理和公共安全等社会治理工作。产业功能区管理机构承担的规划建设、产业发展、招商引资等行政职能回归管委会相应产业发展机构。设立汾河新区开发投资有限责任公司作为汾河新区开发建设的运作平台和执行层，公司要充分发挥国有资本整合资源和调配资源的功能，把抓产业发展作为推动新区实现产城融合的重要途径，以"基金+项目"引导产业，以"园区

"+项目"聚集产业，以"资本+股权"投资产业，以"资本+研发"提升产业，实现以资本驱动产业发展，以园区聚集产业发展。汾河新区建立相对独立的财税体制，为新区开发建设融资、财政预算和资金运转、发挥财政功能提供必要保障。

专栏 9-1

国家级新区设立的申报审核程序

新区设立由省级人民政府向国务院提出申请，国务院将设立申请批转发展改革委会同有关部门组织审核，并提出审核意见上报国务院。国务院根据审核意见确定是否同意设立新区。根据规定，申请设立新区应当提交以下申报材料：省级人民政府关于设立新区的请示（包括党中央、国务院赋予的战略任务等）；拟设立新区的总体方案（主要包括设立新区的必要性和意义，新区发展的指导思想、战略定位和目标任务，方案实施的保障措施等内容）；拟设立新区符合土地规划和城镇规划情况的报告（主要包括标注新区位置的土地规划和城镇规划相关图件，以及新区设立可能涉及土地规划和城镇规划修改的内容等）；拟设立新区与相关行政区域协调一致的报告（主要包括新区位置情况、所涉及行政区情况及相关图件等）；总体方案实施环境评估报告；经审定的总体方案水资源论证报告，涉及洪泛区、蓄滞洪区的，应当提交总体方案洪水影响评价报告。

资料来源：《新区设立审核办法》和《新区设立审核办法实施细则》。

（二）省内配套政策

1. 编制年度《山西省打造全国能源革命排头兵行动计划》

为贯彻落实好《国务院关于支持山西省进一步深化改革促进资源型经济转型发展的意见》和《贯彻落实国务院支持山西省进一步深化改革促进资源型经济转型发展意见行动计划》，需要尽快研究制定《山西省打造全国能源革命排头兵行动方案》，并且编制出台年度《山西省打造全国能源革命排头兵行动计划》，明确每年需要突破的重点领域，以及山西省在能源供给、消费、技术、体制和合作等领域走在全国前列的主要任务和奋斗目标，并确保落实。

2. 理顺"自上而下"转型综改对接管理机构

国内外经验表明,要充分发挥各级政府在转型中的主导作用,成立专门的转型领导机构是资源型经济转型成功的重要保证。因此,山西省需要尽快理顺"自上而下"转型综改对接的管理机构。2017年以来,山西省将资源型经济转型综合配套改革的业务由山西省发展和改革委员会转至山西省委政策研究室(省委改革办),建议全省11个地级市尽快将资源型经济转型综改业务移至市委政策研究室(市委改革办),按需配备工作人员并落实行政编制问题。县级层面,已设县(市)委政策研究室的县(市),尽快由县(市)委政策研究室接管资源型经济转型综改业务,按需配备工作人员并落实行政编制问题。未设县(市)委政策研究室的县(市),仍暂由县(市)发改局兼管,但转型综改业务向上对接所属市委政策研究室(市委改革办)和山西省委政策研究室(省委改革办)。

3. 提高新兴产业领域领导干部比例

推进山西省资源型经济转型,产业转型是核心,其中培育扶持新兴产业尤为重要。建议山西省在各级党政领导干部配置过程中,提高熟知新兴产业发展的领导干部比例,同等条件下优先录用或提拔新兴产业领域领导干部,广聚新一代信息技术、轨道交通、新能源汽车、新材料、航空航天、生物医药、文化旅游等新兴产业领域的专业技术人才和管理人才,为转型发展打下良好的干部基础。

4. 加强转型发展的分类指导

从发展阶段看,山西省在不同发展阶段其转型突破口的选择也是不同的,相应的政策需求存在差别。根据《国务院关于支持山西省进一步深化改革促进资源型经济转型发展的意见》,2017~2020年,山西省资源型经济转型的突破口在于传统产业转型升级、新兴产业起步发展以及转型空间初步明确,该阶段的政策需求应聚焦延伸煤化工产业链、开展"煤—电—铝—材"一体化、深化国企改革、培育扶持新兴产业以及推进开发区设立、扩区和升级等领域。2021~2030年,山西省资源型经济转型的突破口在于新兴产业成熟健康发展、现代能源体系基本建成以及转型空间集约高效利用,该阶段的政策需求应聚焦现代产业体系构建、实施创新驱动发展、促进民营经济健康发展、推进开发区升级等领域。

从各地级市看，由于山西省各地级市经济发展水平与发展阶段的不同，其面临的矛盾与问题存在差异，为此，应将"转型"与"发展"剥离开来，将11个地级市分成两种类型。一类是"发展"主导型，以忻州、运城、吕梁为代表。该类城市经济社会发展刚刚起步，资源保障潜力大，应高效高技术水平开发利用资源，延伸产业链条，培育资源深加工龙头企业和产业集群，积极培育接续替代产业。另一类是"转型"主导型，以太原、大同、长治等城市为代表。该类城市基本摆脱资源依赖，经济社会发展步入良性轨道，应进一步优化经济结构，培育发展战略性新兴产业，加快发展现代服务业，深化对外开放，提高科技创新水平，完善城市功能，提高城市品位，打造区域中心城市、生态宜居城市或著名旅游城市。

5. 着力打造转型园区，保障转型空间

资源型经济转型，无论是传统产业转型升级，还是新兴产业培育扶持，均需园区作为空间载体。因此，山西省要集中力量在11个地级市重点打造20个转型园区，为转型综改提供保障空间（图9-2）。山西转型综合改革示范区要争当资源型经济转型空间保障的第一突破口，针对山西转型综合改革示范区存在的"区地多头领导"现象，需要深入理顺管理体制，将规划范围内涉及的9个园区的管理权统一收归山西转型综合改革示范区管委会，管委会主任由省委、省政府主要领导担任，为申报太原汾河新区打下基础。同时，要举全省之力，在用地指标、占补平衡等方面加大对示范区的支持力度，推动示范区在各领域先行先试，总结典型经验逐步在全省复制推广。

6. 实施柔性的人才引进政策，推进"晋才晋用"

借鉴云南、海南等省经验，组织编制《山西省柔性引进人才暂行办法》，以智力服务为目的，在不改变省外人才原有人事、档案、户籍、社保等关系的前提下，突破地域、城乡、部门、行业、身份、所有制、工作方式等限制，按照"不求所有、但求所用"的原则，采取"政府引导、市场调节、契约管理、绩效激励"的运作方式，吸引省外人才通过顾问指导、短期兼职、项目合作、服务外包、二次开发、技术入股、对口支援、挂职锻炼、人才租赁、互派培养及其他适宜方式，为山西省资源型经济转型提供智力支持。柔性引才的重点领域应包括以杂粮产品为特色的现代农业，以新一代信息技术、轨道交通、新能源汽车、新材料、航空航天、生物医药为主的新兴产业，以文化旅游为龙头的现代服务业等。柔性引进人才，注重发挥引才单位的自主性，可按照征集需

图 9-2 山西省转型园区示意

求、发布目录、对接洽谈、签订协议的步骤实施，柔性引进人才享有协议约定的报酬、福利、保险、科技成果收益分配、激励等权益。

专栏 9-2

海南省、云南省柔性引进人才政策

（一）海南省柔性引进人才政策

2014年9月，海南省委办公厅、海南省人民政府办公厅印发《海南省柔性引进人才暂行办法》。

1. 引才对象要结合国际旅游岛建设需要，柔性引才的重点领域包括七个方面：第一，以旅游业为龙头的现代服务业；第二，以集约、集群、园区化、高科技为基本定位的新型工业；第三，以做优做强热带产品为特色的现代农业；第四，以维护国家海洋权益、服务南海资源开发保护为主要职责的海洋经济；第五，适应城市化需要、满足公共管理社会服务职能的基础设施建设；第六，以适应共建共享幸福家园为追求的社会事业；第七，满足可持续发展需要的生态环境建设。

2. 引才方式包括顾问指导、短期兼职、候鸟服务、退休返聘、对口支援以及其他适宜方式（如服务外包、人才租赁等）。

3. 柔性引进人才的聘期在1年以上的，经本人提出申请，省人才工作领导小组办公室应按规定程序向其颁发《海南省柔性引进人才聘任证书》，在海南省工作生活期间，凭证享受系列优惠待遇：第一，在科技项目立项、科技成果奖励等方面，可享受海南省同类人员待遇；第二，持有《海南省柔性引进人才聘任证书》满1年的，可在海南省参加职业（执业）资格考试和登记；第三，可在海南省就近申办前往香港、澳门地区旅游的手续；第四，外籍人才需多次临时出入境的，可根据受聘期限办理有效居留许可证；第五，可按海南省人才安居工程专项政策的有关规定，免费或以优惠价格租住人才公寓；第六，符合《海南省高层次人才认定标准》"大师级人才"和"杰出人才"标准的人才，可在指定医疗卫生机构享受就医绿色通道服务；第七，可在指定时间段内，以优惠协议价格游览指定景区、入住指定酒店；第八，符合计划生育规定的子女可在海南省接受义务教育，并按有关政策办理就读手续；第九，柔性受聘满2年，且评奖当年仍在海南省开展柔性智力服务的，可申报参评"海南省人才功勋奖"，入选者根据《海南省人才奖励办法》享受补充优惠待遇；第十，柔性引才协议聘期不少于5年，且每年在海南省工作时间不少于3个月的，可申报参评"海南省高层次创新创业人才"，入选者根据《海南省引进高层次创新创业人才办法（试行）》享受补充优惠待遇。

（二）云南省柔性引进人才政策

2016年8月，云南省人才工作领导小组印发《云南省柔性引进人才办法（试行）》。

1. 引才对象要突出"高精尖缺"导向，围绕云南传统支柱产业、战略性新兴产业和经济社会发展需要，重点引进国内外拥有领先专利技术和教学科研成果、能推动云南省重点产业技术突破、能带动高新技术产业和金融服务业发展的各类高层次人才，主要包括七类人才：第一，中国科学院院士，中国工程院院士，享受国务院或其他省级政府特殊津贴专家，国家或其他省级政府有突出贡献专家；第二，国家级或其他省级重点学科、重点实验室、企业技术研发中心学术技术带头人；第三，国家"千人计划""万人计划"及其他省部级以上重点人才计划入选者；第四，国家重大工程或重大科技项目负责人；第五，拥有云南省重点产业、新兴产业发展或传统产业提升改造的关键技术、发明专利等自主知识产权的人才；第六，具有国际市场开拓能力、通晓国际贸易规则、熟悉现代企业管理和社会管理的人才；第七，其他急需紧缺人才。

2. 引才方式包括顾问指导、兼职服务、项目合作、服务外包、二次开发、技术入股、对口支持、挂职锻炼、人才租赁、互派培养等十种。柔性引才按照征集需求、发布目录、对接洽谈、签订协议的步骤进行。

3. 柔性引进人才享有协议约定的报酬、福利、保险、科技成果收益分配、激励等权益。同时，聘期在1年以上的，经本人提出申请，可由用人单位向省人力资源和社会保障厅申请办理《云南省柔性引进人才聘任证书》，在云南省工作生活期间，凭证享有系列优惠待遇：第一，在科技项目立项、科技成果奖励等方面，享受云南省同类人员待遇；第二，持《云南省柔性引进人才聘任证书》满1年的，可在云南省参加职业（执业）资格考试和登记；第三，为云南省经济社会发展作出突出贡献的，经用人单位推荐，由省人力资源和社会保障厅组织赴云南省柔性引进高层次人才基地休假疗养；第四，连续在云南省工作5年且每年在云南省工作时间不少于5个月的，可申报参评"云岭牌人才"和省级其他人才项目，入选者享受规定待遇；第五，符合云南省高层次人才服务绿色通道条件的，可按规定享受相应待遇。

资料来源：http://www.hainan.gov.cn/hn/zwgk/zfwj/szfwj/201410/t20141014_1421225.html；http://www.ynhrss.gov.cn/NewsView.aspx?ClassID=592&NewsID=20447。

7. 加快转型导向的土地政策创新

一是坚守耕地"红线"，探索建立耕地数量与质量并重的动态占补平衡机制,切实实现"以补定占、先补后占,占一补一、占优补优"。二是加强土地管理顶层设计,实施全省土地利用总体规划调整方案,全面完成市县土地利用规划调整,实行集中连片特殊困难地区、国家和省级贫困县的城乡建设用地增减挂钩节余指标在全省范围内流转交易,有效保障20个转型园区建设用地需求。三是探索农村土地使用权物权化改革路径。积极创造条件,在山西省推广国家综合配套改革试验区土地管理制度改革经验,同步实施农村承包地、农村集体建设用地和宅基地确权登记。在确权登记颁证基础上,推进农村承包土地经营权、农民住房财产权等农村产权规范流转。鼓励通过土地市场开展农村集体建设用地流转业务,允许农民依法通过多种形式参与开发经营并保障农民合法权益。试行"保持集体所有、允许依法转让"的农村宅基地流转模式,探索宅基地所有权、资格权、使用权"三权分置",在保持农村宅基地集体所有权的基础上,保障宅基地农户资格权,适度放活宅基地和农民房屋使用权,对手续齐备、建造合法的农村闲置宅基地及其地上房屋,取得《集体土地使用权证》《房屋所有权证》后,允许依法转让,使土地资源的价值得到真正体现。四是开展工业用地市场化配置改革。对符合政策的工业用地,在完成土地转用征收补偿到位的前提下,采取工业用地"租让结合、先租后让"的供应方式和法定最高出让年期内缩短出让年期等方式实行弹性出让。

8. 增强转型的创新驱动力

一是加强"政产学研用"协同创新,构建区域科技创新体系。加大科技创新投入,充分发挥政府的引导、监管作用,强化企业创新主体地位,鼓励企业、高等院校、科研机构通过相互参股联合建立技术开发机构,开展重大产业共性技术和关键技术的联合攻关,实现科技、经济和社会深度融合,加快形成企业为主体、市场为导向、产学研相结合的区域科技创新体系。二是加强科研成果转化。重点强化科技创新成果应用和示范推广能力,建设科技成果孵化转化中心、重点产业技术研发基地、科技支撑产业结构调整和转型升级试验区。制定落实更加高效透明的科技成果转化政策。落实科研成果使用、处置和收益管理自主权下放政策。引入科研成果市场化定价机制,免除单位领导在科技成果定价中因科技成果转化后续价值变化产生的决策责任。三是探索创新国防科技成果就地转移转化管理办法及利益分配政策机制。结合山西省军工产业基础雄厚、科研院所众多的优势,规划建设军民融合创新基地。推动中北大学、太原理工大学、太原科技大学、同济大学等高校与太原太航电子科技有限公司、太原钢铁集团有限公司、太原晋机集团有限责任公司等企业深度合作,提高军民协同创新能力,加快国防技术民用转化。在符合安全保密的前提下,允许国防知识产权创造单位和个人向民用领域转移转化知识产权并从中获得收益。建立市场导向的军民融合科技成果定价机制,利用全省财政性资金资助形成的科技成果,可由项目完成人自主决定转让、许可、作价投资,可通过协议定价、在技术交易市场挂牌交易、拍卖等市场化方式确定价格。完善国防科技成果转移转化的配套激励、监督和考核评价机制。采用奖励报酬、股权、期权、分红等激励方式,提高科研人员成果转移转化收益分享比例。对转化效果较好的单位和个人,在后续项目立项审批中给予优先支持。

9. 调整优化行政区划

一是按程序调整大同市、阳泉市城区、郊区、矿区设置,解决设区的市"一市一区"等规模结构不合理问题。二是优化地级市设置。一方面,适时撤销地级晋中市,平遥县、灵石县、介休市划归吕梁市管辖,其余1区7县划归太原市管辖,提高太原市在全省的首位度。另一方面,尽快设立地级侯马市。侯马区位条件优越,但市域面积只有220平方千米,发展空间极为有限。而临汾与运城中心城市规模偏小,带动能力明显不足。建议尽快把侯马市由县级市升格为地级市,把侯马周围若干县(市)划归侯马,以解决晋南地区中心城市带动能力与腹地不匹配的问题。

10. 强化生态文明建设

牢固树立环保优先理念,正确处理经济发展同生态环境保护关系。实施绿色GDP核算工作,探索在部分生态示范区试行绿色GDP核算制度,将生态保护与建设成效、资源损耗和环境污染损失等纳入经济社会发展评价体系。在重大决策事项、区域开发工程、项目建设等领域实行环保一票否决制度。建立节能减排长效机制,实现经济社会绿色发展。在重点领域加快实施节能工程,深入开展六大主要耗能行业锅炉窑炉改造、余热余压利用、电机系统节能等节能改造。加快天然气、煤层气、页岩气勘探开采与应用,加大对清洁能源供应的推广力度。建立健全生态保护与补偿机制,加大生态环境治理与改善力度。完善优化资源有偿使用制度和生态补偿机制,坚持"谁污染谁付费、谁破坏谁补偿"原则,建立横向生态补偿制度。牢固树立生态红线观念,完善资源开发全过程监督管理机制,实行矿产资源开发与环境恢复治理、土地复垦同步规划、同步实施(安树伟,郭文炯,安祥生等,2018)。借鉴国际经验,将产业转型、环境修复与国土整治相结合,在矿区原址建设居民小区、娱乐中心、工业旅游景点等，改善矿区生态环境，积极建设生态工业园区。

11. 完善再就业保障

国内外经验表明，合理安置失业人员对于保障资源型经济转型效果意义重大。国内外解决失业问题一般采取扶持中小企业、加强职业培训和完善社会保障体系等三种方式（吴要武等，2013；袁占亭，2010）。因此，山西省应充分借鉴先进经验，利用省内高校、职业技术学院大力开展有针对性的职业技能培训，拓展资源型产业从业人员的就业技能和技术；多途径大力扶持中小企业发展，大力发展现代服务业，增加就业岗位，妥善解决下岗工人的失业问题。

参考文献

[1] 李乃华，胡积善. 山西能源重化工基地建设研究 [J]. 云南地理环境研究，1992（2）：56-64.

[2] 安树伟，郭文炯，安祥生等. 山西经济地理 [M]. 北京：经济管理出版社，2018.

[3] 山西省人民政府. 关于印发实施"1311"规划五个配套措施的通知 [Z]. 2001.

[4] 山西省人民政府. 关于促进资源型城市可持续发展的实施意见 [Z]. 2008.

[5] 国家发展和改革委员会. 山西省国家资源型经济转型综合配套改革试验总体方案 [Z]. 2012.

[6] 山西省发展和改革委员会. 山西省国家资源型经济转型综合配套改革试验实施方案（2013~2015年）[Z]. 2013.

[7] 山西省发展和改革委员会. 山西省国家资源型经济转型综合配套改革试验实施方案（2016~2020年）[Z]. 2016.

[8] 国务院. 关于支持山西省进一步深化改革促进资源型经济转型发展的意见 [Z]. 2017.

[9] 中共山西省委，山西省人民政府. 贯彻落实国务院支持山西省进一步深化改革促进资源型经济转型发展意见行动计划 [Z]. 2017.

[10] 山西省经济与信息化委员会. 山西省工业生产力布局和承接产业转移指导目录 [Z]. 2014.

[11] 李志强. 山西资源型经济转型发展报告（2013）：创新驱动·转型综改 [M]. 北京：社会科学文献出版社，2013.

［12］李志强．山西资源型经济转型发展报告（2014）：全面深化改革·转型综改试验［M］．北京：社会科学文献出版社，2014．

［13］吴要武等．资源枯竭的"神话"：资源枯竭型城市产业转型与社会稳定［M］．北京：社会科学文献出版社，2013．

［14］袁占亭．资源型城市转型基本问题与中外模式比较［M］．北京：中国社会科学出版社，2010．

附录一
国内外资源型经济转型的经验及对山西省的启示

资源型城市因资源而兴，也因资源枯竭而亡或者转型，如何摆脱因资源枯竭而导致的城市衰落并实现经济成功转型，是这类城市必须面对的重大问题。基于文献和现实资料可知，国外资源型经济成功转型的城市主要有原联邦德国鲁尔区、美国匹兹堡、法国洛林、日本北九州、英国利物浦；2008年开始，我国分三批确定了69个资源枯竭型城市（县、区），国内主要选取资源型经济转型效果较好的城市辽宁阜新、内蒙古包头、安徽铜陵、甘肃白银（李虹，2017）。本附录通过对国内外城市转型路径进行比较，期望对山西省资源型经济转型提供启示。

一、国内外资源型经济转型经验

对国内外资源型城市转型成功的案例进行梳理和归纳如下（表1）。

表1　　　　　　　　国内外转型成功的城市案例比较

城市	资源	主要措施	转型模式
联邦德国鲁尔区	煤炭	政府颁布了一系列特殊法律；政府成立鲁尔煤管区开发协会统一规划转型和改造，制定总体规划；改善和提升传统产业，完善基础设施，着力培育具有一定关联性的新兴产业；补贴并发展手工业和中小企业等劳动密集型企业，扩大就业；大力发展工业文化旅游产业；建立大学和研究所，成立"科技成果转化中心"，促进成果转化	政府主导
美国匹兹堡	煤炭	加强政界、商界与大学之间的紧密合作，建立各种研究中心，开设了许多职业学校，促进再就业；培育现存的服务业；打造以高新技术为基础，规模小而富有竞争力的制造业（发展小企业）；大力发展文化产业，进行工业化遗产保护	市场主导

续表

城市	资源	主要措施	转型模式
法国洛林	煤炭铁矿	关闭采矿、炼铁、炼钢企业，发展高新技术产业；制定优惠政策，吸引外资；政府成立了专门的指导部门"国土整治部门"和地区领导办公室；创建企业创业园，发展小企业并受政府资助；对职工进行培训，促进再就业	政府主导
日本九州	煤炭	扶植成长型替代产业；构建"技术城"，发展高新技术产业；大力整治矿山和矿城环境，推广生态工业园建设，发展环保产业；制定一系列法律；多途径转移剩余劳动力，完善社会保障	政府主导
英国利物浦	煤炭和港口	政府重建项目，大部分码头和港口转化为酒吧和商店，注重发展文化	政府主导与市场经济相结合
辽宁阜新	煤炭	发展现代农业、现代服务业作为替代产业；建立农业园区，积极吸引外资；安置下岗职工再就业；开发新能源，重建良好的生态环境	政府主导与市场经济相结合
内蒙古包头	铁矿、稀土	延长生产链，推动钢铁传统产业升级；发展高新产业，将高科技与传统稀土产业相结合，以更环保的方式开展产业布局；发展服务业，注重拓展高附加值的现代服务业	政府主导与市场经济相结合
安徽铜陵	铜矿	形成了铜文化的完整产业链；培育战略性新兴产业，专门针对新材料、节能环保等六大新兴产业编制发展规划；在污水处理等领域全面实施PPP建设模式，加强节能减排；发展文化产业	政府主导与市场经济相结合
甘肃白银	有色金属	与科研院所合作，建立高技术产业园；依托原有基础大力发展加工制造业，并改造传统产业；提高经济运行的市场化程度，推进制度创新；创建服务型政府，对客商实行"一站配送式服务"，创建良好的投资环境	政府主导与市场经济相结合

资料来源：国外城市部分参考了《辽宁经济》编辑部．国外资源型城市转型案例［J］．辽宁经济，2015（3）：31-33．；其余由作者整理。

由于国情和历史阶段不同，国外资源型城市或区域经济转型的方法也各不相同。归纳起来，国内外资源型城市经济转型的经验主要体现在六个方面，分别是：优化产业结构；重视立法和规划制定；明确一个专门负责机构；合理安置失业人员；构建区域创新体系；重视环境保护。

（一）优化产业结构

国内外城市均注重发挥各地优势，推进产业结构的多元化。一方面改造和提升传统产业，着力培育具有未来导向且与传统产业具有一定关联的新兴产业，即接续产业；另一方面寻找并培育可以替代传统资源型产业的产业，即替代产业（祁泉淞，2010）。在国外，原联邦德国、法国、美国、日本、英国的转型的着重点主要是产业方面，原联邦德国在提升传统产业的同时，发展信息、环保、生物、新能源、新材料等新兴产业；法国积极开发新能源，着力发展高新技术制造业和新兴产业；美国培育已存在的服务业，打造以高技术为基础的制造业，发展文化产业；日本对九州地区进行重构，植入新兴替代产业，结合当地实际情况选择了环保、汽车等污染小、发展潜力大的产业，同时推动产业向高技术产业方向转移，促进了产业向高端化、多元化、环保化发展（邵棉丽，滕堂伟，2014）；英国转型中注重发展文化产业。在国内，辽宁阜新依据城市自身优势，在周边乡镇建立农业园区，形成一、二、三产业融合发展的格局（曲建升，高峰，张旺锋等，2007）；内蒙古包头、安徽铜陵和甘肃白银在改造传统产业的同时注重发展高新技术产业。

从国内外资源型城市转型过程中对于产业的选择、培育与发展可以看出，多数国家是在提升传统产业的同时，注重培育替代产业，并促进产业结构的多元化。关于多元化的产业结构，国外资源型城市转型中特别注重发展高新技术产业、现代服务业，在提高产业的技术含量同时也可以解决失业劳动力再就业问题，在促进经济增长的同时实现社会稳定。

（二）重视立法和规划制定

原联邦德国、日本等国的经验表明，通过法律手段明确政府和企业在资源开发方面的权利和义务，是解决资源型城市可持续发展的根本之策。原联邦德国政府在鲁尔区转型中先后制定了《联邦区域整治法》《煤矿改造法》《投资补贴法》《环保基本法》等，对地区开发、复垦及资金来源等方面都做了明确规定（焦华富，韩世君，路建涛，1997；马克，李军国，2015）。日本特别制定了《煤炭矿业结构调整临时措施法》《煤矿职工队伍稳定雇佣临时措施法》《煤炭矿业年金基金法》，为了加强环境建设，制定严格的环保法律《公害对策基本法》《大气污染防治法》《噪音规制法》《水质污染防治法》《海洋污染防治法》《恶臭防治法》《自然环境保护法》《循环型社会形成推进基本法》等。

（三）明确专门负责机构

原联邦德国、法国政府在推动老工业区重振过程中的重要经验，是从中央到地方均有从事老工业区重振工作的专门机构，拥有一批专业性很强的队伍，同时各级政府在老工业基地重振工作中的分工明确。如原联邦德国成立了

"鲁尔煤管区开发协会",并且在联邦经济部下设立联邦地区发展委员会和执行委员会,州政府设立地区发展委员会,市政府成立劳动局和经济促进委员会等职能部门,负责老工业基地的综合协调(李平,2007)。法国成立"国土整治部门和地区领导办公室",并且明确中央政府负责提供援助资金,作为中央政府派出机构的各区政府负责规划的制定和组织实施,省政府负责土地整治以及社会事业,市政府重点是社区公共服务。

(四)合理安置失业人员

国外对失业人员的安置尤为重要,这关系到国家社会的安定统一。原联邦德国鲁尔区通过补贴企业,并发展手工业和中小企业等劳动密集型企业,推动服务业发展,扩大就业;美国开设了许多职业学校,促进再就业,并大力扶持中小企业发展,增加就业岗位;法国创建企业创业园,发展小企业并受政府资助,对职工进行培训,以促进再就业;日本通过多种途径转移剩余劳动力。对于失业人员的安置途径,国内大多是大力发展现代服务业,解决下岗职工的失业问题。

(五)构建区域创新体系

原联邦德国鲁尔区采用科技创新技术对传统产业进行改造,扶持中小科技产业发展,并且加强技术教育培训,从一个没有任何大学的地区变为欧洲大学最密集的地区,同时企业也成立自己的研究中心,促进科研成果转换;匹兹堡在复兴过程中,大学成为经济的引擎,卡内基梅隆大学和匹兹堡大学均坐落于此;法国发展高新技术产业,创建企业创新创业园,对劳动力进行教育培训,为新兴产业提供了大批技术工人;日本九州在转型中把重点放在新兴产业发展上,完善基础设施建设,改善投资环境,大力引入并发展新兴产业,构建技术城,将产(业)、学(术)、住(生活环境)有机结合成新型中小城市(常涛、李志强等,2104)。从国外经验可以看出,企业十分重视科研与生产的结合,这为当地的产业发展提供了源源不断的人才,促进了新产品、新技术开发,进而促进经济发展,经济水平的提高又吸引了更多的人力资本,这种良性循环使得转型效果显著。

（六）重视环境保护

从国内外案例可以看出，资源型城市转型中尤其重视环境保护。在国内，辽宁阜新将发展接续产业与环境恢复结合起来，开发、利用煤矿区荒弃的土地资源发展农牧渔业，利用矸石发展建材，恢复植被，改造环境（曲建升，高峰，张旺锋等，2007）。安徽铜陵加强节能减排促进经济环境协调发展，是具有代表性的全方位、多种类处理废弃物的城市。甘肃白银运用循环经济理念对矿业开发产生大量的固体废弃物资源进行二次开发利用，有效治理废石尾矿带来的环境污染问题（高云虹，2007）。在国外，原联邦德国鲁尔区利用现有资源发展工业文化旅游产业，重视矿区的生态恢复，将煤炭转型和国土整治结合起来；美国匹兹堡将工业化时期的工厂、仓库等作为历史遗产，进行工业化遗产保护；法国政府从整体上进行规划，积极处理枯竭矿区遗留的环境破坏、生态污染问题；日本通过推广生态园建设，将环境修复与国土整治相结合，在矿区原址建设居民小区、娱乐中心、旅游景点等，发展循环经济和环保产业。

二、国内外资源型经济转型对山西省的启示

相对于上述各国外资源型城市而言，山西省资源型经济转型既面临着共性的产业结构问题，也面临着特有的体制问题（吴要武等，2013）。产业结构问题与管理体制问题交织在一起，需要把借鉴国外经验与深刻认识山西省的省情结合起来。

（一）促进产业结构多元化

山西省属于煤炭资源大省，以煤炭为基础的资源型产业也是山西省规模最大、在全国具有优势的产业，然而随着煤炭资源枯竭，严重制约山西省经济的发展。所以，产业转型是山西省资源型经济转型的核心。

首先，对于处于不同生命周期的资源型产业，优化产业发展的主要途径不一样（图1）。判定山西省乃至各市的资源型产业的发展阶段至关重要，也是产业转型的第一步。在我国69个资源枯竭型城市（县、区）中，山西省仅有霍州市和孝义市是资源枯竭型城市，因此整体来说山西省资源型产业仍处于成

熟期。对于资源型主导产业尚未进入衰退期的资源型区域，在提升其特色资源型产业和产品的技术含量的同时，要带动其他行业和第三产业的发展，积极培育替代产业（高云虹，2007；丁湘城，张颖，2008），加快引入高新产业。

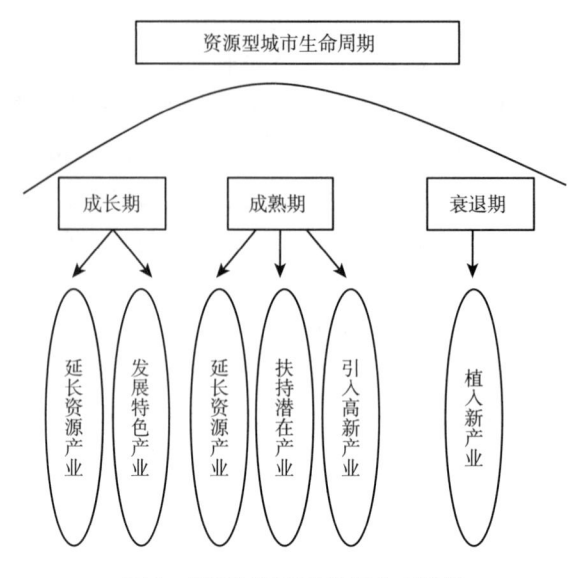

图1　不同时期产业转型方式选择

资料来源：曹孜，鲁芳，马丽．资源型城市产业发展与规避式转型研究［J］．资源与产业，2012，14（3）：1-5．

其次，要因地制宜推进产业多元化。在接续产业方面，山西省作为我国重要的能源重化工基地，煤化工产业及以煤炭产业为主的生态工业园的建设，是目前山西省转型发展的优选路径之一（姜玉砚，2012；田晓艳，2012），比如煤层气产业化发展（牛冲槐，张永胜，2016）。在替代产业方面，必须立足比较优势，再造竞争优势，选择新的支柱产业（袁占亭，2010；吴青龙，王云，郭丕斌，2016）。紧扣山西省的战略决策，可以将装备制造产业、新能源新材料、文化旅游选定为主导产业。

（二）有效发挥政府在转型中的主导作用

经验表明，政府在转型中发挥了十分重要的作用，不仅要注意自身服务功能的优化提升，也需要给予产业稳定的发展环境。为了推进资源型经济转型，山西省需要在转型中发挥各级政府的主导作用，建立一种不同寻常的"政府—市场"模式：一方面，政府要对资源城市实施积极干预的政策，这些政策超越了通常意义上政府对经济的宏观干预和调节范围；另一方面，基本着眼点依然是市场，是企业和个人的积极性，政府积极干预的最终目的是市场调节下的城市经济活力（吴要武等，2013）。而关于非煤产业的发展方向，主要由市场选择、由企业家决定，政府是难以做出较为详细规划的（王青云，2002）。市场经济发挥企业最大的经济效益，政府为企业发展创造良好的营商环境，实现经济效益和社会效益的协调统一。在转型的过程中，需要政府和企业的良好合作，正确处理政企关系，进而达到政府和企业的双赢。

（三）完善社会保障

由于资源型城市的劳动者就业很大程度依赖核心资源产业，所以当核心资源产业走向衰落时，大批劳动者就会陷入失业，山西省也不例外。对山西省来说，应该借鉴国外经验，开展有针对性的职业技能培训，同时还要为失业者提供就业信息，促使其尽快就业，或者是创造良好的个人创业环境和氛围，鼓励个人创业。由于山西省社会保障体系还不是很完善，尤其是失业保险，不足以为下岗职工的基本生活提供保证。因此，必须加强社会保险体系的建设，保证解决资源型企业大量的职工失业问题（袁占亭，2010）。

（四）重视科技创新

从国外资源型地区成功转型的经验可以看出，无论原联邦德国鲁尔区、美国匹兹堡、法国洛林，还是日本北九州，在科技创新的实践中，均在政府的政策导向下，引进创新人才，或建立高新技术园区等研发基地吸引人才，以企业科技创新促进传统产业升级、接续产业和新兴产业的发展，并且加强高校、科研机构和企业的合作，实现科研成果的转化，形成"产学研"链条。山西省的科技创新能力仍然还处于初级阶段，更应该注意科研成果的转化，构建适应区域的科技创新政策体系，加大科技创新人力和财力的投入，在政府充分发挥宏观引导作用下，以企业为主体形成促进科技创新的核心力量，以高校、科研机构构成推进创新系统的纽带，形成"产学研"一体化的格局，真正通过有效协同最终促进资源型经济的转型发展，使山西省真正走上创新性驱动的可持续发展之路（常涛，李志强等，2014）。

参考文献

[1] 李虹等. 中国资源型城市转型指数: 各地级市转型评价 [M]. 北京: 商务印书馆, 2016.

[2] 《辽宁经济》编辑部. 国外资源型城市转型案例 [J]. 辽宁经济, 2015 (3): 31-33.

[3] 祁泉淞. 资源型城市经济转型的模式研究 [J]. 特区经济, 2010 (8): 238-239.

[4] 邵棉丽, 滕堂伟. 日本北九州岛"绿色之都"建设中的环保产业集群发展研究 [A]. 宁越敏. 中国城市研究 [C]. 北京: 商务印书馆, 2014: 189-203.

[5] 曲建升, 高峰, 张旺锋等. 不同资源类型的资源型城市经济转型基础与模式比较——以典型资源型城市为例 [J]. 干旱区资源与环境, 2007, 21 (2): 12-16.

[6] 焦华富, 韩世君, 路建涛. 德国鲁尔区工矿城市经济结构的转变 [J]. 经济地理, 1997 (2): 104-107.

[7] 马克, 李军国. 资源型城市经济转型研究 [M]. 北京: 科学出版社, 2015.

[8] 李平. 从国外模式看我国资源型城市产业转型问题 [J]. 山东科技大学学报 (社会科学版), 2007, 9 (2): 46-49.

[9] 常涛, 李志强等. 科技创新系统研究: 基于资源型经济转型案例的探讨 [M]. 北京: 科学出版社, 2014.

[10] 高云虹. "白银模式"的经验与启示 [J]. 经济纵横, 2007 (7): 22-24.

[11] 吴要武等. 资源枯竭的"神话": 资源枯竭型城市产业转型与社会稳定 [M]. 北京: 社会科学文献出版社, 2013.

[12] 丁湘城, 张颖. 基于生命周期理论的资源型城市经济转型研究 [J]. 世界地理研究, 2008, 17 (3): 70-76.

[13] 曹孜, 鲁芳, 马丽. 资源型城市产业发展与规避式转型研究 [J]. 资源与产业, 2012, 14 (3): 1-5.

[14] 姜玉砚. 经济转型和城镇化背景下的区域产业布局优化研究——基于山西的实证 [J]. 城市发展研究, 2012, 19 (12): 166-169.

[15] 田晓艳. 资源型城市建立煤化生态工业园研究——以山西蒲县为例

[J]. 资源与产业, 2012, 14 (4): 6-11.

[16] 牛冲槐, 张永胜. 中国煤层气产业发展研究 [M]. 北京: 知识产权出版社. 2016.

[17] 袁占亭. 资源型城市转型基本问题与中外模式比较 [M]. 北京: 中国社会科学出版社, 2010.

[18] 吴青龙, 王云, 郭丕斌. 空间距离演变视角的资源型经济转型研究——以山西煤炭经济为例 [J]. 经济问题, 2016 (3): 107-111.

[19] 王青云. 资源型城市经济结构如何转型? [J]. 中国经济快讯, 2002 (40): 6-8.

附录二
山西省资源型经济转型研究综述

山西省煤炭资源丰富，长期肩负着支撑国家能源安全的历史使命，经过多年能源重化工基地建设，形成了主导产业初级化、产业结构单一化和工业过度重型化的经济结构，出现了经济增长波动、生态环境恶化、收入分配差距扩大、创新能力滞后等诸多难题（安树伟，郭文炯，安祥生等，2018）。1999年10月，在运城召开的山西省调整经济结构工作会议，拉开了经济结构调整的序幕，2010年设立了"山西省国家资源型经济转型综合配套改革试验区"（简称"综改区"），2017年9月，国务院发布《关于支持山西省进一步深化改革促进资源型经济转型发展的意见》，标志着山西省资源型经济转型正式进入改革创新引领的阶段。伴随着山西省经济转型的迫切性，关于山西省资源型经济转型的研究成果也不断丰富，以下从区域经济学研究视角进行文献梳理与总结，并对其进行评述。

一、山西省资源型经济转型研究的阶段分析

以主题为"山西"且"转型"以及"山西"且"经济"等为检索式，对中国知网上公开的核心期刊文献和博士论文进行搜索，将访谈、征文以等一些内容不符合的文献删除，共得到相关文献260篇。对260篇文献进行整理并运用Citespace软件进行关键词共现分析，得到文献数量随时间的变化情况（图1）。对260篇文献内容进行阅读分析，将山西省资源型经济转型的研究演化进程大致划分为三个阶段。

(1) 转型探索研究时期（1999～2009年）。继1999年山西省调整经济结构工作会议召开之后，面对山西省的经济转型发展，安祥生和张复明（1999）最早对山西省资源型经济转型进行了思考。这一时期，研究内容

比较单一、笼统，主要集中在国外资源型城市转型经验借鉴、循环经济、产业转型等，樊艳萍和牛冲槐（2006）等学者对资源型产业如何转型进行系统研究，并提出建立转型机制。研究方法以定性分析为主，研究的空间范围集中在城市层面。

（2）"综改区"推动研究阶段（2010～2014年）。2010年，"山西省国家资源型经济转型综合配套改革试验区"的批准吸引了学术界的关注。在此背景下，相关文献快速增加，且研究的内容也进一步细化。一方面对"综改区"的建设进行思考，在产业转型、发展循环经济等研究基础上，学术界从金融、政策、低碳经济等多角度进行转型研究，推动全面转型；另一方面，转型的动力机制由资源依赖向创新驱动转化作为新课题开始探讨，注重人才培养对经济发展的重要性，代表性学者有朱先奇（2010）等。同时，夏文清、孙久文（2012）和商允忠（2012）等开始对经济的转型效果进行评价。这一时期，研究视角也开始由时间维度转向空间维度，研究方法仍以定性分析为主，但加入了部分的定量分析方法。

（3）研究回落阶段（2015至今）。随着政策的热度降低，相关文献数量在不断减少，但是这一时期，研究内容侧重分析"资源诅咒"现象、转型升级和结构调整等，关于转型重点的研究又集中到产业结构优化上。但是，研究方法在不断丰富，融入了投入产出表、空间距离演变、钻石模型、技术演化等。总体上，关于山西省资源型经济转型的研究并不多且比较分散，研究基础仍然薄弱；研究多是伴随着政策的出台，缺乏超前性。

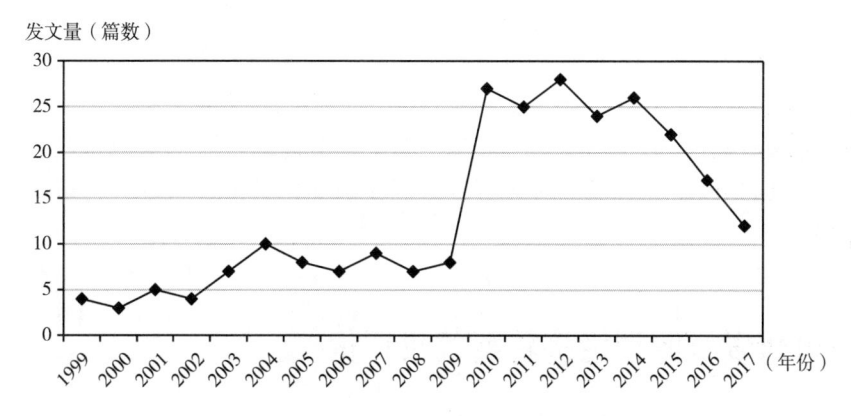

图1 山西省资源型经济转型发文量随时间的分布

二、山西省资源型经济现状

山西省作为典型的资源型区域，经济发展存在一系列问题：一是产业结构"一煤独大"，经济结构不稳定；二是工业经济效益低；三是城镇化与工业化脱节；四是经济发展带来严重的环境问题；五是体制机制不健全，内生发展能力不足。对山西省资源型经济的现状研究主要集中在山西省是否存在"资源诅咒"现象。

自然资源是一把双刃剑，在促进经济发展的同时也产生了一系列经济社会问题，即所谓的"资源诅咒"。山西省是否存在"资源诅咒"现象？学术界从不同视角进行了阐述。景普秋等（2011）建立了资源开发与区域经济发展相互关系的理论模型，从省域、地域、县域三个层面分析了煤炭资源开发给山西省经济发展带来的影响，结果发现在不同的区域层面存在"福""祸"双重结果。而郭文炯（2014）从空间结构与组织视角分析，验证了资源型经济的自强机制作用使山西省发展落入"资源诅咒"陷阱。进一步，秦志琴和郭文炯（2016）构建了"三部门三区域"分析框架，对"资源诅咒"空间结构的形成机理进行解释，资源型经济的自强机制使得核心区、外围区、边缘区之间要素联系松散，无法形成核心—外围—边缘区域的良性循环和产业结构的合理演进，进而导致"资源诅咒"。

关于"资源诅咒"现象产生的原因，学术界从价格波动、挤出效应、食利效应、贪婪效应、沉淀成本、制度质量等不同角度进行分析（景普秋等，2011；吴要武等，2013）。根据目前研究可知，山西省丰富的煤炭资源对经济发展确实存在着"祸"的结果。但是，关于"资源诅咒"的形成机制，学者多是借鉴国外的研究成果，对山西省"资源诅咒"的形成机制进行系统的解释较少。

三、山西省资源型经济转型效果评价

自1999年山西省提出经济转型至今，转型效果如何？学术界从不同角度构建可量化的指标体系，通过数理模型和计量模型对山西省经济转型效果进行测度。一些学者从综合角度评价，比如构建转型指数、转型效率评价指标体系，也有学者进行单因素评价，比如产业结构、科技创新、人才结构等。所使用的方法有加权平均法、熵值法、DEA 分析、交叉评价法等。

（一）综合评价

夏文清和孙久文（2012）从经济、社会、环境、安全四个角度构建转型评价度量体系，整体上来说山西省经济仍然处在资源依赖型阶段。其中，"山西省国家资源型经济转型综合配套改革试验区"的成立是转型系数上升的重要原因。李虹等（2016）从经济转型、社会转型、环境转型、制度转型四个方面建立综合评价指标体系，采用熵值法对山西省除太原外城市进行评价，大同、朔州、忻州、晋中、临汾、运城转型较有成效，其余城市转型效果不明显。郭泽光等（2017）从经济、产业、城乡协调、民生、生态、科技六个方面建立指标体系，从省级层面上来看山西省转型综合指数逐年提高；而在地级市层面，除太原、运城、吕梁外，多数地级市分值有所提高。商允忠和王华清（2012）则提出了"转型效率"的概念，运用 DEA 方法和交叉评价方法对山西省资源转型效率进行评价，整体上转型效率变化不大，但各城市转型效率差异明显，吕梁、晋城等城市转型效率较高，其转型经验值得其他城市借鉴。

根据资源诅咒破解理论，判断一个国家或地区破解资源诅咒的核心依据是是否实现了可持续发展。2000~2009 年，山西省可持续性在增强，但仍然没有破解资源诅咒（付桂军，齐义军，2013）。赵丹丹和高世葵（2014）从经济、社会、资源环境三个方面对山西省 11 个城市进行评价，太原市、朔州市、长治市实现了相对较强的可持续发展，阳泉市、晋中市、大同市、临汾市、晋城市、忻州市基本实现了可持续发展，运城市、吕梁市可持续发展水平较弱。而郭泽光等（2017）从生存支持能力、经济支持能力、环境支持能力、社会支持能力、创新支持能力、转型支持能力六方面建立综合指标体系，自"山西省国家资源型经济转型综合配套改革试验区"设立后，山西省可持续发展能力有较高的提升，但环境支持能力提升效果较差。

（二）单因素评价

1. 产业结构

产业结构优化是资源型经济转型的核心内容，褚晓和沙景华（2012）从供给因素、需求因素和吸引外资水平三方面构建指标体系，对我国陕西、内蒙古、宁夏、山西和甘肃五省（自治区）的46个城市的产业结构转换能力进行对比，发现内蒙古和陕西的产业结构转换能力较强，山西转换能力最弱。从承接国际产业转移的产业结构效应角度分析，山西仍处于承接国际产业转移的初级阶段，产业结构优化效应尚未充分发挥出来（郭海霞，2017）。

2. 科技创新

科技创新是我国资源型地区转型发展的突破口之一。然而，无论是科技创新水平还是创新效率，山西省都处于劣势，科技创新驱动经济转型难度较大。在科技创新水平方面，在全国范围内山西省总体上呈现快速发展态势，但仍然明显低于全国平均水平，处于科技创新的初级阶段（常涛，李志强等，2014）。在创新效率方面，高新技术产业的技术创新的投入及其结构还不够合理，创新效率不高（王俊涛，张建辉，2014）。

3. 人才结构

科技创新的实质是人才，是人力资本。对山西省人才产业结构、人才行业结构、人才层次结构分析可知，人才结构和产业结构之间并未达到完全协调，分行业与经济发展的协调度仍然不合理，劳动力及人才各层次结构与经济转型发展的动态协调度不合理（杨华，郭丽芳，2014）。整体上，山西省转型发展与人才支撑的协调发展有所推进，但其水平还较低，还需要完善区域人才制度（朱先奇，李鹏，史彦虎等，2010）。

基于目前学者的研究，无论是对山西省整体还是具体方面的转型效果评价，转型有成效但是效果不显著，山西省资源型经济转型任重道远。经济转型是一个动态的过程，但是目前学术界构建的指标体系基本上为反映当前发展情况的静态指标，较少学者引入动态指标，而这又会使的转型效果评价过程复杂化。同时，关于山西省转型效果评价的指标体系缺乏一定的针对性。科学的指标体系是转型效果评价的前提，关于资源型经济转型效果的指标体系亟待完善。

四、转型路径

基于资源型经济存在问题的定性分析，学术界也探讨了山西省资源型经济的转型路径。以下从产业转型、重视人才培养、完善金融市场、制度创新四个方面进行分析。

(一) 产业转型

资源型经济转型实质上产业转型,产业布局的优化、资源型经济转型与城镇化是互促互进的良性互动关系。

首先,需要建立产业转型机制。产业转型是一个复杂的系统工程,涉及产业转型的动力、支持、创新、转化系统,需要用系统工程的理念建立产业转型机制(樊艳萍,牛冲槐,2006)。山西省破除"资源诅咒",关键是建立资源型和非资源型产业均衡发展的机制,具体包括生产要素再配置、资源型产业改造提升、非资源型接续替代产业发展、衰退产业退出援助、循环经济发展、矿产资源有偿开发利用、收益合理分配、国有资本经营预算产业调控,共八个方面(黄群慧,杨丹辉,2015)。

其次,关于山西省资源型经济的产业转型路径选择主要两种:一种是纵向延伸产业链发展接续产业;一种是横向选择替代产业。而替代产业的选取有两种方式:一种是在现有非煤产业中选取,一种是植入新兴产业。关于产业转型路径的研究学者侧重点不同。姜玉砚(2012)认为山西省应该优化升级调整产业结构,以产业链为延伸进行多元化发展,强化开发区和产业集聚区建设,加快资源型经济平稳转型。而袁占亭(2010)主要从发展替代产业角度出发,认为资源型城市必须立足比较优势,再造竞争优势,由于山西省煤炭产业自身发展动力不足,经济发展必须选择新的支柱产业。李玲娥(2011)将两种路径结合,认为山西省资源型经济转型必须以发展接续替代产业、培育新兴产业和新的支柱产业为重要突破口,建设具有山西特色的现代产业体系,推进经济发展、生态环境、城市功能和社会支撑的全面转型。也有学者从城企关系(钱勇,2012)、科学发展观(陈慧女,2012)等不同视角讨论资源型经济产业转型。

(二) 重视人才培养

科技水平的提高和区域创新能力的提升都需要人才的支撑。煤炭资源型区域的产业转型需要科技支撑,新兴产业的培育与成长、生态环境的整治、人才的引进与合理利用、科技工业园区的建立和完善、区际交流与合作都有一定程度上的科技需求（昝国江，王瑞娟，安树伟，2007），然而资源型经济对科技创新具有挤出效应，如何以科技创新破解"资源诅咒"？景普秋等（2011）和孙毅（2012）分别从可持续发展、科技创新供给和需求角度出发，认为应该将资源收益合理用于科技创新投入，将其转化为人力资本和技术资本，通过加大资金和人才要素的投入，增强高新技术产业、高等级现代服务业的竞争力，形成资源推动型的可持续发展。提升区域创新能力是资源型经济转型的关键，关于这一点学术界已达成共识。创新是经济发展和进步的核心力，市场经济长期活力的根本在于创新，而创新来源于企业家精神，来源于企业家开发的新产品，创造新的生产方式。企业家作为经济增长方式转变的重要推动者，在提升区域创新能力和促进资源型经济转型中扮演者重要的角色，政府以及企业家自身应着力通过各种措施提升企业家的人力资本，政策保护与企业家创业相结合的基本转型战略，也应该是山西省乃至中国资源型经济转型的基本战略（赵文，2012）。

（三）完善金融市场

完善金融市场对促进山西省转型跨越发展具有不可忽视的作用。在资源型经济转型过程中，无论是资源产业升级还是培育接替产业都需要大量资本的投入，李利华（2016）构建面板模型和 VAR 模型，揭示了金融支持是区域转型发展的关键因素，重建活力的金融环境尤为重要。然而资源型区域资本市场的不发达、不完善，严重制约了资源型经济转型升级。资源型经济转型路径应当以金融为先导，以金融制度创新引导金融资源配置，以金融资源配置鼓励科技创新，以科技创新驱动经济结构调整，最终实现资源型经济转型。基于区域经济发展与资本市场建设的内在联系，王云、张霞、柏婷（2014）建议通过建立地方政府资本市场工作机制、制定多层次资本市场激励机制等路径，构建与山西省资源型经济相适应的资本市场。

（四）制度创新

优越的制度安排是资源型区域永续发展、经济活动合理化的根本前提。对于山西省，资源禀赋不是解释资源型区域问题的关键因素，严重的体制障碍和保守落后才是这些问题的原因，而这两方面都与政府行为有关。对"十二五"时期山西省转型发展基本情况进行评估，市场开放、产业开放、对外开放以及国企严重滞后制约山西省转型发展，中央政府应该在转型中承担更多责任，建立转型制度（李志强等，2016）。值得注意的是，政府在转型中的主导作用是过渡性的，是为资源型区域真正进入市场竞争成为市场经济主体提供基础性作用。

关于制度创新的研究，景普秋、孙毅和张丽华（2011）从转型内涵的视角，构建了山西"山西省国家资源型经济转型综合配套改革试验区"下资源型经济转型的政策体系，使其成为促进山西省经济发展和城市化的动力引擎。在具体制度建设方面分析，张复明和景普秋等（2010）从资源生态环境补偿制度出发，构建矿产资源综合开发与补偿制度、矿产开发后生态恢复制度等相关制度；景普秋等（2011）从资源收益分配制度出发，建立了私人成本—社会成本—稳定基金三级收益分配机制。但是，值得注意的是只有各项政策的相互配合实施，才能建立起转型发展的可持续机制。

五、研究展望

从现有研究来看，山西省资源型经济转型主要集中在产业、人才、制度和金融等方面，但是仍然存在不足。产业是资源型经济转型的关键，对于山西省的众多资源型城市来说，由于资源型产业具有阶段性，城市经济发展也具有阶段性，对于处于不同阶段的资源型城市，优化产业发展的主要途径也不一样，所以我们必须判断资源型城市处于什么时期，是成长期、成熟期，还是衰退期。而对于山西省的资源型城市的阶段判断，学术界较少关注。同时，如何选择和培育主导产业、接续产业和替代产业，这需要寻找资源型城市产业兴衰与转换的一般规律。

未来关于山西省资源型经济转型的研究要注意以下三个方面。

一是山西省资源型经济转型机制研究。需要探寻资源丰裕与城市经济发展的基本规律，哪些因素会影响资源与经济发展的关系？马克和李军国（2015）认为政策和制度差异是规避抑或陷入"资源诅咒"的主要因素之一，并构建了有利于东北转型的政策扶持体系。究竟资源在山西省经济增长及发展中扮演着一个什么样的角色？对这一问题的探讨，不仅有助于拓展发展经济学、区域经济学理论，而且对解决资源型区域的可持续发展问题也具有重要的指导和借鉴意义。

二是关于山西省资源型经济转型路径选择。转型是一个系统过程，事实上关于山西省产业转型的具体方式，需要基于相关理论和规律进行科学论证，关于涉煤产业的产业链延伸，不同城市应该找出适合自己的方向。关于非煤产业的发展，是由市场选择、由企业家决定，还是由政府规划？经济转型研究涉及多方面内容，如产业转型、城镇化、社会问题、劳动力市场、公共服务、制度等，均需要不同学术背景的研究者关注。同时，学术界需要站在全国乃至世界的角度来看待山西省资源型经济转型，不能局限于立足山西看山西。

三是资源型经济转型的理论在山西省的应用研究。关于资源型经济转型的理论主要有"资源诅咒"理论、可持续发展理论、循环经济理论、生命周期理论、产业结构演变理论等，而关于山西省资源经济转型的理论应用研究仍处于初级阶段，完善理论研究对我国资源型经济转型意义重大。关于资源型经济转型评价方法和指标体系也亟待完善。

参考文献

[1] 安树伟，郭文炯，安祥生等. 山西经济地理 [M]. 北京：经济管理出版社，2018.

[2] 安祥生，张复明. 山西省资源型经济转型的思考 [J]. 山西教育学院学报，1999（3）：10-13.

[3] 樊艳萍，牛冲槐. 山西煤炭资源型城市产业转型系统研究 [J]. 系统科学学报，2006（2）：95-98.

[4] 朱先奇，李鹏，史彦虎等. 区域转型发展与人才支撑复合系统协调性的实证研究——以山西转型发展为例 [J]. 科技进步与对策，2010，27（11）：56-60.

[5] 夏文清，孙久文. 资源型地区转型衡量和方式研究——以山西省为例 [J]. 城市发展研究，2012，19（4）：17-20.

[6] 商允忠，王华清. 资源型城市转型效率评价研究——以山西省为例 [J]. 资源与产业，2012，14（1）：12-17.

[7] 景普秋等. 基于可耗竭资源开发的区域经济发展模式研究 [M]. 北京：经济科学出版社，2011.

[8] 郭文炯. "资源诅咒"的空间结构解析：核心边缘理论视角 [J]. 经济地理，2014，34（3）：17-23.

[9] 秦志琴，郭文炯. 区域空间结构的"资源诅咒"效应分析——基于山西的实证 [J]. 中国人口·资源与环境，2016，26（9）：110-115.

[10] 吴要武等. 资源枯竭的"神话"：资源枯竭型城市产业转型与社会

稳定［M］. 北京：社会科学文献出版社，2013.

［11］李虹等. 中国资源型城市转型指数：各地级市转型评价［M］. 北京：商务印书馆，2016.

［12］郭泽光等. 产业融合与结构优化：山西资源型经济转型国家综合配套改革试验区发展报告［M］. 北京：中国财政经济出版社，2017.

［13］付桂军，齐义军. 煤炭资源型区域可持续发展水平比较研究——基于模糊综合评价法的分析［J］. 干旱区资源与环境，2013，27（4）：106-110.

［14］赵丹丹，高世葵. 基于AHP的资源型城市可持续发展水平评价研究——以山西省为例［J］. 资源与产业，2015，17（5）：1-7.

［15］褚晓，沙景华. 西部五省产业结构转换能力比较分析［J］. 资源与产业，2012，14（2）：27-32.

［16］郭海霞. 资源型地区承接国际产业转移的产业结构效应研究——以山西省为例［J］. 经济问题，2017（3）：111-116.

［17］常涛，李志强等. 科技创新系统研究：基于资源型经济转型案例的探讨［M］. 北京：科学出版社，2014.

［18］王俊涛，张建辉. 基于CCA-DEA的山西省高新技术产业技术创新效率评价及资源配置研究［J］. 科技管理研究，2014，34（3）：53-56.

［19］杨华，郭丽芳. 经济转型视角下的山西人才结构优化策略分析［J］. 科技管理研究，2014，34（8）：153-157.

［20］黄群慧，杨丹辉. 破除"资源诅咒"：山西省资源型与非资源型产业均衡发展机制研究［M］. 北京：经济管理出版社，2015.

［21］姜玉砚. 经济转型和城镇化背景下的区域产业布局优化研究——基于山西的实证［J］. 城市发展研究，2012，19（12）：166-169.

［22］袁占亭. 资源型城市转型基本问题与中外模式比较［M］. 北京：中国社会科学出版社，2010.

［23］李玲娥. 略论资源型城市转型及可持续发展的路径——以山西为例［J］. 经济问题，2011（12）：45-47.

［24］钱勇. 基于企业组织与城市互动演化的分析［M］. 北京：科学出版社，2012.

［25］陈慧女. 中国资源枯竭型城市的产业转型——基于科学发展观视角的分析［M］. 北京：中国社会科学出版社，2012.

［26］昝国江，王瑞娟，安树伟. 山西煤炭资源型城市产业转型科技支撑

研究 [J]. 山西师范大学学报（自然科学版），2007（1）：118-122.

[27] 孙毅. 资源型区域科技创新的挤出效应：基于山西的实证 [J]. 统计与决策，2012（21）：142-145.

[28] 赵文. 资源型城市企业家人力资本对区域创新影响的实证分析——以山西省为例 [J]. 工业技术经济，2012，31（5）：83-87.

[29] 李利华. 资源型区域经济转型与金融支持机制研究 [M]. 北京：经济科学出版社，2016.

[30] 王云，张霞，柏婷. 资源型地区资本市场发展路径研究——以山西为例 [J]. 经济问题，2014（9）：104-108.

[31] 李志强等. 山西蓝皮书：山西资源型经济转型发展报告（2016）[M]. 北京：社会科学文献出版社，2016.

[32] 景普秋，孙毅，张丽华. 资源型经济的区域效应与转型政策研究——以山西为例 [J]. 兰州商学院学报，2011，27（6）：40-47.

[33] 张复明，景普秋. 矿产开发的资源生态环境补偿机制研究 [M]. 北京：经济科学出版社，2010.

[34] 马克，李军国. 资源型城市转型政策研究 [M]. 北京：科学出版社，2015.

后　记

　　山西省以煤炭为主的矿产资源极为丰富，为能源和高载能原材料产业发展奠定了良好的资源基础；多样的农业自然条件为开展多种经营和农、林、牧、渔综合发展提供了有利条件。1980年中央批准的《山西省能源基地建设规划纲要》拉开了山西省能源基地建设的序幕。作为国家重要的能源供应基地，山西省为新中国的工业化做出了巨大贡献，新中国成立以来累计生产原煤160亿吨。同时山西省也逐步发展成为国内典型的资源型经济区域，形成了以煤炭产业为支柱的资源型经济体系。受产业结构单一、环境污染等经济社会问题影响，1992年山西省开始进行经济结构调整，2010年被确定为国家资源型经济转型综合配套改革试验区，但目前来看转型发展效果并不十分理想。1980~2017年，全省地区生产总值由108.76亿元增加到14973.5亿元，但占全国比重从2.39%下降到1.81%，在全国大陆31个省（自治区、直辖市）中从第16位下降到第24位；人均地区生产总值由442元增加到40557元，由相当于全国平均水平的94.4%下降到68.0%，在全国大陆31个省（自治区、直辖市）中从第12位下降到第27位。2017年9月，国务院发出《关于支持山西省进一步深化改革促进资源型经济转型发展的意见》，标志着山西省资源型经济转型正式进入了改革创新引领阶段。因此，亟待通过探寻资源型经济转型的突破口实现顺利转型。

　　本书的研究目标、基本内容和结构框架是安树伟提出和最后确定的，各部分内容按照分工分别执笔完成，最后由安树伟统一修改和定稿，当然文责自负。本书一般数据截至2016年，除特别说明外，书中相关数据一般根据相关年份《中国统计年鉴》和《山西统计年鉴》计算整理得到，个别数据根据各地统计公报和《中国统计摘要（2018）》更新到2017年。本书各章分工如下：总报告，安树伟、常瑞祥；第一章，钟顺昌；第二章，任亮；第三章，郁鹏；第四章，左健；第五章，常瑞祥；第六章和第七章，吉新峰、代蒲丽；第八章，张贵祥、赵琳琳、葛以恒；第九章，邹晓霞、时晨；附录一和附录二，李瑞鹏。常瑞祥做了大量的组织协调工作，并协助安树伟对书稿进行了校对。

本书由 2018 年北京市属高校高水平教师队伍建设支持计划"长城学者培养计划"资助项目"新型城镇化与产业集聚：格局、过程与机理"（批准号：CIT&TCD20180336）资助出版。感谢经济科学出版社崔新艳女士，是她的支持、关心和耐心使本书得以顺利出版。

山西省资源型经济转型仍然有许多问题有待深入探索，由于水平有限，本书难免有不少纰漏和不当之处。作为一块引玉之砖，我们诚挚地期盼各位专家、学者、同行不吝赐教。

安树伟
2018 年 6 月于北京丽园